中国农业经济史教程

主　编　曹大宇
副主编　李秋生　王智鹏

北京理工大学出版社
BEIJING INSTITUTE OF TECHNOLOGY PRESS

内 容 简 介

本教材主要包括中国农业起源与发展的概况、中国农业土地制度的演变、中国农业税与农民负担史、中国农业生产力与技术进步史、中国农产品贸易与价格史、中国农业灾荒与救济史、中国农业经济思想与政策史、中华人民共和国成立后农业现代化的探索历程等内容，涵盖了中国农业经济史的主要议题。

本教材采用专题的形式对中国农业经济史的相关内容进行探讨，有利于学生从整体上把握农业经济史的框架，并能结合自己的兴趣对相关专题进行深入研究。

本教材可供高等学校农业经济管理类及相关专业本科生使用，也可供高等职业院校相关专业学生使用。

图书在版编目（CIP）数据

中国农业经济史教程 / 曹大宇主编. -- 北京：北京理工大学出版社，2025.6.
ISBN 978-7-5763-5495-9

Ⅰ. F329

中国国家版本馆 CIP 数据核字第 2025B5A576 号

责任编辑：李慧智　　　文案编辑：李慧智
责任校对：王雅静　　　责任印制：李志强

出版发行 / 北京理工大学出版社有限责任公司
社　　　址 / 北京市丰台区四合庄路 6 号
邮　　　编 / 100070
电　　　话 / （010）68914026（教材售后服务热线）
　　　　　　（010）63726648（课件资源服务热线）
网　　　址 / http://www.bitpress.com.cn

版 印 次 / 2025 年 6 月第 1 版第 1 次印刷
印　　　刷 / 涿州市京南印刷厂
开　　　本 / 787 mm×1092 mm　1/16
印　　　张 / 11.5
字　　　数 / 267 千字
定　　　价 / 69.00 元

农业作为国民经济的基础，其发展历程与国家的兴衰紧密相连。作为一个拥有悠久农耕文明的大国，中国农业的发展贯穿几千年的文明史。随着时代的变迁，中国农业经济经历了从传统到现代的深刻转型，这一过程中蕴含的丰富经验与教训，对于理解当前农业发展的现状与未来走向具有重要价值。在高等学校新文科建设背景下，学习中国农业经济史有助于培养学生的历史思维和文化自信。通过对中国农业经济史的深入研究，学生能够更加清晰地认识到中国农业经济在世界农业经济中的地位和作用，增强对中华优秀传统文化的认同感和自豪感。同时，历史思维的培养也有助于学生更好地理解和应对当前农业经济发展中的复杂问题。在新时代，中央一号文件连续聚焦"三农"问题，做出了乡村振兴及农业农村现代化的战略部署。党的二十大报告也明确指出，要加快建设农业强国。在此背景下，编写一部系统梳理中国农业经济发展历程的教材，既是对历史经验的总结，也是对未来发展路径的探索。

本教材的编写秉持"以史为鉴，启迪未来"的理念，旨在通过全面系统地梳理中国农业经济的历史脉络，为学生提供一个清晰、深入的认识框架。我们力求在尊重历史事实的基础上，结合最新的研究成果，不仅展现中国农业经济的辉煌成就，也不避讳面临的挑战与困境。教材通过历史与现实的对话，激发学生对农业问题的思考，培养其在新时代背景下解决"三农"问题的能力与视野。

本教材共分为八章，涵盖了中国农业的起源与发展、土地制度的演变、税制与农民负担、生产力与技术进步、农产品贸易与价格、灾荒与救济、农业经济思想与政策以及中华人民共和国成立后农业现代化的探索等多个方面。具体内容如下：（1）中国农业起源与发展的概况：介绍中国农业的起源、发展特点及其启示；（2）中国农业土地制度的演变：阐述中国土地所有制和经营制度的演变过程及其规律；（3）中国农业税与农民负担史：分析中国农业税制的起源、发展及其变化规律，探讨农民负担的其他来源；（4）中国农业生产力与技术进步史：梳理中国农业生产结构的演变、生产力的发展以及农业技术的进步；（5）中国农产品贸易与价格史：研究中国农产品贸易的发展、价格的演变及其规律；（6）中国农业灾荒与救济史：总结中国农业灾荒的历史、预防制度及救济制度；（7）中国农业经济思想与政策史：探讨中国古代的农业经济思想、古代农书及其农业经济思想、农业政策的发展演变；（8）中华人民共和国成立后农业现代化的探索历程：回顾中华人民共和国成立后农业经济的发展历程、制度演变以及现代化探索的成就与经验。

本教材的特色主要有：

（1）内容全面，体系完整：本教材涵盖了中国农业经济史的各个方面，内容全面、体系完整，有助于读者全面了解中国农业经济的发展历程和现状。

（2）重点突出，条理清晰：在保持内容全面性的基础上，本教材突出了重点章节和关键知识点，条理清晰、层次分明，便于读者快速把握核心内容。

（3）注重史实，资料翔实：本教材注重引用史实和数据来支撑观点和分析，资料翔实、可信度高，增强了教材的说服力和实用性。

（4）史论结合，注重启发：本教材不仅注重对史实的介绍，也注重对历史经验的总结，为当前和未来的农业发展提供思考与启示。

本教材由江西农业大学中国农业经济史课程的一线教学人员通力合作编写完成，具体分工如下：曹大宇负责编写第一、第三、第七、第八章，王智鹏负责第二、第六章，李秋生负责第四、第五章，最后由曹大宇负责统稿。

本教材在编写过程中引用了大量史料并参考了大量前人成果，在此表示衷心的感谢。虽然我们尽量在参考文献中列出所参考的成果，但是难免有疏漏之处，敬请见谅。本教材的编写大纲承蒙中国经济史学会理事、中国农史学会当代农史专业委员会理事、中南财经政法大学经济史学系主任张连辉教授的指导，在此表示特别感谢。

由于编者水平有限，加之时间仓促，书中难免存在疏漏和不足之处，敬请广大读者批评指正。

编　者

2025 年 3 月

目录

第一章　中国农业起源与发展的概况

学习目标

1. 了解中国农业的起源及其证据；
2. 理解中国农业起源自成一体的原因；
3. 了解中国农业发展的过程及其特点；
4. 理解中国农业起源和发展的规律。

第一节　中国农业的起源

科学研究中，凡是涉及起源的问题，皆为难题，宇宙起源、生命起源、思维起源等都是人类碰到的难题。同样，关于农业起源的问题，也一直是农业史研究中的难题。其中的缘由，大概在于当农业起源的时候，人类还没有产生文字，现代人不能通过有记载的史料去了解当时的情形。然而，这并不意味着对农业起源问题没有办法进行研究。通常，可以用来帮助我们认识农业起源的资料有两种：一是有关农业起源的各种神话传说，二是各种农业遗址遗存。

关于中国的农业起源，有两个主要问题需要厘清：一是中国的农业起源距今年代有多久；二是中国农业到底是起源于本土，还是来自世界其他区域。这两个问题同样需要借助上述两种资料进行回答。

一、古代神话传说中的农业起源

神话是远古人类对所观察或经历的自然现象或社会现象的解释和说明，经过了"幻想"的加工，成为想象中的"神化"了的现实生活。虽然神话传说中所述的事情往往出自想象，不能等同于历史，但作为承载民族文化记忆的重要载体，神话传说也具有文化层面的真实性，在神话的外壳中包含着合理的历史内核，是研究农业起源的珍贵材料①。

---

① 李根蟠. 中国古代农业［M］. 北京：中国国际广播出版社，2010.

中国古代传说中与农业起源关系最密切的主要是有关炎帝或者神农的传说。古籍中涉及神农氏的文献，据统计达 53 种之多①。炎帝神话沉淀着上古初民的原始思想，浸染着巫术宗教的神秘色彩，蕴藏着几千年来中华民族的文化基因，是中国史前时期宝贵的民族文化遗产。因此，对炎帝神话的考察，是我们认识和理解华夏农业文明发生的一把钥匙②。

古代的许多典籍对神农氏都有记载。《周易·系辞下》记载："包牺氏没，神农氏作，斫木为耜，揉木为耒，耒耨之利，以教天下，盖取诸益。"《淮南子·修务训》中也记载："古者，民茹草饮水，采树木之实，食蠃蛖之肉，时多疾病毒伤之害。于是神农乃始教民播种五谷，相土地，宜燥湿肥墝高下，尝百草之滋味，水泉之甘苦，令民知所辟就。"《白虎通义·号》也记载："古之人民，皆食兽禽肉，至于神农，人民众多，禽兽不足。于是神农因天之时，分地之利，制耒耜，教民农作，神而化之，使民宜之，故谓之神农也。"③ 从后世关于神农神话的大量记载来看，关于神农的神话结构非常系统，可与考古所见相呼应，因此并非全部由后人凭空编造，而有着来自远古文化记忆的成分④。

二、农业遗址中的农业起源证据

如果说神话传说只是中国农业起源的间接证明，遍布于黄河流域和长江流域的农业遗址则提供了中国农业起源的直接证据。近些年考古的新发现，尤其是植物考古学的最新研究成果，为我们认识农业起源提供了新的证据。学术界公认中国古代农业起源应该分为南北两条源流：一是沿黄河流域分布的，以种植粟和黍为代表的北方旱作农业起源；二是以长江中下游地区为核心的，以种植水稻为代表的南方稻作农业起源⑤。

（一）黄河流域的农业遗址

在黄河流域发现的早期带有农耕特点的考古遗址大概距今 8 000 年，例如河北武安的磁山文化遗址、河南新郑的裴李岗遗址和沙窝李遗址、山东济南的月庄遗址、甘肃秦安的大地湾遗址、内蒙古敖汉的兴隆沟遗址等。这些考古遗址出土的农具及农作物遗存等都为分析当时人类的生产活动提供了重要的证据。例如，根据现有植物考古成果可以推测，在裴李岗文化时期中原地区已经出现了农业生产活动，但在生业经济⑥中仅起辅助性作用，采集仍是该地先民获取植物性食物资源的主要途径。此外，采集、狩猎、饲养畜禽等活动也还占据重要位置。据推测，当时饲养的牲畜包括猪、狗、鸡，可能还有黄牛。

距今 7 000～5 000 年的仰韶文化时期是中国北方地区古代文化高速发展的时期，以关中、豫西、晋南一带为中心，在渭水流域、汾河谷地、伊洛河流域等几大黄河支流地区发现的仰韶文化时期考古遗址已多达 2 000 余处，经过发掘的也有近百处。仰韶文化农业生

---

① 游修龄. 农业神话和作物（特别是稻）的起源 [J]. 中国农史，1992（3）：7-11.
② 段友文，林玲. 炎帝神话与华夏农业文明的形成 [J]. 中国农史，2023，42（4）：11-22.
③ 郭静云，郭立新. 神农神话源于何处的文化记忆？（上）[J]. 中国农史，2020，39（6）：3-23.
④ 同③。
⑤ 赵志军. 新石器时代植物考古与农业起源研究（续）[J]. 中国农史，2020，39（4）：3-9.
⑥ "生业经济"主要出现在考古学中，用于描述人类社会早期阶段的经济模式，尤其是从旧石器时代到新石器时代的经济活动，指人类为了维持生存需求而获取基本生存资源的经济行为。

产水平显著提高的标志是大型村落的出现。典型的遗址，例如西安半坡遗址的村落布局完整，包括居住区、公共墓地、公共窑厂等区域。居住区内有大量住房和窖穴，外面有防护的壕沟、哨所或栅栏。种植的作物包括粟、黍、大麻、水稻等，养殖的牲畜包括猪、狗、山羊、绵羊、黄牛等。使用的农业工具包括石斧、石铲、石锄、木耒、石刀、陶刀、杵臼等。这表明农业生产在社会经济生活中已经占据了重要地位。随着技术和社会的发展，农业生产比重逐渐增大，采集狩猎的作用逐渐降低。根据农作物在植物遗存中所占比例及出土概率分析，**至距今 6 000~5 500 年的仰韶文化中晚期，农业种植成为先民获取植物性食物资源的主要途径，农业经济已经形成，中国北方正式进入农业社会发展阶段**[①]。

（二）长江流域的农业遗址

在长江流域同样广泛分布着古代农业的遗址。江西省万年县的仙人洞-吊桶环遗址中发现了从旧石器时代向新石器时代过渡的清晰的地层关系证据以及 10 000 年前的栽培稻植硅体，这是现今所知世界上年代最早的栽培稻遗存之一。湖南省澧县的彭头山遗址发现了距今约 8 200~7 800 年的稻作农业痕迹——稻壳与谷粒，为确立长江中游地区在中国乃至世界稻作农业起源与发展中的历史地位奠定了基础。

距今 7 000 年左右的河姆渡文化遗址对稻作农业起源研究具有重要意义。河姆渡遗址中发现的稻谷、稻草和稻壳堆积层厚度最高超过 1 米，经鉴定为栽培型的晚稻。同时出土的有用水牛肩胛骨加工成的骨耜、刻有稻穗纹和猪纹的陶钵、用于渔猎的木桨和陶制独木舟模型等。这些都构成了与黄河流域粟作文化有明显区别的稻作文化。21 世纪初在河姆渡遗址附近又发现一处属于河姆渡文化时期的考古遗址，即田螺山遗址。在田螺山遗址出土了异常丰富的植物遗存，包括水稻、菱角、橡子、芡实、南酸枣核、柿子核、猕猴桃籽以及各种杂草植物种子。根据分析，水稻是当时人们最重要的食物资源，但采集获得的橡子、菱角、芡实等仍然是不可或缺的食物构成。这说明河姆渡文化时期仍然处在向稻作农业社会转变的过渡阶段，长江下游地区的稻作农业与采集狩猎的更替是一个漫长的渐变过程，不是一场非此即彼的变革。漫长的稻作农业起源过程在良渚文化时期最终完成。良渚文化是分布在环太湖地区的新石器时代晚期文化，测定年代在距今 5 200~4 300 年。良渚文化时期，环太湖地区的考古遗址数量骤增，反映出人口大幅度增长，这应该与稻作农业的高速发展直接相关。在良渚文化分布的核心区域即浙江余杭地区，发现了一座宏伟的良渚古城，在古城的北部和西北部还发现了大型水利工程，这些建设工程需要投入的劳动量巨大。在良渚古城内的王族居住区还发现了一个大型灰坑，填满了炭化稻米，估计应该是一处储藏粮食的窖穴，后因失火被放弃。经过科学的换算计量，从该窖穴清理出的炭化稻米在未被炭化之前的总重达 1.3 万千克，反映出当时的稻作农业生产已经发展到相当高的水平。诸多植物考古的发现表明，**距今 5 000 年前后的良渚文化时期，稻作农业最终取代采集、狩猎成为社会经济的主体**。良渚文化不仅是稻作农业社会建立的标志，也是中华文明起始的象征[②]。

---

① 杨苗苗，杨玉璋，顾万发，等 . 中原地区仰韶晚期至龙山早期农业经济探究——以巩义双槐树遗址炭化植物遗存分析为例 [J]. 中国农史，2024，43（3）：48-58.

② 赵志军 . 新石器时代植物考古与农业起源研究（续）[J]. 中国农史，2020，39（4）：3-9.

专栏 1-1

中国的农业遗址

一、黄河流域的农业遗址

1. 仰韶文化遗址：1921 年发现了位于河南省三门峡市渑池县城北 9 千米处的仰韶村。1994 年，中国历史博物馆组织中国和美、英、日等国的考古专家进行国际田野文物考察，在仰韶村附近的班村，发现了大量珍贵文物，其中最有价值的是数十斤①5 000 年前的小米，说明中国农业发展具有悠久的历史。

2. 裴李岗遗址：是以 1977 年起发掘的河南省新郑县（今新郑市）裴李岗遗址为代表而得名，裴李岗遗址的发现填补了我国仰韶文化以前新石器时代早期的一段历史空白。证明早在 8 000 年前，我们的先民们已开始定居，从事以原始农业、手工业和家畜饲养业为主的氏族经济生产活动。

3. 磁山文化遗址：因在河北省邯郸市武安磁山发现而得名，将中华文明上溯到 8 000 年前，遗址内农业生产工具和粮食加工工具的使用，与粮食堆积的大量发现，证明磁山人已经摆脱了蒙昧状态，已经有了比较发达的农业，并种植粟类作物。磁山被誉为世界上粮食粟、家鸡和中原核桃的最早发现地。粟、家鸡和核桃三大发现，改写了世界粟作农业、家鸡驯养和核桃产地的历史。

二、长江流域的农业遗址

1. 河姆渡遗址：位于浙江省宁波市余姚市河姆渡镇河姆渡村的东北，是中国南方早期新石器时代（约 7 000~5 000 年前）遗址。在河姆渡遗址发现的栽培稻谷和大面积的木建筑遗迹、捕猎的野生动物和家养动物的骨骸、采集的植物果实及少量的墓葬等遗存，为研究中国远古时代的农业、建筑等东方文明的起源提供了珍贵的实物资料。

2. 彭头山遗址：位于湖南省澧县大坪乡平原中部，是长江流域最早的新石器时代文化，年代距今约 9 400~8 200 年。在这里发现了世界上最早的稻作农业痕迹——稻壳与谷粒，为确立长江中游地区在中国乃至世界稻作农业起源与发展中的历史地位奠定了基础。

3. 万年仙人洞-吊桶环遗址：位于江西省万年县大源镇附近的小荷山脚和吊桶环山顶。在这里发现了从旧石器时代向新石器时代过渡的清晰的地层关系证据，发现了 12 000 年前的野生稻植硅体和 10 000 年前的栽培稻植硅体，这是现今所知世界上年代最早的栽培稻遗存之一。

三、自成一体的农业起源

无论是有关农业起源的各种传说，还是各种农业遗址的考古发现，都表明中国农业的起源不仅历史非常悠久，而且还自成一体。

西方学界认为世界农业最早于大约 10 000 年前的"新石器革命"时期兴起于两河流域的"沃月地带"。根据近东地区遗址的考古发现，最晚在 23 000 年前人类开始采集各种

---

① 1 斤 = 500 克。

植物作为食物。尼罗河上游卡丹（Qadan）遗址群的发现证明大约公元前 13 000 年就有人类在这里使用打磨的石器收割、碾磨野生作物。

中国原始农业起源可追溯到距今 10 000 年以前，从时间上来看，跟世界上其他地方相比相差不远。更重要的是中国原始农业具有与世界其他农业起源明显不同的特点。首先，从生产内容来看，中国原始农业很早就形成了北方种植粟、黍，南方种植水稻的格局，这与西亚种植小麦、大麦，中南美洲种植马铃薯、玉米的格局有很大不同。而且，中国大多数地区的原始农业是从采集、渔猎经济中发生的，种植业处于核心地位。其次，从生产工具来看，中国原始农业的农具很早就已经非常多样化。砍伐林木用的石斧、石锛，翻土用的石、木、骨、蚌制的铲、锄、耒耜，收获用的石刀、蚌镰等原始农具大量使用，特别是耒耜的使用与世界其他原始农业文明利用牲畜进行犁耕形成鲜明的对比。

此外，关于神农的神话传说不仅为我们探寻中国农业起源的时间提供了线索，而且也为中国农业起源的独特性提供了重要的佐证。有学者认为，能形成并传下神农这种神话者，首先应该是一个原创的农耕文明，长期在一个区域内发展，到了一定的发展阶段后，从早期故事传说中抽出自我认同的要点，即关于自己文明起源的认识，然后将神农具象化。因此，创造神农神话者，不可能是小部落，一定是曾经发展到大范围的农耕区域[①]。

由此可见，中国农业的起源是独立发展、自成体系的。正是自成一体的、悠久的农耕文明造就了中华民族灿烂辉煌的历史，使中华民族能够数千年来一直屹立于世界民族之林。

📖 **专栏 1-2**

世界稻作文化起源的新证据

2024 年 5 月 24 日上午 9 点，"上山文化重要研究成果新闻发布会"在浦江举行。中国科学院地质与地球物理研究所科研团队与浙江省文物考古研究所、临沂大学、上山遗址管理中心等全国 13 个单位的专家紧密合作，利用植硅体微体化石分析等方法开展了浙江上山文化区水稻起源研究，揭示了水稻从野生到驯化的连续演化史，这一过程跨越了 10 万年。

这项研究不仅为理解人类社会的发展、农业文明的起源提供了新的证据，也进一步确认了我国是世界水稻的起源地，以及上山文化在世界农业起源中的重要地位。成果以研究论文（Research Article）的形式于北京时间 2024 年 5 月 24 日在线发表于国际权威学术期刊《科学》（Science）。

过去一个多世纪以来，水稻起源一直是争议话题，先后有印度起源说、东南亚起源说、阿萨姆和云南起源说等。20 世纪 70 年代以来，随着我国河姆渡遗址、上山遗址以及长江中下游许多遗址水稻考古证据的发现，国际学术界才开始认同长江中下游地区可能是世界水稻的重要起源地之一，但能否在长江流域末次盛冰期 2.6 万年（末次盛冰期：发生在距今约 2.65 万 ~ 1.9 万年前，全球气候寒冷比现代要低 5 ~ 10℃。海平面可能比现代低 120 ~ 135 米）以来找到可以长期保存且能够区分野生-驯化水稻的鉴定指标，能否揭示人类从采集到驯化野生稻的过程和可能的机制，是研究取得突破的关键。

---

① 郭静云，郭立新 . 神农神话源于何处的文化记忆？（下）[J]. 中国农史，2021，40（1）：3-12.

在最新的研究中，中国科学院地质与地球物理研究所吕厚远科研团队在多年对现代野生稻-驯化稻的植株、土壤中水稻植硅体的系统研究基础上，明确了水稻泡状细胞中扇形植硅体鱼鳞纹数量的增加与水稻驯化程度增强以及农艺性状的增加相关，厘定了区分野生稻与驯化稻鱼鳞纹扇形植硅体比例的阈值，建立了水稻野生-驯化的判别标准。科研人员进一步利用植硅体分析方法，结合孢粉、炭屑、土壤微形态、粒度、磁化率、地貌调查、考古遗址碳十四人口概率密度分析和考古发掘等手段，对浙江浦江县上山遗址和龙游县荷花山遗址的考古地层和自然剖面开展系统研究。基于两个遗址高精度光释光年龄和植硅体碳十四年龄的贝叶斯模型，建立了距今约10万年以来连续的年代地层序列。通过对地层序列样品的系统分析，揭示了上山文化遗址区地层中水稻从野生到驯化的连续轨迹及其与人类活动、气候环境变化的关系。

中国科学院地质与地球物理研究所所长底青云说，这项研究的重要性，不仅在于揭示了水稻从野生到驯化长达10万年的演化历史，更在于它对理解人类社会发展和农业文明起源的深远意义。

浙江省文物考古研究所研究员、上山遗址发掘领队蒋乐平说，考古发现中水稻从野生到驯化，背后是稻作农业的萌芽与起源发展。"今天我们的这项研究是针对上山文化遗址的，意义更具有特殊性，因为上山文化是公认的稻作农业重要起源地，现在我们在更早的地层、更早的年代里找到的野生稻的遗存，充分说明稻作农业在这里起源有自然基础，特别是这项研究中发现了13 000年前人类对水稻干预的证据，说明上山稻作文化的起源时间还可以向前追踪，这是上山文化研究的新成果。"

资料来源："国际顶刊《科学》（Science）发布浙江上山遗址水稻起源最新重大成果" https://zjnews.zjol.com.cn/zjnews/202405/t20240524_26865074.shtml.

第二节　中国农业的发展

一、精耕细作农业体系的形成与发展

"精耕细作不但是中国传统农业的特征，而且成为中国历史发展的一个'基因'"[1]。由于中国传统农业实行精耕细作，单位面积产量比较高，我国古代农业的生产率居于古代世界农业的最高水平之列。当然，精耕细作的农业体系既不是朝夕之间形成的，其特点也不是一成不变的。

（一）精耕细作农业的萌芽

虞夏至春秋，可以看作中国精耕细作农业体系的萌芽期。这一时期农业的显著特点就是与耒耜、耦耕、井田制相联系的沟洫农业体系的形成。在沟洫农业体系下，虽然生产工具、生产结构等方面还保留了某些原始农业的痕迹，但是精耕细作的农业技术体系已经开

[1]　李根蟠.精耕细作、天人关系和农业现代化[J].古今农业，2004（3）：85-91.

始孕育。

1. 青铜农具的使用

对青铜器铸造冶炼技术的掌握是生产力发展的重大标志。我国在距今5 000年的马家窑文化遗址中就有铜器发现。从二里头文化（相当于夏代）开始，进入青铜器时代。尽管青铜器作为一种金属器具，相比石器、木器等有很多优点，但是青铜器在农业领域中的使用还是经历了一个漫长的过程。由于青铜器十分贵重，早期青铜器主要作为礼器用于祭祀。在商周遗址中虽然也陆续出土了青铜斧、锛、耝、铲、镰等青铜农具，甚至还有青铜犁的出土，但是与同期出土的大量木石农具相比，青铜农具还是比较少见的。在已经出土的青铜农具中，锛是出现最早、数量最多的一类青铜农具，说明青铜农具最早可能是用于垦荒和深翻等农业生产环节，因为在这些环节青铜农具相比木石农具具有较大的优势。至于农业生产另一个重要环节——中耕，早期是由木制的耒耝兼而完成的。到商周时期，才开始出现专用的青铜中耕农具——钱、镈，原因可能在于西周时代已经很重视中耕，而中耕农具使用时间较长，金属材料能够充分发挥作用。考古发现商周青铜铲数量较多，各种青铜锄具出土也不少，表明这类青铜农具在当时得到较为广泛的使用。此外，青铜器在农业生产中还间接发挥作用。在商周时期用于耕播和挖沟的主要农具仍然是传统的耒耝，而耒耝的材质虽然主要是木质的，但制作耒耝的工具有很多却是青铜器，由此生产的木质耒耝质量比以前更高。

总之，从夏代开始，青铜工具已经在农业生产中起着重要作用，在某些生产环节还占据主导地位。**虽然青铜农具并没有完全替代木石农具，但青铜器的使用还是大大提高了当时农业生产的技术水平，奠定了精耕细作农业的基础。**

2. 沟洫农业的发展

沟洫是我国古代的农田水利设施。古书中有许多关于沟洫的记载。《论语·泰伯》提到："禹卑宫室，而尽力乎沟洫。"说明大禹治水时已经开凿沟洫。《周礼·考工记·匠人》记载："匠人为沟洫……九夫为井，井间广四尺，深四尺，谓之沟。方十里为成，成间广八尺，深八尺，谓之洫。"说明沟洫与当时的井田制有密切的关系。此外，甲骨文中"田"字、"畺"等字的形状像是被田间沟洫划分成的若干方块，反映出在殷商时代已经有在整齐划分的农田上布置的纵横交错的沟洫系统。

古代修建农田沟洫体系首先是在田间挖排水小沟，称为"畎"，挖畎的土堆到两边的田面上形成一条条高垄，称为"亩"，畎亩相互依存。古时以"畎亩"代指耕地，说明沟洫体系在当时已经普遍存在，是土地制度中的有机组成部分。

在沟洫制度下，农业技术总的来说还比较粗放，但是比原始农业已经有很大的进步，形成了一套与沟洫相关的农业技术体系，为精耕细作奠定了基础。

一是农田沟洫制度与"中耕"的形成具有密切关系。重视中耕作业被认为是中国古代精耕细作农业的重要特征，而中耕技术的形成与农田沟洫制度密切相关，因为中耕是以实行条播为前提的，而条播和中耕都是在垄作的形式下发展起来的。正是沟洫体系下所普遍形成的畎亩农田，为垄作、条播和中耕提供了基础。通过开挖排水沟洫，形成长条形垄台，结合条播、合理密植、间苗除草等措施，建立起行列整齐、通风透光的作物群体结构，创造出良好的农田小气候，使作物的生长由无序变为有序，成为我国精耕细作农业技术的最初表现形态①。

二是沟洫体系为农作制度由撂荒制转为休闲制奠定了基础。由于在农田上开挖沟洫系统需要付出大量劳动，人们不会轻易将带有沟洫的农田抛弃或者长期撂荒。《吕氏春秋·任地》记载："力者欲柔，柔者欲力。息者欲劳，劳者欲息。"反映出春秋战国时期广泛存在休耕现象。

三是农田沟洫制度的发展也促进了耦耕的发展。耦耕是一种两人共同耕作的方式，反映了人们之间的协作关系。《礼记·月令》记载："（季冬之月）命农计耦耕事，修耒耜，具田器。"耦耕的普遍实施与农田沟洫制度也有关系。《周礼·考工记·匠人》记载："匠人为沟洫，耜广五寸，二耜为耦。一耦之伐，广尺，深尺，谓之畎。田首倍之，广二尺、深二尺，谓之遂。"说明使用耒耜挖掘沟洫使得两人协作的耦耕成为普遍的劳动方式，为井田制的实行提供了重要的基础。

（二）精耕细作农业体系的成型

从战国开始到魏晋南北朝是我国精耕细作的农业体系逐渐成型并不断完善的时期，这个时期我国北方率先形成了精耕细作的农业体系。

1. 铁器牛耕的推广

我国早在西周末期或春秋早期就掌握了冶铁技术，春秋时代也开始有铁制农具的使用，但是铁制农具的推广主要是在战国之后。战国时代的冶铁遗址往往具有很大的规模，且大量出土铁制农具，种类包括锸、镰、锸、锄、铲、耙、犁铧等，基本上涵盖了开垦、耕翻、除草、收割等主要的农业生产环节，如图1-1所示。出土最多的是铁锸，表明当时这种适合农民个体经济条件的铁制农具已经普遍使用。汉代铁制农具进一步推广，生产技术也有很大进步。汉代一般农户的遗址中也发现了铁器，表明当时一般农民已经广泛使用铁制农具。《盐铁论》也有记载，"农，天下之大业也；铁器，民之大用也。器用便利，则用力少而得作多，农夫乐事劝功"，说明铁器极大地提高了当时农业生产的效率。

图1-1　战国时期的铁农具

中国牛耕起源的时间也非常早，最早可以追溯到原始社会末期或者商代。由于牛耕的起源和发展与耕作工具密切相关，因而犁铧的发展极大地影响了牛耕的推广。我国犁铧由耒耜脱胎而来，经历了一个漫长的发展演变过程。商代使用的主要是木石犁，只能划沟或

---

① 李根蟠. 精耕细作三题 [J]. 历史教学（中学版），2007（4）：5-9.

者做简单的松土作业，效率与木制耒耜比没有太大优势，因此，当时用牛耕地并不普遍。春秋以后，铁制犁铧开始出现，提高了生产效率，也使牛耕逐渐多了起来。春秋时期，人们往往把"牛"和"耕"相连，分别作为名和字①，表明当时牛耕已经比较常见。战国时期牛耕进一步推广，但是不同地方推广程度相差很大。《战国策·赵策》记载，"且秦以牛田，水通粮，其死士皆列之于上地，令严政行，不可与战"，表明战国时秦国牛耕比较普遍，但东方各国牛耕推广程度远低于秦国。西汉中期以后，铁制犁铧大范围普及。目前出土的西汉中期以后的铁制农具中，犁铧的比例明显增加，而且已经有巨型大铧出现。在汉代的壁画和画像石刻中有不少"牛耕图"，清晰地显示出汉代牛耕的方式：由两头牛牵引，犁衡的两端分别架在两头牛的胛背上，这种牛耕方式俗称"二牛抬杠"，在正式的文献中多称为"耦犁"，如图1-2所示。耦犁的采用使得农业生产效率大大超过了使用耒耜，也使得牛耕在黄河流域获得普及，铁犁牛耕在农业生产中的主导地位也开始真正确立起来。到了魏晋南北朝时期，牛耕技术又有了新的发展，出现了单牛拉犁的方式，使得牛耕技术朝着有利于小农使用的方向发展，也有利于牛耕进一步推广。

图1-2　牛耕图

2. 大型农田灌溉工程的兴建

我国农田灌溉的水利工程起源于南方稻作区。早在春秋时期，楚国就修建了用于农田灌溉的大型水利工程期思陂。战国以前，黄河流域农田水利的重点是依托农田沟洫体系进行防洪排涝，农田灌溉只是小型、零星的存在。战国以后，黄河流域农田水利的重点逐渐由防洪排涝转向农田灌溉，开始出现大型的农田灌溉工程，灌溉技术进步明显，灌溉范围也明显扩大。这种转变与战国以来铁器牛耕的推广有密切的关系。随着铁器牛耕的推广，大量荒地被开垦为农田，在新的条件下克服干旱的威胁日益成为黄河流域农业生产要解决的主要问题，从而使得农田灌溉的必要性日益增加。与农田灌溉发展相适应的是，战国之后农田形式也从便于排水的"畎亩"为主转变为便于灌溉的低"畦亩"农田为主。秦汉之后，随着统一帝国的建立，农田水利建设进入新阶段。汉武帝时期，为解决关中和西北军事据点粮食供应问题，中央政府主持修建了许多大型灌溉渠系。魏晋南北朝时期，北方受战乱影响，农田水利工程多有荒废。不过，在社会比较稳定的时期，随着人口增长，农田水利也有所发展。

---

① 例如孔子的弟子：司马耕，字子牛；冉耕，字伯牛。

3. 北方旱地耕作栽培技术体系的形成

除了铁器牛耕的推广和大型农田灌溉工程的兴建，旱地耕作栽培技术体系的形成也为北方精耕细作农业体系的成型奠定了重要基础。

黄河流域的旱地耕作体系的特点是通过耕作措施创造良好土壤环境。早期的耕作没有将耕、播等环节分开。春秋战国以后，中国北方旱地农业出现了耕耨相结合的耕作体系。汉代之后，随着牛耕铁犁的推广，耕作从播种环节独立出来，形成一套比较精细的操作方法，使得土壤形成保肥保水性能良好的耕层结构。汉代在综合运用耕作、施肥、灌溉等技术方面，还创造了代田法、区田法等高产栽培法。代田法把耕地中的利用部分和间歇部分轮番交替，使耕地得以劳息相调，取得了较为明显的增产效果，在西汉关中地区和西北边郡屯田区推广较多。区田法把农田分成若干宽幅或方形小区，采用深翻、点播、施肥等措施，在缺乏牛力和大农具的条件下也能获得较高的产出。到魏晋时期，进一步形成了以耕、耙、耱、锄相结合的防旱保墒耕作体系，北方的旱地耕作体系开始走向成熟。

（三）精耕细作农业体系的深入发展

从隋唐直到明清，是我国传统精耕细作农业持续深入发展的时期，这个时期我国的经济重心由黄河流域转移到长江以南，精耕细作农业体系也日趋成熟。

1. 南方水田精耕细作技术体系的形成

南方水田农业早期实施的是所谓的"火耕水耨"的耕作方式。火耕是在播种前用火烧掉田中的杂草和秸秆，水耨是在水稻生长过程中借助水的力量薅除杂草。由此可见，"火耕水耨"是以利用和依赖自然力为特点，土地利用率低，技术简单，劳力投入少，属于一种粗放的农业耕作方式。这种耕作方式与南方高温多雨、水资源比较丰富的自然条件以及地广人稀的社会经济条件相适应。魏晋以来，随着北方人口的南迁，南方人口不断增加，这种粗放的农业经营方式不能适应新的社会经济发展条件，至唐宋逐渐被精耕细作所取代。

南方水田精耕细作技术体系的形成在时间上虽然较北方晚，但并非北方旱地精耕细作技术的简单移植，而是南北农业技术交融的结果，具有其自身的特点和优势。首先，这一时期南方水田耕作农具、灌溉农具等均有很大发展。炼钢技术的发展提高了铁制农具的质量，曲辕犁等新型农具的出现大大提高了耕作的效率。至宋代，已经形成了精细的"耕—耙—耖"相结合的水田耕作体系。其次，土地利用程度更高。这一时期南方小型水利工程星罗棋布，梯田、架田、涂田等新的土地利用方式逐步发展起来。复种制度也逐渐成熟。南方，特别是岭南地区，由于气候温暖湿润，生长期长，很早就出现了双季稻的种植。唐代江南开始出现稻麦复种，宋代有了较大的发展，一年两熟制度成为一种广泛推行的、比较稳定的耕作制度。再次，南方水田的精耕细作高度重视施肥和引种。通过施肥来补充和改善土壤肥力与各类土地的开垦和复种指数的提高有密切的关系。同时，农作物品种，尤其是水稻品种也变得更加丰富。唐宋以前的水稻品种比较单一，到宋代以后情况发生了很大的改变。一方面是早稻有较大发展，特别是占城稻的引进具有很大的影响。另一方面，晚稻品种也逐渐多样化，特别是早熟晚稻品种的增多，为稻麦复种制的推广提供了重要的条件。

2. 南北精耕细作农业的深入发展

唐、宋、元时期，在南方水田精耕细作体系不断形成的同时，北方旱地精耕细作技术也在不断深入发展。唐代以后，北方小麦逐渐取代粟成为最主要的粮食作物，农业技术的发展与麦作的推广关系密切。从唐代开始，北方以冬麦为中心的两年三熟制开始出现，施肥技术在北方也开始受到更大的重视，旱地的耕作也进一步精细化。

明清时期，人口激增导致全国性的耕地紧缺，南北方的精耕细作农业均继续深入发展。一方面，复种指数不断提高。北方以冬麦为中心的两年三熟制逐渐定型。南方的稻麦两熟制从长江中下游地区推广到湖南、四川等地。双季稻的栽培也有较大发展。江西尤其是赣南双季稻发展很快，并传播到湖南、湖北、四川等省。台湾原本只种单季稻，在清代也基本普及了水稻的一年两熟或两年五熟制，部分地区还实现了水稻的三种三收。另一方面，为了适应种植制度的变化，肥料施用、耕作栽培、品种改良等技术均有所发展。在明清时期，增施肥料被认为是实行多熟种植的物质前提，因此施肥技术受到空前重视。除了养畜积肥，普遍使用饼肥也是明清时期肥料使用的重要特点。在耕作栽培方面，普遍强调深耕和精耕。为了克服传统犁在深耕方面的局限性，创造了各种套耕办法。在品种改良方面，明清已经形成了在精细粒选的基础上系统选育的方法。例如，清《知本提纲》提出"种取佳穗，穗取佳粒"，以达到母强子壮。

（四）我国精耕细作农业的特点

精耕细作农业是中国传统农业的基本特征之一，蕴含了中国传统农法的精华，具有鲜明的中华文明的特色。

1. 集约的资源利用方式

提高资源利用效率是农业发展过程中面临的永恒主题。**对于传统农业，提高土地利用率和土地生产率，是提高资源利用效率的主攻方向，也是我国精耕细作技术体系的基础和重要目标。**

随着人口的增加，扩大耕地面积和农用地范围成为人们的必然选择。从撂荒制到休闲制再到连种制，体现了中国传统农业土地利用水平的不断提高。然而，与扩大土地利用面积相比，中国传统农业更加强调通过集约利用提高土地生产率。人们在长期农业实践中认识到，集约经营、少种多收，比之粗放经营、广种薄收，在对自然资源的利用和人力财力的使用上，都是更为合理的。除了土地，其他的资源利用方式也尽量做到集约。一方面尽量扩大作物的覆盖面积，力争"种无闲地"；另一方面，尽量延长耕地里作物的覆盖时间，力争"种无虚日"，使地力和太阳能得到充分的利用，达到提高单位面积产量的目的。在精耕细作农业发展的后期，出现了在水土资源综合利用基础上多种生物共处和多层次配置的立体农业的雏形，对土地、资源和太阳能的利用更为充分，单位农用地产出的数量、质量和品种也更为丰富。

2. 和谐的人与自然关系

我国精耕细作农业体系虽然强调提高资源利用率，但是对自然资源的使用不是掠夺性的，而是特别注重人与自然关系的和谐。中国古人把农业生产看作"天"（主要是气候）、"地"（主要是土地）、"人"（农业的主体）、"稼"（农业生物）相互联系的统一体。其中所包含的整体观、联系观、动态观贯穿于我国传统农业生产技术的各个方面。在这种思想的指导下，古人不但重视农业生态系统内部各种因素之间的相互关联和物质循环，而且注重人与自然之间关系的协调。人与天地并列，既不是自然的奴隶，也不是自然的主宰，而是自然过程的参与者。在这种人与自然和谐的思想指导下，中国传统的精耕细作农业也表现出很强的生态循环和可持续发展特点。

3. 有机的技术体系

精耕细作农业涉及精耕、细管、良种、重肥等诸多农业技术，这些技术并不是相互孤立的，而是有机联系的。在提高粮食产量、满足急剧增长的粮食需求方面，多熟种植是重要的途径，而这又是以一系列农业技术的进步为前提的。首先是要有足够的肥料，这要求施肥技术的进步。同时，耕作栽培技术也要有相应的进步，例如：为了解决稻麦两熟制前后茬季节偏紧的问题，明代创造了小麦和其他春花作物育秧移栽的技术①。在良种选育方面，田间穗选与单种、单收、单藏、加强田间管理等措施相配合的系统选育法，把育种、繁种和保纯复壮结合起来，培育和积累了丰富的作物品种资源，成为最可宝贵的农业遗产之一。

二、农业的分区发展

我国幅员辽阔，自然资源和社会发展呈现出明显的区域差异，农业分区发展的特点非常明显。从大的角度来看，可以分为农耕区和游牧区两大系统，大体以长城为界，形成农耕区与游牧区分立和对峙的局面。在农耕区内，又可以分为旱作农业和水田农业两大区域，大体以秦岭、淮河为界，北方以旱作农业为主，南方以水田农业为主。在游牧区中，又可分为纯游牧区和农牧错杂区。**农耕文化和游牧文化之间的联系和斗争以及农牧区的消长，旱作农业区和水田农业区的形成和发展以及它们的相互关系和地位的变化，构成中国古代农业发展史的两条主要线索。**

（一）农牧分区发展

1. 农牧分区格局的形成

在原始农业时期，大部分地区的农业都呈现以种植业为主、农牧采猎相结合的特点，游牧民族尚未形成，因此也不存在所谓的农牧分区。西戎兴起的甘肃、青海地区和匈奴族兴起的漠南河套地区，在新石器时代都是以种植业为主的区域。东胡活动中心的辽河上游地区，则分布着发达的定居农业。

当中原地区由原始社会向阶级社会过渡时，游牧部落和游牧民族开始在西部、北部和东部一些地区陆续出现。黄河上游的甘青地区，新石器时代晚期的齐家文化以种粟、黍为主，不过畜牧业已有一定程度的发展。随着人口增加、氏族分化，有部分居民脱离定居农业生活，迁移到广阔的草原地区，从而形成游牧民族。西周时期，以羌族为主体的被称为西戎的游牧或半游牧部落群首先强大起来，逐渐向中原推进，迫使周王室东迁。到春秋时期，逐步形成农耕民族与游牧民族错杂并存的局面。

战国之后，形势发生了很大变化，农业生产结构和地区布局的农牧分区开始形成。早期进入中原的游牧人基本上都接受了农耕文明，融合为华夏族的一部分，中原地区种植业的主导地位进一步确立。与此同时，东胡和匈奴等游牧民族在北方崛起。与西戎不同的是，这些游牧民族善于骑马。由于马具有很强的机动性，掌握了骑马术的北方游牧部落内

---

① 李根蟠. 中国古代农业［M］. 北京：中国国际广播出版社，2010.

部及部落之间的联系大大加强。到战国时期，这些原本互不统属的游牧部落统一起来，形成威胁中原农业民族政权的强大力量。这样，原本农耕与游牧并存的局面被农牧分区的新格局所取代。崤山、函谷关以东的黄河中下游地区、关中盆地等战国以来成为农耕区，泾、渭、北洛河上游及其迤西一带，春秋以来为戎狄所居，到战国仍然是一片以"畜牧为天下饶"著称的畜牧区。龙门、碣石以北也是畜牧区。战国秦昭王所筑长城一线可以看作当时的农牧分界线。赵武灵王破林胡、楼烦，筑长城，与匈奴为界，而林胡、楼烦故地仍以畜牧为主。燕昭王时，击破东胡，自造阳（今河北独石口附近）至襄平（今辽宁辽阳市）筑长城。在燕秦长城遗址沿线的古城堡中出土了一批与中原形制相同的铁制农具，表明当时东北农牧分界线大致为燕北长城一线。秦统一六国之后，把匈奴逐出黄河以南鄂尔多斯地区，连接并修筑万里长城，使得农牧分区的格局被进一步固定下来。

2. 农牧界线的变迁

农牧区的界线并不是固定不变的，农牧分区的格局形成后，在不同时期也互有进退，但总的趋势是农耕区不断扩展。

秦初时期，农耕区向牧区扩展。秦始皇三十三年（前214年），蒙恬逐匈奴，收复今河套包括鄂尔多斯高原的"河南地"，沿河筑县，并进行大规模的移民戍边屯田，将农耕区的北界推进至阴山以南一带。秦末由于爆发了农民起义，戍边者乘机逃回，匈奴渡河而南，农牧分界线向南推移。

西汉初年，农牧分界线大致回到战国时代。汉武帝以后，农牧界线又大大向北推进。汉武帝北伐匈奴，再次收复河南地，占领长期游牧的河西走廊，在河套地区和河西走廊分别设置朔方、五原、云中和张掖、武威、酒泉、敦煌等郡，从内地移民实边，并实行大规模军屯。据《汉书·武帝纪》《汉书·食货志》等记载，太初元年（前104年），部署在河套到河西走廊地区的屯田卒达60万。西面拓疆至羌中，令汉人进入河湟地区，开垦屯田。这样，除了中间伊克昭盟（今鄂尔多斯市）有部分草原外，农牧分界线西面已达乌兰布和沙漠和贺兰山、河西走廊和湟水流域，北面已抵阴山山脉，东面仍沿着长城一线。

东汉初年，朝廷因匈奴南侵一度放弃了从河套至晋北的沿边诸郡。后来以匈奴、羌族为主包括乌桓、鲜卑等杂胡入居泾、渭、北洛河和山陕峡谷流域的沿边八郡，突破了秦汉时期形成的农牧界线。东汉末年黄巾起义，朝廷对边区的统治已无法维持，这些地区几乎全为羌胡所居。从三国到西晋，大量北方游牧部族入居黄河流域，其中一部分逐渐汉化，从事农耕，但大多数匈奴、鲜卑、氐、羌人还保持着原来的部落组织，在其聚居地区仍从事畜牧业。这一时期农耕地和牧地错居杂处，很难画出一条清晰的农牧界线。

北魏时期再度将农耕区北界推进至河套地区，但这一时期的农牧转化不是将少数民族赶走并迁入大批汉人，而主要是原住此地的少数民族逐渐汉化。这种转化是极其缓慢的，在地域上也是逐渐扩展的。此外，鄂尔多斯草原经秦汉时期的过度开垦，森林植被遭到严重破坏，在当地特殊条件下，已出现了沙漠化的迹象，生态环境无法恢复，也无法恢复农耕。隋朝在河套地区进行屯田，而在其南的今富县、合川、泾川以南一带，却是农牧兼营区。因此，自北魏以来，在新恢复的河套农耕区以南与传统农耕区关中平原之间，存在着一片半农牧或农牧交错的过渡地带。

唐代在安史之乱以前在陇右、陕北地区设了许多牧监，发展国营畜牧业。唐时鄂尔多斯地区先后为突厥、党项所居。鄂尔多斯地区北部已经沙漠化，无法再发展种植业，况且原来留居的就是游牧民族，必然继续进行传统的畜牧业。而与夏、宥二州相邻的胜州（治今内蒙古自治区准格尔旗十二连城）、麟州（治今陕西神木市北）一带，已辟为农耕区。因此，当时的农牧分界线大致在今窟野河和横山、白于山以南一线。至于阴山以南黄河北岸，自唐中宗景龙时也进行过屯田，首尾数百里，开田数千顷，不过与中原农耕区未能连成一片。

自7世纪末移居夏州一带的党项族在10世纪建立西夏政权，与北宋接界。党项族原是从事畜牧业的，其统治境内畜牧业占很大比重。但其境内汉人则多从事农耕，在银川平原利用汉唐旧渠，在河西走廊甘、凉等州利用祁连山雪水进行灌溉，开辟农田，具有一定的规模。契丹和女真受汉族文化影响较深，占有中国北部后，在汉唐以来传统的塞外地区开始发展粗放农业，比较有代表性的是内蒙古东部的西辽河流域。自10世纪开始，契丹就将战争俘掠来的汉人和灭渤海国后迫迁来的渤海人，安置在西拉木伦河和老哈河流域进行农耕，使这块草原地带初次有了种植业，以后又向北推向克鲁伦河和呼伦贝尔草原，形成了传统农耕区外的半农半牧区。金代继承了这种局面，并将种植业发展到洮儿河、西流松花江和拉林河流域，大兴安岭则成为蒙古高原和松辽平原之间天然的农牧分界线。

元代蒙古族入居中原，将所占北方不少农田返耕还牧，不过也有新辟的农耕地，如将屯田推进至今蒙古国鄂尔浑河一带，但与牧区交错，分布零星。

明初开疆拓土，在大同、东胜、开平等开置屯田，设立卫所。永乐、宣德以后，鞑靼、瓦剌、兀良哈逐渐占领了今长城以外地区，明朝卫所或废或撤，随即修筑了边墙。边墙以外，河套以南的鄂尔多斯地区的库布齐沙漠和毛乌素沙地均无法进行农耕。沿边各卫所官员招引边民于边墙外开垦营利，农耕线逐北推至界外，但远者不过七八十里，近者二三十里，所以边墙实际上是当时的农牧分界线。

清代统一长城内外，规定边墙外25千米为禁留地，是汉、蒙古两族的分界线。康熙年间准许蒙古王公和内地汉民合伙种地，蒙古境内开始发展种植业。后来每年由户部发放准垦凭证，以便控制汉民进入蒙古草原。雍正年间募民于边外垦种，规定春往冬归，不许移家占籍，但所耕范围有限，不出边外25千米地。乾隆以后内地贫民出边墙垦种者日众，难以控制。总之，清中叶以来，由于汉人的进入，农耕区向四周扩展。清末期光绪年间在河套一带推行"开放蒙荒""移民实边"的政策，兴办垦务，对伊盟地区进行大规模开垦，后套一带的可耕地也全被开垦。总的说来，清代北部的农牧界线有两条：一条是陕西省北界和晋、冀长城至辽西努鲁儿虎山一线，此线以南为农耕区；一条是由阴山山脉，东至乌兰察布盟（今乌兰察布市）的乌拉山迄大兴安岭南端，此线以南有部分是半农半牧区。

3. 农牧分区的影响

农耕区和牧区虽然在地理上分隔开来，在经济上却是相互依存的。偏重于种植业的农区需要从牧区取得牲畜和畜产品作为补充，而牧区则需要输出其富余的牲畜和畜产品并输入农产品和手工业品。这表明农、牧区之间存在密切的、不可分割的联系。在正常情况下，两大经济区通过官方的或民间的、合法的或非法的贸易进行经济交往，互通有无。但是，当正常的贸易受到阻碍时，就会诉诸战争，此时战争成为经济交往的一种特殊方式。

战国、秦汉时期，中原王朝与北方游牧民族之间的战争非常频繁，同时农、牧区的经济联系和文化交流也空前活跃。一方面，北方游牧民族的牲畜和畜产品源源不断进入中原，不但直接为农区的农耕和运输提供了丰富的畜力，而且促进了中原畜种的改良和畜牧技术的进步。例如汉武帝时从西域引进乌孙马和大宛马，对中原马种改良起了很大作用。又如骡、驴、骆驼是北方民族首先饲养的，中原人视之为"奇畜"。西汉中期以后，"赢（骡）、驴、馲〔luò〕驼（即骆驼），衔尾入塞"（《盐铁论》），逐渐成为中原地区的重要役畜。另一方面，农区的粮食等农产品和铁器、丝织品等手工业品以及相应的生产技术，也随着贸易和战争不断输入牧区，丰富了当地人民的物质生活，并在游牧文化中注入农耕文化的因素。

两大经济区的对峙，也深刻影响了双方经济成分和生产结构的变化。为了抵御北方游牧民族强悍的骑兵部队的侵扰，中原王朝迫切需要直接掌握大量马匹，建立一支有迅速应变能力的常备军，这就大大刺激了农区以养马业为基干的官营畜牧业的发展。民营畜牧业则向着为农业服务的方向发展，日益小型化。《史记·平准书》记载，汉武帝初年"众庶街巷有马，阡陌之间成群"。

与此同时，为了抵御北方游牧民族的侵扰，从西汉起实行边防屯田。汉武帝时在河套至甘肃西部部署了60万屯田卒。中原王朝的屯田还深入西域地区。屯田促进了农耕方式向牧区的推进，并在农牧区之间形成一个半农半牧区。西汉的官营牧场主要就是分布在属于这一地区的西北边郡，当时这里农牧两旺，是全国最富庶的地区之一。游牧区与农耕区的分立，农区内官营军用大牧业和民营农用小牧业的分化，构成中国古代农牧关系的两大特点。

（二）旱作农业与水田农业的分区

在农耕区，南北自然条件也存在很大差别，相应的农业发展也呈现出明显的南北差异。**早在原始农业产生之初便形成了黄河流域的旱作农业和长江流域的水田农业的分区发展**。

1. 旱作农业

黄河中下游地区是中国农耕文明的重要发源地之一。黄河流域最早栽培的是粟、黍、菽、麦、麻等耐旱耐寒作物。最先被驯化的是粟和黍，这同黄土高原的地理生态环境以及粟、黍的适应性广、耐干旱、耐瘠薄、抗逆性强是分不开的。黄土高原的东南部包括陕西中部、山西南部和河南西部，是典型的黄土地带。这一带的气候，冬季严寒，夏季炎热、春季多风沙，雨量不多，又大部分集中在夏季，这时的温度高，蒸发量大。在这种条件下，只有抗旱性强、生长期短的作物如粟和黍才能适应，其他作物就很难适应了。

粟和黍都是北方最先驯化栽培的作物，但就北方地区而言，粟是新石器时期种植最广泛的作物，这是因为粟的产量比黍高，而且耐储藏，谷粒不易零落，谷秆又是牲畜的优良饲料，这些都是粟取得主导地位的因素。在大约距今9 000~7 000年前，粟作农业在我国华北地区已经普遍发生，并且奠定了传统农业时期北方旱作农业区的基础。

夏、商、周三代黄河流域的旱地农业继续发展。根据甲骨文中的记载，当时种植的作物有粟、黍、麦、稷、稻等，大部分是旱地作物。春秋战国时代，黄河中下游地区的大田作物，和夏、商、西周时代一样，粮食作物占绝对支配地位，但粮食作物的种类构成及位序则发生了颇大的变化，菽（大豆）的地位迅速上升，至春秋末年和战国时代，菽已经和粟并列为主要粮食作物。大豆上升为主粮是由多种因素所促成的，但大豆比较耐旱，具有一定的救荒作用，可能是其中一个重要原因（西汉时期的《氾胜之书》提到："大豆保岁易为，宜古之所以备凶年也。"）。

秦汉至魏晋是中国北方地区旱地农业技术逐步发展成熟时期。人们已经非常重视土壤墒情，汉代《氾胜之书》提出了适时耕作以蓄墒，耕后摩平以保墒，加强镇压以提墒，积雪蔺雪以补墒这样一整套保墒防旱技术。耕、耙、耱配套技术形成，标志着北方旱地耕作技术进入一个崭新的阶段。耧车为代表的多种大型复杂的农具先后发明、运用，区田法、代田法的发明与应用都是为了抗旱夺丰收。贾思勰的《齐民要术》对北方地区6世纪之前精耕细作技术进行了总结，书中分析了黄河上中游的高原土壤的特点，指出其具有天然的优良土质，只要能够得到适当的使用及养护，就可以确保收成。

2. 水田农业

早在距今约20 000~15 000年前以采集、渔猎经济为主的时代，中国的先民已经开始利用和驯化野生稻了。随着全新世暖期的到来，温暖湿润的气候为农业的起源提供了优越的自然条件。大约在距今9 000~7 000年，稻作农业在我国的长江和淮河流域起源，奠定了我国传统农业时期稻作农业区的基本格局。

到春秋战国时期，在黄河流域逐渐发展起精耕细作的旱作农业技术体系时，长江流域的水田农业还处在"火耕水耨"的粗放发展阶段，这使得水田农业区的发展逐渐落后于旱地农业区。

魏晋之后，随着北方人口的南迁和北方精耕细作农业技术的传播，长江以南地区逐渐形成与水田农业相适应的精耕细作农业技术体系，大大提高了水田耕作的效率。隋唐时期，在南方开始出现稻麦复种，使得复种指数大大提高，而且小麦不与水稻争地，年内稻麦两作，提高了粮食单产和总产。宋代水稻复种有了较大的发展，一年两熟制度成为一种广泛推行的、比较稳定的耕作制度。这些都使得水田农业区的发展逐渐赶上并最终超过旱地农业区的发展，成为我国农业新的重心。

（三）农业重心的变化

以黄河流域为代表的北方农业自古以来一直是中国农业的重心。然而，自唐中期以后，黄河流域尤其是关东的农业开始走下坡路。与此同时，长江流域农业逐渐发展，到宋代逐渐超越黄河流域，成为全国农业的重心。

根据司马迁《史记·货殖列传》的记载，汉代的江南地区仍是"地广人稀，饭稻羹鱼，或火耕而水耨"，那时的江南地区虽有广袤的土地，却因人口稀少和生产力的不发达而得不到很好的开发。至魏晋南北朝时期，北方由于游牧民族的入侵和统治，长期处于动乱之中，南方则相对和平稳定。北人大批南下，不仅给南方带来了大批的劳动力，也带来了许多先进的工具与生产技术，使江南地区的土地开发形成了一个高潮。北方人口陆续不断地大量南迁，对土地的需求量急剧增加，其垦殖的范围自然就要扩大到条件较为艰难的山陵及湖沼地区。

隋唐时期仍以关中地区为王业之本。从北魏开始，黄河流域的经济逐步得到恢复，农业生产有了较大的发展，为隋朝的强盛和统一奠定了物质基础。北魏以来大力发展关中的经济，使关中地区以及关东地区又成了隋朝和唐朝前期的经济重心。但自安史之乱以后，北方地区的经济逐渐凋敝，而江淮地区的经济则得到了长足的发展，南方经济逐步赶上并开始超过北方。

隋唐以前由于受地理条件复杂性的制约，造成局部地理条件的独立性，使经济的发展出现了不平衡。在古代交通不便的情况下，这种特点就更加显著。隋代大运河的开通，将黄河中下游的经济区与长江中下游的经济区沟通，打破了原来经济区的封闭，推动了南北农业区域联动，在运河一线逐渐形成了一个大的经济带。中唐以后，全国农业重心已有向南方推移的迹象，到两宋时就明确移转到南方了。在南方农业的发展中，水稻的大量增产起着主导作用。江南的水稻生产在唐初和中后期发生了较大变化。至迟到北宋时，稻的总产量已经上升到全国粮食作物的首位，因而宋代就有"苏常熟，天下足"和"苏湖熟，天下足"的谚语，明代又有"湖广（今湖南、湖北两省）熟，天下足"的说法。

三、商业性农业的发展

我国古代社会长期以自然经济为主体，以粮食生产为主要内容的自给性农业长期处于农业生产的主导地位，商业性农业的发展较为滞后。但随着商品经济的发展，商品经济因素向农业生产领域的渗透，土地、劳动力、资金逐渐被以商品形态投入农业生产中，商业性农业也得到缓慢的发展。我国古代商业性农业的发展首先表现在经济作物商品化的发展，其次便是粮食的商品化。

（一）经济作物的商品化

中国是世界农业作物起源中心之一。就经济作物的栽培起源而言，早在新石器时代晚期，我国已经开始种植大麻、苎麻等纤维作物。山西襄汾陶寺龙山文化遗址出土的麻织物、甘肃东林乡马家窑文化林家遗址出土的大麻都为大麻在原始农业时期的栽培提供了考古证据。这一时期，我国人民也开始植桑养蚕，并将蚕丝用作衣被原料。浙江吴兴钱山漾出土的丝织品中有绸片、丝带、丝线等，均是以桑蚕丝为原料，表明 4 700 年前我国人民已经掌握了丝绸的缫织技术[1]。新石器时代晚期黄河流域和长江流域文化遗址出土的相关文物也表明在黄河流域的仰韶文化中、晚期已有了育蚕织绸业，而且还达到了一定的水平；长江流域江浙一带，不仅已经有了育蚕织绸业，而且要早于黄河流域[2]。

夏商周至春秋时期，社会需求多样化，使得经济作物的种类进一步扩充。纤维类的经济作物中除了大麻、苎麻、蚕桑继续发展外，葛、棉开始栽培。文献中开始出现种植大麻的记载。《夏小正》中记载五月种麻，《诗经》中亦有"丘中有麻""东门之池，可以沤麻""艺麻如之何"的诗句。这一时期的遗址与墓葬中所发掘出土的麻布，则为文献记载提供了考古学的证据支持。蚕桑业在这一时期也有了较大的发展。养蚕方式由桑林放养转变为采桑至室内饲养，有利于提高蚕的成活率和茧的产量。《夏小正·三月》所载"妾子始蚕，执养宫事"，表明已有专门的养蚕室。《诗经·豳风·七月》中描述的"春日载阳，有鸣仓庚。女执懿筐，遵彼微行，爰求柔桑"，即为妇女为室内养蚕而采桑的场景。蚕桑业的分布地域大为拓展，种桑养蚕不仅已经遍布黄河中下游流域，而且扩展至长江流域。统治者对蚕桑业的高度重视表明蚕桑业在当时社会经济中已具有重要地位。据《礼记·祭统》记载，"是故天子亲耕于南郊，以共斋盛。王后蚕于北郊，以共纯服。诸侯耕于东郊，亦以共齐盛。夫人蚕于北郊，以共冕服"，表明西周统治者已将蚕桑业置于与农耕同等的地位。随着农业的发展和人们对蔬菜瓜果需求的增加，夏商周至春秋时期，园艺作物也被栽种，园圃业萌芽并得到初步的发展。《夏小正》《管子》《诗经》等文献中记载了大量园

① 徐辉，区秋明，李茂松，等．对钱山漾出土丝织品的验证［J］．丝绸，1981（2）：43-45.
② 唐云明．我国育蚕织绸起源时代初探［J］．农业考古，1985（2）：320-323，370.

艺作物，如《夏小正·正月》"圃有见韭"，《管子·戒》记载齐桓公"北伐山戎，出冬葱与戎菽，布之天下"，《诗经·豳风》记载"七月食瓜，八月断壶"，《诗经·小雅》记载"幡幡瓠叶，采之亨之"等。

战国秦汉时期经济作物的种类和生产规模都有了新的增长，而且经济作物种植业逐渐摆脱作为粮食种植业附庸的地位，成为独立的生产部门。秦汉时期疆域拓展，与域外各民族间科技文化交流增强，从而引进了一批新的作物品种，丰富了经济作物的种类。就经济作物而言，引进的主要有园艺作物和油料作物。园艺作物的商品化在战国秦汉时期便开始了。据《居延汉简》的记载，"买葱卅束，四钱给社""出钱卅，买荽廿束""出钱五十九，买荽廿七束""出钱六、荽二束""姜二斤，直卅""大薯种一斗，卅五，戎芥种一斗，直十五""葱一石，直百"。可见，当时的河西地区，园艺作物中的荽、姜、芥、大薯、葱已经成为商品，在市场上标价出售。战国秦汉时期，纤维作物中大麻已经完全退出粮食作物的行列，成为主要的衣着原料来源。汉代造纸术发明以后，大麻也成为重要的造纸原料。秦汉时期，齐鲁地区麻已经规模化种植。《史记·货殖列传》记载"齐鲁千亩桑麻"。从长沙马王堆汉墓出土的大麻子和麻布可见，秦汉时期大麻的生产地域从黄河流域扩展到了长江流域。蚕桑生产发展显著，蚕桑种植逐步由黄河流域向全国各地扩展，在全国普遍从事蚕桑业的基础上，还形成了著名的集中产地。秦汉时期蚕桑业形成了以齐鲁地区、兖豫地区、楚、蜀为中心的集中产区，这些产地不仅大面积种桑育蚕，而且纺织工艺发达，出产做工精细的丝织品。如齐鲁地区，秦汉时期已经种植千亩桑树。河南的织锦、楚地的纹锦、蜀地的锦帐皆为秦汉时期的地方丝织名产，可见当时蚕桑丝织业之发达。战国秦汉时期，以桑、麻为代表的纤维作物的地位逐步提高。汉代统治者常以"农桑为本"下诏行涉农政事，而且在考核地方农业官员绩效时常以农桑生产作为重要标准。

魏晋至隋唐时期，经济作物的种类有了更大的发展。通过人工驯化、培育以及引种，园艺作物的品种大量增加，仅《齐民要术》中便记载了 30 多种园艺作物。这一时期园艺作物的商品化程度也大为提高。染料作物的种类增多，植物染料的提取和加工技术趋于成熟。荏子、大麻子和芜菁子均被用以榨油，芝麻在油料作物中的垄断地位被打破。在蚕桑和麻类作物继续发展的基础上，棉花开始在华南、西南和西北边疆地区栽培。随着棉花的推广，我国古代原以蚕丝和麻类作物作为主导性衣被原料的局面逐渐被打破。隋唐五代，棉花种植由边疆地区逐步向腹地扩张，岭南棉花种植趋于普遍，西南地区的棉花种植向四川、贵州推进，西北地区新疆的棉花也传入腹地。在棉花的集中产区，棉花已经商品化了。魏晋至隋唐，茶叶产区逐步形成。唐代，茶叶生产空前发展，饮茶习惯蔚然成风。茶叶不但成为国内的重要商品，而且成为对外交换的商品之一。

宋元时期，随着棉花传入中原，逐渐代替麻成为主要的纤维作物，油菜在油料作物中的地位上升，成为除芝麻之外最重要的油料作物。园艺作物种类进一步增多，出现了诸多新的品种。甘蔗和茶叶得到较大发展，茶业重心向南方集中。随着饮茶的普及和百姓对饮茶方便的需求，宋元茶叶在生产上呈现出由以团饼形式的片茶向散茶转变的趋势。宋代茶的栽培遍及大半个中国，据《宋史·食货志》记载，淮河、秦岭以南的大部分地区都有栽种，并出现了一些专业产茶区。北宋时产茶的州有 30 多个，南宋则增加到 66 个。当时"成都府、利州路二十三场，岁产茶二千一百二万斤，通博马物帛岁收钱二百四十九万三千余缗"（《宋史·志·卷一百三十七》）。在专业产茶区，从事茶叶生产的茶农被称为"茶园户"或"园户"。这些园户"采茶货卖，以充衣食"，已成为农村中的小商品生产者。由于种茶是商品生产，所以园户同市场有着密切联系。在蜀茶征榷之前，园户或将茶叶直接卖给商人；或商人中的贩茶之家，担挑背负至茶园收购，甚至给园户留下金钱预先定购。茶叶生产虽然在官府的控制和管理之下，但园户仍然与市场有着间接联系。宋之后，蚕桑业有了广泛的发展，传统的北方蚕桑产区仍保持着继续发展的势头，而新形成的南方蚕桑产区则后来居上，其产量已超过北方。不仅如此，蚕桑生产还突破了小生产家庭男耕女织的基本格局，开始形成一些新的农业分支，向专业化生产方向发展。在蚕桑业发达地区，如两浙路的湖州、严州及临安府等地农村的农民，就是专门以蚕桑为生计。同时，个别农村还出现不栽桑养蚕的专业纺织机户，如婺州"义乌县山谷之民，织罗为生"（《宋会要辑稿·食货一八》）。宋代农村蚕桑专业化生产的出现，既是商品经济渗入农村的结果，又反过来加速了农村经济作物的商品化[1]。

明清时期，纤维作物结构也发生了重大变化，棉花地位上升，并逐步取代丝麻成为主要的衣被原料。棉花的发展呈现普及与集中并存的趋势。棉花的生产区域在元代的基础上进一步扩展，全国各地，无论南北，但凡适宜棉花生长的地方，大都开始种植棉花。农业生产区域专门化是农业生产分工深化在空间上的表现，也是农业商品化生产程度加深的重要体现。明清时期，随着商品化程度的加深，经济作物生产在地域上趋于集中。至清初，全国已经形成了华北、江南、华南三大经济作物生产区。随着经济作物生产地域分工的进一步细化，在各大经济作物主产区的内部，又形成了以各类经济作物为中心的专门产地。明清时期经济作物种植的规模化趋势，促使种植户产生对农业劳动力的需求。商品化的雇佣劳动关系在规模化程度较高的蚕桑、棉花等经济作物生产地区开始出现。明清时期，经济作物种植业的土地投入的增长可以区分为显性和隐性增长。土地投入的显性增长表现为直接购买和租赁土地投入经济作物生产中。而土地投入的隐性增长则是以"桑争稻田""棉争粮田"等现象为代表，将粮食作物耕地改为经济作物生产用地。明清时期，商品化的资本、劳动力和土地投到经济作物种植业中，体现了经济作物生产的商品化趋势。

（二）粮食生产的商品化

长期以来，我国粮食生产的商品化较为滞后，原因在于粮食产量不高，基本上只能维持基本生活需要，很少有剩余的粮食供市场交换。从战国到秦汉时期粮食生产水平有了较大的提高，一方面开垦土地面积大幅增加，另一方面亩产量也有较大提升。关于战国秦汉的亩产量问题，学界已有不少研究，虽然不同学者所作估算高低不一，不过总体来说都认可这一时期粮食生产水平比之前有了极大提高。据估算，秦汉时期粮食在特殊条件下高产可达到每市亩产粟 753 市斤[2]，其平均亩产范围，折合今制也在每市亩产粟 150～250 市斤[3]。这为粮食的商品化提供了必要条件。只是这一时期粮食产量的不稳定与不均衡性相当突出，导致小农经济的脆弱性，也使得粮食的商品化发展步履维艰。

魏晋隋唐时期粮食亩产量的恢复，人均占有原粮量的增加，意味着农业生产提供的剩余粮食数量的增加，有更多的粮食可以进入市场流通。魏晋南北朝时期，粮食已成为主要的大宗商品之一，粮食贸易遍布城乡各级市场。据估计，唐代粮食亩产达到 334 斤/市亩，

① 孙克勤. 宋代农产品商品化略析 [J]. 云南财贸学院学报，1996（1）：58-62.
② 1 市斤 = 0.5 千克。
③ 代国玺. 秦汉的粮食产量与农户生计 [J]. 云南社会科学，2025（1）：129-140.

超过之前历代①，达到了一个新的高峰。唐中央政府对粮食贸易采取相对开放的政策，使官方和民间的粮食贸易都得到较大的发展。因此，无论从粮食的商品性生产，还是从粮食的流通运销上来看，唐代粮食的商品化已经达到了较高的程度和规模。

两宋时期农业生产技术的提高、南方水田复种指数的增加以及粮食种植面积的扩大促进了粮食产量的增长。虽然学者对宋代粮食平均亩产量的估算不一，但也基本认可两宋时期粮食平均亩产量处于历史上较高的水平，而且全国逐渐形成了以长江三角洲地区为代表的商品粮集中产区。这些粮食产区的生产能力不仅可以满足本地粮食需求，而且可以为外地供应粮食。宋代两浙路"湖、苏、秀三州号为产米去处，丰年大抵舟车四出"（王炎《上赵丞相书》），因此宋代便有"苏湖熟，天下足"的谚语。江南西路产粮不仅"岁漕以供京师"，而且商人通过水陆交通将大量粮食贩运他处，"春夏之间，淮甸荆湖，新陈不续，小民艰食，豪商巨贾，水浮陆驱，通此饶而阜彼乏者，不知其几千万亿计"（曾安止《禾谱·序》）。宋代粮食商品化的一个重要原因是城镇的兴起，使粮食的市场消费迅速增长。北宋开封、南宋杭州人口达百万以上，"每日街市食米，除府第、官舍、富室及诸司有该俸人外，细民所食，每日城内外不下一二千余石，皆需之铺家"（《梦粱录·卷十六·米铺》）。建康府城的粮食消费量很大，粮食供应主要依靠市场流通，需要从江西等地输入②。宋代10万人以上的城市约有40座，市民所食皆赖市场。地方镇市的发展也十分引人注目，北宋镇的数量在1 900个以上，南宋的镇不少于1 300个，每个镇一般又有2~4个市，这些镇市大部分集中在城市周围或水陆要津，是沟通城乡商品交换的桥梁③。

元代由于耕地增加、亩产提高，全国粮食增加较多，特别是江浙、两淮、江西、湖广等四大主要产粮区，每年都有大批的商品粮食输往全国各地。元代的地方诸省又多为缺粮区，这一多一缺就为元代粮食商品化的发展提供了需要与可能④。元代地区间粮食产量差距的拉大，也促使长距离贩运的粮食贸易发展起来。元代政府鼓励商人贩运粮食至上都与和林，以满足元代上都、和林所驻扎军队和工匠的粮食需求。元定都大都后，每年有大量商人通过漕运和海运将粮食由中原和江南贩卖至大都。扬州盛产稻米，商人将稻米载以舟船沿长江而上，远及长沙。长距离粮食贸易的发展，表明粮食贸易已经超出了区域内部粮食盈余调剂的范围，粮食的商品化程度进一步加深。

明清时期农业生产的发展，使得粮食亩产量和粮食总产量都有所增加，进入市场流通的商品粮总量也大幅增长。在对明清粮食亩产量的研究上，学者的估算虽然彼此之间差距较大，但与宋元时期相比，明清时期亩产量的增加是无异议的。清代前中期的粮食亩产量达到了中国传统农业的最高峰。据估算，在清代粮食亩产量最高的19世纪上半期，全国平均每市亩产量达到326市斤，比明代万历时期平均每市亩243市斤的产量高出1/3，这在中国传统农业发展史上是一个很大幅度的提高⑤。从粮食总产量上来看，明清时期也有较大增长。明清时期粮食亩产量和粮食总产量的提升，反映了这时期农业生产水平的提高，不仅能够满足社会基本的口粮需求，而且还能有余粮进入市场流通。明清时期进入市

① 吴慧. 中国历代粮食亩产研究［M］. 北京：中国农业出版社，2016.
② 徐吉军. 宋代建康的城市建设与社会经济文化［J］. 南京学研究，2022（1）：99-124.
③ 魏天安. 宋代的粮食商品化及其特征［J］. 中州学刊，1986（2）：110-113.
④ 叶依能. 元代粮食生产和粮食商品化［J］. 中国农史，1994（4）：30-38.
⑤ 史志宏. 清代农业生产指标的估计［J］. 中国经济史研究，2015（5）：5-30，143.

场流通的商品粮总量也大幅增长。明代粮食的输出区主要有安徽、江西两省，长距离贩运限于长江中下游和福建、广东，年输出约 1 000 万石①。清代情况就有很大不同了。河北、山东已有部分地区缺粮，山西、陕西也缺粮，都非本区域可以调剂。广东原有余粮，这时则缺粮严重。同时，余粮地区也增多了，尤其是四川、湖南的开发，东北的放垦，台湾的经营，使这些地区都成为粮食基地。因而，调运顿繁，路程也加长，由北而南，总计有十条主要路线，年运输约 3 600 万石，除去漕粮，也在 3 000 万石以上，是明代粮食长距离运销的三倍。据估计，到鸦片战争前，全国粮食商品量 245.0 亿市斤，占总产量的比重为10.5%，价值白银 16 333.3 万两，占商品值的比重为 42.14%，居第一位②。

第三节　中国农业起源与发展的启示

中国农业起源与发展的历史过程是不断克服各种矛盾的过程。通过对中国农业起源与发展史的考察，可以找出农业发展中的基本矛盾，从而总结出其背后蕴藏的规律。主要来说，中国农业起源和发展的启示可以从以下三个方面来认识：

一、自然环境与农业

自然环境与农业的起源、发展及重心的转移都有密切的关系。中国独特的自然环境也造就了独特的农耕文明。作为农牧分界线的长城位于今日地理区划复种区的北界附近，这表明中国古代两大经济区的形成是以自然条件的差异为基础的。长城以南、甘青以东地区气温和降雨量都比较适合农业发展的要求。这一地区生产结构的特点是以粮食生产为中心的多种经营，种植桑麻和饲养牲畜是最重要的农家副业，实行农牧结合和耕织结合。在长城以北横亘着气候干燥寒冷、沙漠草原相间分布的蒙新高原，发展农耕的条件比较差，却是优良的牧场。在这广阔的舞台上，匈奴、鲜卑、柔然、突厥、女真、蒙古等游牧和半游牧民族相继代兴，他们拥有庞大的畜群，在草原上逐水草而居，食畜肉，饮湩（马奶酒）酪，衣皮革，被毡裘，住穹庐，以畜群为主要生活资料和生产资料。他们的畜群以羊为主体，马占有特殊重要地位，又拥有中原原来没有的驴、骡、骆驼等牲畜。他们虽然很早就懂得种植黍、稷等作物，不过种植业比重很小，与游猎相结合的游牧是这些民族最重要的衣食之源。

在长城以北、甘青以西广大地区内，情形并非千篇一律。如东北地区除西部是蒙古高原一部分外，中部、东部离海较近，雨量较多，森林沼泽密布，有肥沃的黑钙土，不少地区宜于农耕。这里很早就有农耕文化遗址分布，并逐渐形成了一些营农民族；另一些民族则长期保存着占比很大的渔猎经济成分。当地的民族一般只有进入蒙古草原以后才会形成游牧民族。新疆部分地区或处沙漠草原的边缘，或为内陆河流所流经，形成沙漠中的绿洲，这些地方也存在发展农耕的有利条件。汉魏时代，大抵以天山为界，北疆与蒙古草原相连通，是匈奴、乌孙、丁零等族的游牧地，南疆则多为有城郭、田庐的"城国"。城国也分两类，鄯善、诺羌、且末以游牧为主，多马驴、骆驼，耕地少，往往要"寄田仰谷旁

---

① 1 石＝60 千克。

② 吴承明. 论清代前期我国国内市场 [J]. 历史研究，1983（1）：96-106.

国"，而且末以西各国则多五谷果木，农业经济状况与汉区略同。甘青地区的氐羌系统各族以游牧为主，但也种植糜、麦等农作物。大抵羌族经济偏于游牧，氐族经济中种植业成分较多些。

中国西南部，包括四川、云南、贵州、西藏等省区，长期为少数民族聚居地，主要民族成分分属氐羌系统和百越系统。其中四川成都平原农业发展较快，秦汉时已和关中经济区连成一体；其余相对落后，被统称为"西南夷"。这一地区既不同于农区，也不同于牧区，特点是农耕民族与游牧民族长期错杂并存，与南疆情况有些类似。

二、社会环境与农业

社会环境与农业发展之间的关系在中国农业经济史上扮演着极其重要的角色。这种关系不仅影响着农业生产的方式和效率，也在很大程度上塑造了社会结构、人口变迁以及经济的演变。从古代到现代，社会环境与农业之间的相互作用不断地演进和调整，对中国农业经济的发展轨迹产生了深远影响。

中国的古老历史传说广泛记载了农业发生和发展的美好故事。夏商周时期，以种植业为主的农业已经成为最主要的生产部门。由于农业经济地位的空前提高，政府的经济政策和经济思想也表现出明显的重农倾向。传统农业支撑着庞大的农业帝国，集权政府又强化着传统农业。

在古代，社会环境与农业发展之间的关系特别密切。中国农业的发展始于原始社会，人们逐渐从采集和狩猎过渡到了种植和畜牧，建立了农耕文明。古代中国的农业生产主要依赖气候、地理条件以及水资源。例如，黄河流域的泥沙培育了肥沃的黄土，支持了高产的农业；长江流域的湿润气候则有利于水稻等的种植。这些自然条件塑造了不同地区的农业特色，也形成了丰富多样的农产品种类。

古代社会的人口变迁也在很大程度上受制于农业发展和社会环境。农业生产水平的提高使得人口得以增长，反过来，人口的增长又带动了对土地和农产品的需求。这种相互作用推动了农业的进一步发展，也促使社会不断地适应人口变化，促进了社会结构的调整。

在封建社会中，土地制度对农业经济产生了深远的影响。封建时期，土地被统治者和贵族垄断，农民往往处于弱势地位。土地所有权的集中导致农民失去土地控制权，处于严重的剥削和压迫之中。这种土地制度限制了农民的生产积极性，也限制了农业生产的发展潜力。

在中国农业经济史上，农业技术的发展与社会环境的相互作用紧密相联。古代的农业技术创新，如水利工程、耕种工具的改进等，都是在适应不同地区的社会环境条件下产生的。例如，南方湿润地区的水稻种植依赖灌溉系统的建设，而北方干旱地区则发展了以黄土为基础的耕作方式。这些技术的发展不仅提高了农产品产量，也推动了农业经济的增长。

社会环境也在很大程度上塑造了农产品市场的格局。古代中国交通不便，区域之间的交流相对有限。这导致不同地区的农产品市场存在一定的隔离性，农产品的流通受到地理和交通限制。因此，社会环境影响着农产品的价格、供求关系以及市场稳定性。

总之，社会环境与农业发展之间的关系在中国农业经济史上扮演着重要角色。从古代的农耕文明到现代的农业技术革新，社会环境的变化不断地影响着农业生产的方式、效率以及农民的生活方式。

三、人地关系与农业

有理论认为，诱发农业起源的基本力量是在人口增长压力下自然资源稀缺性的提高。"人多地少"是中国农业经济发展中的一个基本矛盾。中国古代农业的发展与人地关系密不可分，这种关系在中国古代社会经济中扮演着至关重要的角色。人们与土地的亲密关系影响着农业生产方式、社会结构以及文化传承。

在中国古代农业社会，人们与土地的紧密连接体现在农耕活动的方方面面。中国是农耕文明的发源地之一，早在新石器时代，人们就开始了初步的农业探索。通过观察自然现象，逐渐形成了以季节、气候为导向的农事活动，这种深刻的人地关系让人们明白了如何根据土地的性质和气候的变化来选择合适的农作物，为农业的发展奠定了基础。

与此同时，古代中国对土地的尊重和依赖也在文化传统中得到了体现。在《尚书》《诗经》等经典中，人们常常用"天地之间"来描述农业生产的范围，这种思想体现了人与自然、人与土地相互融合的观念。古代的农耕活动在社会中被赋予了深刻的象征意义，农民被视为国家的根基，农业被视为社会的基石，这种观念延续了数千年。

在封建社会，人地关系在土地制度和社会结构中进一步凸显。封建时代，土地被贵族和官僚掌握，农民处于被剥削的地位。封建社会的土地制度限制了农民对土地的控制权，使其成为封建体系的一部分。农民被迫履行缴税和兵役等义务，这加强了封建统治者对农民的控制。尽管如此，人们对土地的依赖和尊重仍然是农业社会的重要特征。

古代中国农业技术的发展与人地关系紧密相联。古代农业技术的不断演进，既是人们与土地相互作用的结果，也推动了人地关系的进一步发展。

在农业生产中，水利工程是古代农业技术的重要组成部分，也是人地关系的重要体现。古代中国人通过修建水渠、堤坝等水利设施，调节水源，提供灌溉水源，改善土壤湿度，从而增加了农作物的产量。例如，战国时期郑国渠的故事就展示了水利在古代农业中的重要性。这些水利工程的建设需要人们对地理环境、气候变化等因素的深刻认识，体现了人们与土地相互合作、共同改造的过程。

古代农业技术的创新也在一定程度上塑造了农民的态度和行为。例如，在古代中国，农业的节令和农时管理是非常重要的，人们通过观察太阳、月亮的位置，判断气温、雨量等，从而安排适当的耕作、播种和收割时间。这种技术的运用不仅提高了农作物的产量，也培养了农民对土地、自然的敏感性和认识。

古代中国农业文化的传承也对人地关系产生了深刻的影响。农业文化不仅是农业知识的传播媒介，还在很大程度上塑造了人们与土地的情感和态度。

中国古代有丰富的农事书籍和农谚俗语，这些都记录了世代农民积累的农业经验和知识。《氾胜之书》《齐民要术》等书籍传承了古代农业技术，告诉后人如何选择农作物、管理土地、应对自然灾害。这些书籍体现了人们对土地、农业的深切关注，也反映了人们与土地密不可分的生活方式。

古代中国的农事节令、农民节庆等传统也深刻反映了人地关系的融合。例如，农历的制定和庆祝农历新年等活动都以农业生产为基础，通过庆祝来感恩土地的赐予、祈求丰收。这些传统不仅强化了人们对土地的尊重，也加强了农民之间的联系和共同体意识。

思 考 题

1. 神话传说对于我们理解农业起源有何意义？

2. 考古发现如何改变了我们对农业起源的认识？

3. 为什么说中国的农业起源是自成一体的？

4. 中国农业发展有哪些特征？

5. 从中国农业经济发展的历史过程中，我们可以得到哪些对当前及今后农业经济发展有益的启示？

第二章

中国农业土地制度的演变

> 1. 了解中国土地制度演变的过程；
> 2. 理解中国土地所有制演变的特征及规律；
> 3. 理解中国土地经营制度演变的特征及规律；
> 4. 理解中国土地制度演变的特征及规律。

第一节　中国土地所有制的演变

一、井田制的发展演变

井田制是我国奴隶社会实行的一种土地制度，最高统治者代表国家拥有土地的终极所有权，通过分封制将土地授予诸侯，由于道路和渠道纵横交错，土地被分隔成方块，形状像"井"字，因此称作"井田"①，如图 2-1 所示。井田制下土地不得买卖、继承或转让，贵族仅以"代管者"身份行使管理权。井田制出现于商代，在西周时期发展成熟。到春秋时期，由于农具和耕作技术的改进，井田制逐渐消失②。

先秦古代文献中对井田制的记载有多处，春秋以前的《周礼》，战国时期的《孟子》《司马法》《穀梁传》等都有对井田的记载③。《孟子·滕文公上》中的一段记载最为详细：

> 请野九一而助，国中什一使自赋。卿以下必有圭田，圭田五十亩。余夫二十五亩。死徙无出乡，乡田同井。出入相友，守望相助，疾病相扶持，则百姓亲睦。方里而井，井九百亩，其中为公田。八家皆私百亩，同养公田。

---

① 纪晓岚，杜杰. 井田原型视角下宋朝土地政策新探［J］. 广西社会科学，2015（1）：127-131.
② 中国农业博物馆. 五千年农耕的智慧——中国古代农业科技知识［M］. 北京：中国农业出版社，2018.
③ 赵冈，陈钟毅. 中国土地制度史［M］. 北京：新星出版社，2006.

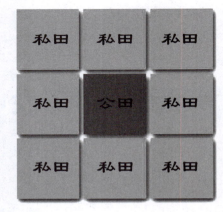

图 2-1 井田示意

　　这段话的大意是：将 900 亩"井"一样的土地，划为 9 块，每块 100 亩，分给 8 户人家，每家有 100 亩私田，同时 8 户人家共同耕作中间的公田。这段记载被认为是中国古代曾实行过井田制的证明。但是由于缺乏足够的证据支持，一些学者认为这是孟子的空想，他们认为以当时的政治形势来看，井田的均产制或许只是战国时期的乌托邦。不过也有很多学者认为孟子所说的井田制是有根据的，至少和《诗经》中反映的西周土地制度有基本一致的地方。"八夫为井，公田居中"，可能是最早实行的井田制。

　　井田制在长期实行过程中也在不断发展和变化。早期地广人稀，农田基本都是肥沃的良田，把井田中间的一块作为公田，对领主来说也不吃亏。井田制也与当时的沟洫农业制度相适应，当时农田四周修建的排灌沟池纵横相通，每 900 亩形成一个井字形大方块①。随着人口增加，土地开发日益增多，农田质量出现差异，贵族们更愿意将肥沃的良田留作公田，因此公田不再设于井田中间。原来作为公田的 100 亩分配给另一户耕种，原来的 8 户就变成了 9 户。

　　井田制的演变一方面是随着先秦时期农业发展水平及农民耕作能力逐渐提高而进行的，另一方面也跟政治制度的发展演变密切相关。自春秋以降，周朝王室衰微，周天子失去了天下共主的地位。各诸侯国间的兼并战争和大型水利设施的修筑等促使诸侯国增加直接调配的人、财、物力，诸侯国家的权力也进一步增强，于是各国相继取消了"公田"与"私田"的差别，改进原来定期分配土地的制度，允许耕者长期占有固定的土地②。到春秋晚期，随着生产力的发展，阶级力量产生变化，奴隶制度开始衰落，封建制度逐渐兴起。农户对公田的耕作越来越没有积极性，分散的、个体的、以"户"为单位的封建经济形式兴起。贵族们也不再让农夫共同耕种公田，而是将公田分给他们耕种，并按一定比例收取产物，井田制慢慢退出了历史舞台③。春秋时期管仲"相地而衰征"，客观上打破了井田的界限，加速了井田制的瓦解。战国时期秦商鞅变法，废井田开阡陌（见图 2-2），井田制进一步被土地私有制替代。由于井田制在孟子生活的时代已经废弃，因此孟子提到井田制的时候也只能说个大概④。

　　① 吕珊雁. 奴隶社会的井田制和沟洫农业 [J]. 农村·农业·农民（A 版），2015（21）：60-61.
　　② 魏天安. 从模糊到明晰：中国古代土地产权制度之变迁 [J]. 中国农史，2003（4）：42-50.
　　③ 刘煜瑞. 古代文献所见国家土地管理理念的历史回溯 [D]. 上海：华东师范大学，2012.
　　④ 冯开文，李军. 中国农业经济史纲要 [M]. 北京：中国农业出版社，2014.

图 2-2　废井田开阡陌

　　总之，**井田制是我国古代一项十分重要的土地制度，在之后几千年的历史中，对华夏民族产生了持续不断的影响**。王莽的王田制改革、唐代的均田制度、太平天国的天朝田亩制度等，都在不同程度上受到了井田思想的影响①。

二、土地私有制的确立

　　公田私有化在战国时期已是普遍存在的现象，如晋国的"作爰田"就是土地私有权的事实表现，但当时还不是法定的土地制度。到秦孝公时，商鞅"制辕田，开阡陌"进行变法，才以法令的形式肯定了农民对份地占有的永久化，私人正式取得了政府认可的土地所有权②。商鞅变法废除了分封领主制，农民直接向国家交纳赋税后，剩余产品则归农民自己支配。这样，个人努力与其收益挂钩。与井田制相比，十税一或二十税一的赋税使农民能得到更多的实惠。秦国与东方六国相比，技术与自然资源并无优势，其强大的主要原因是变法彻底，经济上推行土地私有制，政治上实行中央集权制。这种制度比领主分封制有更大的比较优势，效率更高，成为秦灭六国的主要动因③。秦始皇统一六国之后，于三十一年（前 216 年）下令"使黔首自实田"（《史记·秦始皇本纪》）。"黔首"即平民。"使黔首自实田"就是让全国的平民（包括农民和没有爵禄的地主）都向政府如实呈报自己占有土地的数额，以便政府作为征收田租的依据④。**从此以后，私人占有的土地只要向国家登记并交纳赋税，就取得了合法的所有权，这是土地私有制确立的重要里程碑**。自此以后，土地私有成为中国古代最主要的土地所有权制度，"官田""公田"与"民田""私田"也有了明确的区别⑤。

　　当然，井田制的瓦解和土地私有制的确立并不意味着全国的土地都成为私有土地。秦汉时期，国家仍然掌握着相当数量的国有土地。那时土地所有制主要有国家土地所有制、

①　赵俪生. 中国土地制度史 [M]. 济南：齐鲁出版社，1984.
②　赵冈，陈钟毅. 中国土地制度史 [M]. 北京：新星出版社，2006.
③　魏天安. 从模糊到明晰：中国古代土地产权制度之变迁 [J]. 中国农史，2003（4）：42-50.
④　魏顺光. 清代中期坟产争讼问题研究 [D]. 重庆：西南政法大学，2011.
⑤　莫翔. 中国朝代与国家治乱分合循环的解析——基于经济因子的视角 [J]. 东南学术，2011（6）：47-54.

地主土地所有制和自耕农、半自耕农土地所有制三种。承前代遗留下来的公田，和非私人所有的土地（包括山林川泽），或是土地主人已经死亡的绝户地，以及由国家依法收回、没收的土地，还有屯田兵所辟之田，都属国有土地①。

边郡屯田是汉代官田经营的重要方式。汉政府在张掖、敦煌等西北边郡实行屯田。居延汉简和敦煌汉简的发现，证实这里的屯田曾延续相当长的时间。屯田的劳动生产者主要是戍卒，他们保持着军事编制，有一套严格的管理制度②。屯田卒的口粮和日用衣物都由国家供给。携带家属到边塞居住的戍卒，其家属也可以领一份口粮。除了军屯以外，边郡屯田也招募内郡的农民实行民屯。他们初到边塞时，可以享受政府的一些优待，如在一段时间内免除赋税徭役，以及得到口粮和衣服补助等。东汉时期，政府还把一些刑徒派到边郡屯田。汉代西北边郡的屯田对当地的开发有一定积极作用，但由于不注意保护生态环境，使得本来就很严酷的生态条件更加恶化，加之封建国家的朝政日趋腐败，无暇顾及边郡的屯田事务，到东汉后期，边郡屯田就逐渐废弛了。

汉代国有土地中的可耕地称为"公田"或"官田"，分为已垦和未垦两大部分。汉武帝时颁布"告缗令"，许多商人因违反法令而被没收土地财产，国有土地的数量一度大大增加。当时，国家常把公田假（借）给贫民耕种，征收"假税"。一些权家豪强也乘机从国家那里假得大片公田范围，再转手租给无地、少地的农民。官府的假税相当于"三十税一"的田租，而私家的地租通常是"见税什五"，这就造成了"豪民侵陵，分田劫假，厥名三十，实什税五也"的情景③。

这一时期，地主兼并土地与国家反兼并的斗争十分激烈。国家对土地兼并的干预往往呈现暴力色彩，而地主也常常采取各种形式对抗国家的反兼并措施。秦始皇迁徙天下豪富12万户于咸阳，以削弱他们的政治经济实力，防止分裂割据局面的重演。汉高祖"徙齐诸田，楚昭、屈、景、燕、赵、韩、魏后，及豪杰名家，且实关中"（《汉书·郦陆朱刘叔孙传》），达"十余万口"，一度使关东"邑里无营利之家，野泽无兼并之民"（《东观汉记·杜林传》）。汉武帝时，"徙强宗大姓，不得族居"（《后汉书·郑弘传》），严厉镇压那些"田宅逾制，以强凌弱，以众暴寡"的地方豪强，有的甚至"大者至族，小者乃死"④。

豪族地主对抗国家干预土地私有权的主要手段，是使政治权力与土地占有在新的形势下重新结合。官僚地主依靠政治权力保护经济利益，扩大土地占有；而非身份性的豪强地主则利用经济实力"交通王侯"，攫取政治权力。所谓"荣乐过于封君，势力侔于守令"（《后汉书·王充王符仲长统列传》），是豪强集经济力量和政治权力于一身的写照⑤。在秦汉时期，这种政治强权同对土地的掠夺紧紧地联在一起，且常常与国家发生公开的冲突。东汉刘秀依靠豪族地主的支持夺取政权，使豪族地主特权身份的凝固性大大增强，导致形成两晋南北朝时期的世族门阀统治和地主庄园经济。

汉魏之际，社会动乱不已，在两汉时期业已形成的豪族地主经济进一步发展，许多地

① 邵培杰. 中国现阶段农业生产方式变革研究 [D]. 开封：河南大学，2012.
② 王利华. 中国农业通史 [M]. 北京：中国农业出版社，2009.
③ 曹贯一. 中国农业经济史 [M]. 北京：中国社会科学出版社，1989.
④ 魏天安. 从模糊到明晰：中国古代土地产权制度之变迁 [J]. 中国农史，2003（4）：42-50.
⑤ 赵俪生. 中国土地制度史 [M]. 济南：齐鲁出版社，1984.

主以宗族为骨干，拥兵自重，出现"大者连郡国，中者婴城邑，小者聚阡陌"（曹丕《典论·自序》）的情况，导致大批破产的小农转入私家门下，中央皇权的统治大大削弱。在这种背景下，曹魏大力推行屯田制，用军事组织编制管理劳动者，把民间的人身依附关系移植到国家制度中，使士兵和农民成为国家的佃客，屯田兵、屯田客如果逃亡罪及妻子，其目的在于用政治强制手段阻止他们流入私门。可以说，曹魏屯田制是国家在对众多个体民户失去控制的条件下与豪族地主争夺剥削对象的一种过渡性土地制度，其前提是"大乱之后，民人分散，土业无主，皆为公田"①。从劳动者地位与经营方式的角度看，国有屯田与私家庄园具有基本相同的内涵。

三、土地私有制的发展

西晋司马氏代魏而立，标志着豪族地主中的世族地主取得了支配国家政权的地位。**晋武帝在平定吴国、稳固政权之后，立即颁布了占田法令，以图在保护世族地主利益的前提下发展小农经济，平衡国家与地主争夺土地、人口的矛盾。**西晋占田制和此后的均田制中有关等级占田的规定，表明国家公开承认身份性地主的政治特权与土地占有相结合的合法性②。

西晋处于大土地私有制膨胀上升的时期。大土地私有制从西汉中后期开始萌发，经东汉和三国时期的发展壮大，到西晋时达到高潮，成为一种主要的土地私有形式。凭借大土地私有制经济的发展，地主阶级无论在政治上还是在经济上已经对封建皇权的集中统治形成了较大的离心力，使"王者之法不得制人之私也"（《晋书·列传第十六》）。西晋王朝的建立是以司马氏为首的士族官僚地主的胜利，是统治阶级内部矛盾激化的结果，也是大土地私有制经济壮大发展的结果③。综上所述，从西汉中期的限田限权，到西汉末期的王田私属，再到东汉的刘秀度田、三国时期的曹魏屯田，一系列限制土地兼并政策的失败，导致了西晋时期大土地私有制经济强大，自耕小农经济相对弱小的基本经济结构框架的确立④。

西晋田制的积极性可以概括为两点：第一，西晋田制对权贵占田及拥有劳动力有明确规定，对于大土地私有制经济的发展有一定的限制作用。据史载，西晋少有西汉及东晋时占田多于万顷的大地主。第二，西晋农民与曹魏屯田制下的屯田客相比，地位有所提高，课田外有小部分私田属于农民自己，且不承担租赋，有利于提高农民的生产积极性。据史载，280年西晋有民户246万，到282年，增加到377万，在短短的两三年间就增加了130多万户⑤。

西晋田制的消极性表现也有两个方面：第一，剥削加重。曹魏户调规定其所收田租为每亩4升⑥，户出绢2匹，绵2斤⑦而已，不得擅自提高或增加，而西晋户调是曹魏的1.5倍，田租是曹魏的2倍。第二，西晋农民的人身依附性增强。占田是没有保证的、自发的行为，课田则是有保证的、强制性的。以丁男之户为例：一旦成丁，必须佃种50亩课田，交纳相应的租税。其余的20亩是否能占到，国家是不管的，因为占田不是授田，只是对

---

①　吴存浩．中国农业史［M］．北京：警官教育出版社，1996.

②　刘煜瑞．古代文献所见国家土地管理理念的历史回溯［D］．上海：华东师范大学，2012.

③　赵俪生．中国土地制度史［M］．济南：齐鲁出版社，1984.

④　杨国誉，汤惠生．从《临泽晋简》再看西晋"占田课田制"研究中的几个问题［J］．史学月刊，2013，（11）：74-79.

⑤　冯开文，李军．中国农业经济史纲要［M］．北京：中国农业大学出版社，2014.

⑥　三国时1升合今204.5毫升。

⑦　三国时1斤合今220克。

已占有私田的承认。因此，西晋农民的显性身份是奴隶。也就是说，西晋时的农民要么是私奴，佃种地主的土地；要么是官奴，佃种封建国家的公田；只有在占到其余 20 亩土地的情况下，才可以体现其自耕小农的隐性身份①。

南北朝是中国封建社会发展史上的一个比较特殊的时期。南北分治，政权频更，给国家政治和社会局势造成了严重混乱。然而，这时期各地的农业生产曾不同程度地恢复和发展，这应当归因于当时的当权者所推行的重视农业的经济政策和有效的土地制度，其中尤以魏孝文帝的"均田令"为突出代表②。

北魏孝文帝推行的均田制是中国历史上继西晋占田制之后又一项重要的土地制度。在具体内容上，它对农民的授田规定要比占田制更为详细，而对官吏的占田限额的条文规定不及占田制详细。从均田制的政策目标上看，以下四点是其制定者所关注的：其一是以此把农民束缚在国有土地上，让他们拥有最基本的生产和生活资料，以达到稳定流民、稳定政局的目的；其二是通过均田制的实施，给国家农业税收提供长期稳定的来源，保证国家的财政利益；其三是借此抑制豪强的土地兼并，缓和土地占有上的两极分化，巩固国家对豪族大家和地方势力的控制；其四是以授露田的方式，促进荒地的开垦，扩大耕地面积，为农业经济的发展创造必要的资源条件③。

北魏的均田制并不是凭空产生的，除了现实因素之外，北魏早期统治者的有关政令已经为这项土地制度的产生提供了某些先行思想资料。如魏世祖太武帝拓跋焘初为太子监国时曾下令："有司课畿内之民，使无牛家以人牛力相贸，垦植锄耨。其有牛家与无牛家一人种田二十亩，偿以耕锄功七亩，如是为差。至与老小无牛家种田七亩，老小者偿以锄功二亩。皆以五口以下贫家为率。各列家别口数，所种顷亩，明立簿目。所种者于地首标题姓名，以辨播殖之功。"④ 这里已经提到一人种田二十亩的问题。而在魏孝文帝本人于均田制颁布之前的诏书中，"一夫制治田四十亩，中男二十亩"等语也早就（太和元年）见诸文字⑤。可见均田制是北魏统治者深思熟虑的产物。

均田制是以国有为主、私有为辅的混合型的土地所有制，是在国家大动乱、大改组中，土地所有权动荡的产物。有的人在战乱中走死逃亡，土地无主；有的人又开垦种植；有的人在战乱中转移，丢了原属自己的田地，又种了别人的田。田地权属不定是这个时期的特点。由于政策对各方利益均予以照顾，所以民众对国家统一还授田地的政策抵制不大。正如《文献通考·田赋考》所说："固非尽夺富者之田以予贫人也。"对原有豪强地主给以照顾，对拥有奴婢、耕牛的大户，在授田和户调上也有优待。自耕农是在原种植田地上，按照均田令进行调整，所授田亩面积足够其种植，对其基本利益亦未触动。露田是按人丁有授有还，体现了田地国有制；桑田属永业田，可以买卖，又体现了田地私有制⑥。均田制还清理了"荫庇户"，使其成为正式编户，直接给政府纳税，不再向宗主交租，减轻其负担，同时国家也增加了财政收入。均田制的推行基本达到了目的，对限制土地兼并、安定社会都起了一定作用。施行均田制的先决条件是必须有足够的未授土地，土地权

① 孙瑜. 关于西晋田制的几点看法 [J]. 大同职业技术学院学报, 2006 (1): 35-37.
② 钟祥财. 南北朝时期及魏孝文帝的农业政策思想 [J]. 古今农业, 1997 (3): 28-31.
③ 尚志迈. 试论北魏均田制的实质 [J]. 包头师专学报, 1983 (2): 149-157, 98.
④ 谭惠中. 关于北魏均田制的实质 [J]. 历史研究, 1963 (5): 135-146.
⑤ 钟祥财. 南北朝时期及魏孝文帝的农业政策思想 [J]. 古今农业, 1997 (3): 28-31.
⑥ 蒋福亚. 魏晋南北朝国有土地上的租佃关系 [J]. 中国经济史研究, 1999 (2): 5-12.

属又不太稳定，北魏时期正具备这些条件①。

四、土地私有制的深化

隋唐时期，由于分立的小国变成统一的大国，民族融合到了更成熟的水平；生产力提高，商品交换频繁，商业联络网四通八达；庶族地主抬头，门阀势力渐衰，实行了五朝、近300年的均田制加速瓦解。降及中唐，主要是"贵者有势可以占田"这股潮流，再加上商品货币关系恢复发展之后日趋明朗的"富者有资可以买田"这股潮流，两股潮流汇聚而成瓦解均田制的基本力量。均田制瓦解后，历史进入"田制不立""不抑兼并"的新时期，大土地所有制的优势、合法地位在两税法后逐步确立②。

唐代的土地所有权状况及结构是动态的和变化的，总体上呈现出国有土地不断私有化、小私有土地日趋萎缩和大私有土地日益壮大的基本情形，其中大私有土地的发展最为活跃和不可根本遏止，是推动土地所有权状况及结构不断演变这一现实的具体原因③。

唐朝的多项土地法规政策和土地制度，共同规划安排了唐前期国有土地和私有土地并存的二元土地所有权状况。在唐代土地所有权状况及结构的演变过程中，贵族、官僚、地主、富商大贾、佛寺道观等社会上层强势集团最为活跃，他们依凭政治权势和经济优势，通过买卖和兼并等合法或非法的各种手段，一面掠取广大民户私有和占有的小土地，一面侵吞大量国有的土地及山林川泽，左右开弓，多管齐下，为自己迅速积聚土地资源和土地财富，并设立田庄（又称庄宅、庄园、庄田、田园、田业、别业、别墅等）进行生产经营，成长为现实的大土地私有者。面对大土地私有的发展壮大，唐王朝从其根本利益出发，曾努力加以遏制，但遭到社会上层强势集团的多方抵制，终究不能根本奏效，结果大土地私有日益膨胀，对农户小土地和国有土地不断蚕食鲸吞，导致了土地所有权状况及结构的不断演变④。土地兼并与反兼并斗争过程如图2-3所示。

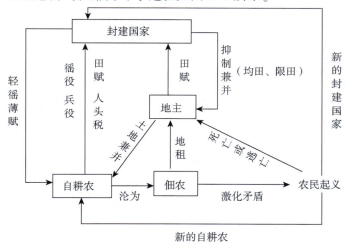

图2-3　土地兼并与反兼并斗争过程

① 张履鹏. 历代田制分期回眸与展望［J］. 古今农业，2001（4）：1-12.
② 葛金芳. 赵俪生先生的中国土地制度史研究［J］. 兰州大学学报，1999（3）：112-118.
③ 刘玉峰. 唐代土地所有权状况及结构的演变［J］. 山东大学学报（哲学社会科学版），2006（2）：73-80.
④ 刘晓博. 国家控制与土地权利：唐代土地所有权诸问题研究［D］. 西安：陕西师范大学，2018.

早在唐朝建立之初，大土地私有的状况通过土地买卖和兼并而违法发展的状况，就露出端倪。如唐高祖武德年间，太子李建成"与诸公主及六宫亲戚，骄恣纵横，并兼田宅"（《旧唐书·列传第十四》）。唐太宗贞观年间，当时益州因有灌溉之利，"地居水侧者，顷直于金，富强之家，多相侵夺"（《旧唐书·列传第十五》）。自高宗、武后时期开始，社会上层强势集团所进行的土地买卖和兼并全面抬头①。如高宗永徽五年（645年），贾敦颐迁任洛州刺史，"时豪富之室，皆籍外占田，敦颐都括获三千余顷，以给贫乏"（《旧唐书·列传第一百三十五》）。在京师长安，富商邹凤炽"常与朝贵游，邸店园宅，遍满海内，四方物尽为所收，虽古之猗白，不是过也"（《太平广记》）。到唐睿宗时，"寺观广占田地及水辗硙，侵损百姓"（《全唐书》）的事情时有发生。可见高宗、武周及中宗、睿宗时期，一部分贵族、官僚、富商、寺观、地主的大土地现实私有已形成气候，对整个土地所有权状况和结构造成了严重冲击，均田民户等的小土地遭到了"并兼""侵夺"和"侵损"。

进入玄宗朝，土地买卖和兼并更加猖獗，不断突破政策禁限，社会上层强势集团的大土地私有步入快速发展时期，大规模的私人田庄蓬勃兴起。当时"朝士广占良田"蔚然成风，宦官势力也不示弱，高力士当道弄权，"帝城中甲第，畿甸上田，果园池沼，中官参半于其间矣"（《旧唐书·列传第一百三十四》）。地方上，一些地主已是财大气粗。天宝年间，相州人王叟，"家邺城，富有财……积粟近至万斛……庄宅尤广，客二百余户"（《太平广记》）。天宝十一载（752年）十一月，玄宗颁《禁官夺百姓口分永业田诏》，指出当时"王公百官及富豪之家，比置庄田，恣行吞并，莫惧章程。借荒者皆有熟田，因之侵夺；置牧者惟指山谷，不限多少，爰及口分、永业，违法卖买，或改籍书，或云典贴，致令百姓无处安置，乃别停客户，使其佃食，既夺居人之业，实生浮惰之端。远近皆然，因循亦久"。可见其时疯狂的土地买卖和兼并已经席卷全国，权贵豪富们肆无忌惮，在"借荒""置牧"名义下，侵吞了大量国有土地和山林川泽，不择手段地违法购并均田民户的永业田和口分田。针对大土地私有的现实的快速发展，玄宗多次颁布禁令。开元末年，颁《禁买卖口分永业田诏》："天下百姓口分、永业田，频有处分，不许买卖典贴。如闻尚未能断，贫人失业，豪富兼并，宜更申明处分，切令禁止。"天宝十一载，又诏："自今以后，更不得违法买卖口分、永业田，及诸射、兼借公私荒废地、无马妄请牧田，并潜停客户、有官者私营农。如辄有违犯，无官者决杖四十，有官者录奏取处分。"但是，这些禁令遭到权贵豪富们的抵制和反对，大致均成具文②。

实际上，"开元之季，天宝以来，法令弛坏，兼并之弊，有逾于汉成、哀之间"（《通典》），大土地私有欲壑难填，"不限多少"，各类田庄的数量越来越多，规模越来越大，肆意吞食大片国有土地和广大民户的小土地，"致令百姓无处安置"。唐政府已没有土地用于对民户的均田给授，所控制的在籍户口也大量流失，即所谓"籍账之间，虚存户口"③，从而瓦解了均田制实施的前提和基础，并最终使均田制走向崩溃，结果对土地所有权的状况及结构造成了根本性冲击，以国有土地为主的官私二元土地所有权结构，在此期间完成了向以大土地私有为主的官私二元土地所有权结构的重大演变，官僚、贵族等社会上层强

---

① 刘玉峰. 唐前期土地所有权状况探讨 [J]. 文史哲，2005（4）：95-101.
② 曹贯一. 中国农业经济史 [M]. 北京：中国社会科学出版社，1989.
③ 吴存浩. 中国农业史 [M]. 北京：警官教育出版社，1996.

势集团成为土地资源的最大现实拥有者。

　　"安史之乱"爆发后，中央集权遭受重创，对地方的控制力锐减。"远近异法，内外异制，民得自有其田而公卖之，天下纷纷，遂相兼并"（《文献通考·卷二·田赋考二》），大土地私有发展得更加迅猛。大土地私有日益膨胀的不可逆，最终推动并迫使唐王朝改变了土地政策。德宗建中元年（780年），两税法实行以后，唐王朝放弃了直接干预和调控土地关系的土地政策，在以官庄形式继续掌握一部分国有土地的同时，"田制不立""不抑兼并"，明确承认土地买卖、流动和集中的合法性。在此新政策下，大土地私有得到国家法律承认而成为合法私有，从此进入合法发展的毫无羁绊的新阶段，数量众多、规模庞大的私人田庄遍布各地，成为大土地私有的主要形态，大土地私有在土地所有权结构中的主导地位得到进一步巩固①。

　　推动唐代土地所有权状况及结构不断演变的原因，除上述社会上层强势集团依凭政治权势和经济优势，通过各种合法或非法手段而进行土地买卖兼并的直接因素外，以下两点应是更为根本的原因②：

　　首先，唐代土地政策和土地制度赋予土地私有和占有以明确的法律规定，其本身必然造成土地私有化尤其是土地的大私有化。唐前期实行等级土地所有和占有的政策和制度。赐田制直接将国有土地转化为贵族、官僚们的私有土地，请田、垦田只要合法并遵守管理，也实现了国有土地向私有土地的转化，而有实力进行大面积垦田的，绝大多数是贵族、官僚、富商、寺观等。这两种制度都必然造成了国有土地的私有化，特别是大私有化。

　　其次是土地私有化运动规律的必然结果。众所周知，只要国家承认土地私有权，存在着私有土地，并且私有土地同其他财产一样成为商品，就必然会在社会经济发展，特别是在商品经济和货币经济发展的推动下，通过土地买卖等造成土地的大私有化。唐代土地大私有化的发展也受土地私有化运动规律的支配，土地向社会上层强势集团手中集中的趋势，势必随着经济的发展而不断加强。唐朝从统治阶级的根本利益出发对此试图加以抑制，但土地私有化运动的规律不可从根本上抗拒，而且土地集中的既得利益者大多属于社会上层集团，其中不少是官僚，他们不愿损失自己的利益而多方抵制和反对，致使朝廷的政策法规常常执行不力、执行走样或执行失效，封建王朝根本利益和社会上层集团既得利益之间的矛盾无法很好地协调和解决，造成一方面土地向社会上层集团集中的趋势不断增强，另一方面政府对土地控制日益疲软的并存局面。两个方面一强一弱，各自不断发展，日益偏离，最终造成了唐王朝对土地资源控制和配置的失灵，社会上层强势集团积聚了越来越多的土地，拥有了越来越多的资源和财富。

　　唐代后期至北宋前期，以唐代中叶"安史之乱"为标志，中国社会处于急剧的变化之中。这种变化经历了二三百年之久，在北宋时期基本定型，从而呈现出许多新的社会面貌，中国古代社会进入了它的后半期。土地制度的变化是唐宋变革最根本性的特征之一③。

　　一般以为宋代是没有"田制"的朝代，即所谓"不立田制"。宋代于各路置转运使，

---

① 刘玉峰. 唐代土地所有权状况及结构的演变 [J]. 山东大学学报（哲学社会科学版），2006（2）：73-80.

② 高光晶. 关于唐代两税的性质和中国封建土地所有制的问题——和韩国磐先生的商榷 [J]. 湖南师院学报（哲学社会科学版），1978（3）：39-53.

③ 刘复生. 从土地制度的变化看宋代社会 [J]. 西华大学学报（哲学社会科学版），2004（1）：33-37.

"不务科敛，不抑兼并，曰：富室连我阡陌，为国守财"（《历代兵制·宋》）。在前朝名声很不好的"兼并"，到了宋代已经属于"合法"。田主（地主）一词，唐已有之，宋则普遍。清初顾炎武说：前代称之为"豪民"或"兼并之徒"者，"宋以下，则公然号为田主矣"。"不立田制"不等于没有土地制度，更不等于没有土地政策。"不抑兼并"也不是无条件的，它主要指土地可以"私相贸易"而言。宋朝土地制度大体有如下三个特点①：

第一，沿袭晚唐自由垦辟土地的政策。晚唐鼓励垦荒的政策在宋代得到延续。北宋前期数十年间，对鼓励垦荒的政策给予了高度重视，它以恢复和发展生产为直接目的，从制度上来讲是对没有授田政策的一种补偿。而前代开垦荒土，常要受到法令的限制，有一定条件，不能随意"过限"②。

第二，放任对土地的买卖，"不抑兼并"。一方面，无地的客户占有若干田亩之后，可以脱离地主而上升为主户，成为（半）自耕农；另一方面，又为官僚豪势之家兼并土地大开方便之门③。

第三，国家维护土地私有权，制定了详尽的交易法律。正如《袁氏世范》卷三"田产宜早印契割产"条说，官中条令，唯田产"交易"一事最为详备。同时也制定了田产继承法，私有土地由本主的子孙后代继承下去，只有当无任何继承人时，这类户绝田则收归国家，转化为官田④。

宋代的土地政策导致了土地兼并的加剧与土地转移的频繁。土地兼并历来有两种形式："贵者有力可以占田"是凭借政治地位对土地的巧取豪夺，"富者有资可以买田"是通过买卖的形式达到兼并的目的。在宋代，后者是主要的方式，而且也是合法的方式。同时应注意到，国家对土地买卖也并不是无限制和无条件的，但从总的趋势来讲，国家的干预逐渐减弱，土地所有权转移的"自由度"是逐渐加大的⑤。

五、土地私有制的成熟

唐均田制遭到破坏以后，由于封建国家对土地买卖限制与干预的废除，较为完全自由的土地私有制得以确立。正因如此，唐中期至明中叶这一时期土地市场发展较为迅猛，土地买卖范围与规模不断扩大，土地买卖形式亦始见多样化发展之势，土地市场迈入了发展的阶段。明清时期，随着社会经济的发展，地权市场范围进一步扩大。除此之外，**土地市场的发育还出现了新的迹象。一是地权与资本的相互转化**。资本流向土地，在明清之前，史不绝书。但是，通过出卖土地，获得资本后用于商业经营，至明清时才见于史端。**二是土地经营权进入市场**。明代以来，定额租制得以长足发展，至清代前期，已在全国范围内占据主导地位，地主的土地所有权与经营权逐渐分离，土地经营权呈市场化发展趋势。正因如此，形成大规模的土地交易，土地市场化趋势日益加快⑥。

---

① 高学源. 北宋的土地制度 [J]. 粮食问题研究，2003（1）：57.
② 耿元骊. 十年来唐宋土地制度史研究综述 [J]. 中国史研究动态，2008（1）：19-23.
③ 张履鹏，张爽，李艳. 租佃制是具有活力的土地流转方式 [J]. 古今农业，2008（4）：1-12.
④ 柴荣. 透视宋代土地租佃制度——对宋代土地经营过程有关法律问题的思考 [J]. 内蒙古大学学报（人文社会科学版），2003（3）：107-114.
⑤ 刘复生. 从土地制度的变化看宋代社会 [J]. 西华大学学报（哲学社会科学版），2004（1）：33-37.
⑥ 胡钢. 中国古代土地市场发育研究 [D]. 咸阳：西北农林科技大学，2003.

明代国有土地有官庄、屯田、没官田、无主荒地等，根据法律禁止买卖，但明中叶以后逐渐向私有和民田转化，并进入土地市场。官田多招人承佃，承佃时间久了，就被认为是承佃人自己的产业，与民田没有差异了。虽然官田禁止买卖，但在佃权的转让过程中，形式上的承佃契约变成买卖契约，实际上也就实现了地权的转移。屯田情况更加严重，"屯地多为势家侵占，或被军士盗卖"（《明宪宗实录》）。清朝庄田旗地，本来是严禁买卖的，后来也卷入了土地市场之中。针对旗地典卖的现象，康熙年间规定，"官兵地亩，不准越旗交易；兵丁本身种地，不许全卖"（乾隆《大清会典》卷八四），实际上默认了旗地在旗内的交易。缺口一开，旗地交易势头日渐难遏制，至乾隆年间不得不继续放宽。由于旗人家庭人口繁衍及其腐化骄奢，不事生产，开始多以保留地权，出典旗地的方式进入市场。尽管清王朝多次大规模为旗人赎回典田，但旗地之卷入土地市场，并由典而卖的趋势是难以阻遏的。乾隆四年（1739 年），民典旗地就达数百万亩，典地民人至数十万户。乾隆十年（1745 年），舒泰反映"旗地之典卖者已十之五六"①。

地权转让的主体，就社会经济单元而言，不外乎个体小农家庭以及包括商人在内的地主大户，他们的经济特征与土地买卖行为，决定了地权交易的主旋律和土地市场发育的状况。宋代以来，个体小农家庭经营渐趋成熟，小农对小块土地的独立经营与占有能力增强。两宋主户在总户数中的比例呈上升趋势，在主户中占绝大多数的小农家庭数量增加，无地而佃耕的客户中，也有少数能够通过购买土地上升为主户。明清时期小农对自有土地仍多能世世相守。如乾隆年间，安徽霍山县，"中人以下为自食其力，薄田数十亩，往往子孙世守之，佃田耕种者仅二三"。陕西三原县的农家，对不足 10 亩的田地，"世世守之，可资俯仰"②。

应该强调的是，小农对小块土地的占有，正是在地权不断典当、买卖之中实现的。宋代以来，小农家庭经营与市场已形成密切的内在关联，这种特征使其田地不能不经常出入市场。农民出卖田地，并不是像他出售剩余粮食一样作为商品来出售，而是由于其农业再生产或人口再生产出现中断与危机，只有通过出卖田地换取其他需求的满足，或者说，只有通过地权的转让来换取购买能力才能恢复和延续其再生产。宋人袁采在《袁氏世范》揭示道："盖人之卖产，或以缺食，或以负债，或以疾病、死亡、婚嫁、争讼。"司马光也说："民间典卖庄土，多是出于婚姻丧葬之急。"③

地主所有的土地，则在诸子均分与土地买卖之下，由集中而分割，地权集中的势头受到遏制，地权的分散与转移因此而加强。地主大家庭特别忌讳田产分割，袁采在《袁氏世范》中告诫子孙说："若均给田产，彼此为己分所有，必邀求尊长，立契典卖。典卖既尽，窥觎他房，从中娄取，必至兴讼。使贤子贤孙，被其扰害，同于破荡，以至败家。"但子孙分家自立，对于多数大家庭而言难以避免，从而田地分割也在必然之中。可见，地主阶级固然是土地兼并者，但同时又是土地的出卖者，所谓"有田者或自有而之无，无田者或自无而之有"。

地权转移的高频率，意味着农业的自然经济色彩渐退，商品经济色彩渐浓。土地买卖越频繁，土地畸零现象就越突出。相反，在自然经济条件下，土地占有在空间上就易于连

① 胡钢. 明清时期土地市场化趋势的加速 [J]. 古今农业，2005（2）：88-96.
② 龙登高. 11—19 世纪中国地权市场分析 [J]. 中国农史，1997（3）：33-40.
③ 胡钢. 中国古代土地市场发育研究 [D]. 咸阳：西北农林科技大学，2003.

片。地权转移的零细化，是经济规律作用于地权市场的表现，特权、法权等非经济因素在地权转移过程中的干涉、强制作用逐渐降低，土地市场发育日臻成熟。

第二节 中国土地经营制度的演变

一、自耕农小土地经营制

在封建土地私有制下，除大土地私有制外，还有自耕农小土地私有制。**小土地私有制与封建大土地私有制、封建国家土地所有制构成了我国封建社会不同土地所有制形式的全部内容，成为支配封建农业经济的决定性生产关系**。在这三种不同属性的土地中，封建国有土地起着协调其他两种土地的作用，而封建大土地私有制则占据主导地位，是封建地主阶级赖以存身立命的根基，它对小土地私有制和国家土地所有制不时地加以侵吞和削弱，从而使自己得到强化。小土地私有制则是封建国家财政收入的基础，是封建政权经济命脉所在。它的被削弱和被侵吞，不仅关系到封建政权的安危，而且更直接地影响到农业劳动者的生存。在我国漫长的封建社会中，农民起义连绵不断，其他动乱屡屡发生，规模之大、数量之多，在世界史上绝无仅有，最根本的原因即在这三种土地制度的矛盾[①]。

自耕农的小土地经营方式的产生，是一定的社会生产力条件下的产物，并非土地兼并的结果，而是随土地私有制度的确立而确立的。自耕农经济首先应该产生于个体经营方式，然后才逐渐形成自耕农经济结构。作为一种经营方式，它是由社会生产力发展水平所决定的[②]。在原始社会生产力条件下，不可能出现个体经营方式，当然也不会产生自耕农经济。商周时代，尽管有青铜农具出土，但那仅是奴隶主贵族应用于象征性劳动的工具，而农业直接生产者所使用的仍是木、石、骨、蚌制农具。因此，当时的农业生产表现为集体耕作的方式。

自耕农小土地经营制的产生和发展也与春秋战国时期各诸侯国纷纷变法改革、实行有利于自耕农经济壮大的政策有关。但是，无论是李悝在魏国的变法，还是吴起在楚国的变法，或是商鞅在秦国的变法，其在经济上的主要措施都在于土地私有、家庭细分，促使自耕农经济这个封建政权的经济基础和阶级基础的扩大上。这种状况必然导致春秋战国时代土地所有权呈现下移的趋势。

从史料推断，我国自耕农小土地经营应该是产生于春秋时代。李悝作"尽地力之教"，曾描述过自耕农经济生活的情景："今一夫挟五口，治田百亩，岁收亩一石半，为粟百五十石。除什一之税十五石，余百三十五石。食，人月一石半，五人终岁为粟九十石，余有四十五石。石三十，为钱千三百五。除社闾尝新、春秋之祠用钱三百，余千五十。衣，人率用钱三百，五人终岁用千五百，不足四百五十，不幸疾病死丧之费及上赋敛，又未与此。此农夫所以常困，有不劝耕之心，而令籴至于甚贵者也。"（《汉书·食货志》）不管李悝此处对于自耕农的经济账算得是否准确，仅从他对农家个体经济的详细账目看，至少在李悝变法之前，自耕农已经普遍地存在于魏国土地上了。因此，这段记载可以说是自耕

① 贺耀敏. 中国古代农业文明 [M]. 南京：江苏人民出版社，2018.
② 张智强. 论中国小农经济走向现代化的必由之路 [D]. 昆明：云南师范大学，2006.

农经济产生于春秋时期的极好例证①。

自耕农无论在经济上，还是在政治上，都有一定的自由。自西周至春秋的文献资料中，"力于农穑"的农业劳动者多被称为庶人。但是，西周到春秋之间，庶人的人身地位却有很明显的提高。在经济上，李悝和计然曾极力主张平籴政策，提出"籴甚贵伤民，甚贱伤农"（《汉书·食货志》）的理论，反映了农业劳动者对于自己的生产物是有支配权力的，因而自耕农才表现出较高的生产积极性。

战国秦汉之后，自耕农的小土地经营成为维系社会经济正常运转的重要力量和坚实基础。孟子所讲的"百亩田、五亩宅"式小型经济组织，李悝所谓的"一夫挟五口，治田百亩"的小家庭，都是这种小土地所有者。土地商品化是自耕农小土地经营广泛存在的经济前提，国家对小农经济提供赋税的依赖则是自耕农小土地经营大量存在的政治保障。在传统社会中，自耕农的小土地经营对社会经济和政治有着深远的影响，国家和政府为着自身长远的利益也要求强化这种经济形式，因此政府总是通过各种政策措施确保其存在和发展。例如，秦始皇于公元前216年下令"使黔首自实田"（《史记·秦始皇本纪》），命令占有土地的有下等爵位和无爵位的平民向政府自报占有土地的数额作为征收赋税的依据，同时也是国家为自耕农提供保护的依据。清初顺治六年（1649年）朝廷颁布政令："凡各处逃亡人，不论原籍别籍，必广加招徕，编入保甲，俾之安居乐业。察尽本地方无主荒田，州县官给以印信执照，开垦耕种，永准为业。"（《清世祖实录》卷四三）

自耕农的小土地经营是把所有权和经营权合为一体的一种土地经营形式，由于其生产规模、生存条件、组织结构和运行机制等方面的特殊性，表现出一系列不容忽视的时代特征。**第一，这种土地经营形式只能是小规模的，而不可能是大规模的**。由于它将所有权和经营权紧密结合在一起，因此占有土地的数量受到自身经营能力的制约。在资金、技术等物质生产条件恶劣的环境中，只能寻求不断地投入劳动力、提高精耕细作程度。**第二，这种土地经营形式是极不稳定的**。由于土地有着商品的性能，因而土地的流转速度很快，历史上流传的所谓"千年田、八百主""百年田地转三家"等说法，都说的是自耕农经济的这种特征。一些自耕农通过购买土地上升为富裕农民或地主，更多的自耕农则有可能因丢掉土地而破产。影响自耕农小土地经营稳定的因素，主要是自耕农经济本身状态、国家赋税轻重、社会安定程度和自然灾害频率。

二、租佃经营制

农田的租佃经营制度远在秦汉时代就已产生，换言之，开始有土地私有制时，就同时形成了租佃制度。地租的概念，也就是土地作为生产要素所取得的报偿，随之建立起来。有了私有土地出租的制度及地租的概念，政府往往也将公地出租给农民，在一般赋税以外收取地租。

（一）租佃制的内涵特征

中国传统农业经营有两大特征。一是地主和国家土地采取的经营方式同为租佃制。也就是说，占有大量土地的地主和国家一般不直接从事农业生产的经营和管理，而是把这些

---

① 张金光．生存权第一：一个根本的道德律令——战国、秦官社经济体制下的农民道德政治经济学及赋税原理研究之一［J］．西安财经学院学报，2011，24（4）：97-102.

土地出租给无地或少地的农民去经营。租佃制经济关系决定着传统社会经济的基本性质，是最重要的经济关系。**二是自耕农、地主和国家虽然是不同的土地占有者，但是它们在经营方面利用的劳动组织形式却惊人地一致**。即都是依靠一家一户的个体小农为基本经营和生产单位。自耕农经济把所有权和经营权统一于一体，以家庭为单位，利用十分有限的土地从事小规模农业生产；地主土地所有制和国家土地所有制下的租佃经营，虽然是所有权和经营权分离的形式，但是仍必须依赖个体小农从事生产活动①。

土地租佃经营制是中国传统农业经济关系中最典型的经济形式。在传统社会前期发展得还不很普遍，经济关系也不是很纯粹，特别是其中还存在不同程度的人身依附关系。例如，在东汉魏晋南北朝时期的大庄园经济中，租佃关系还伴随着严重的人身依附。东汉末年仲长统曾说："井田之变，豪人货殖，馆舍布于州郡，田亩连于方国。""豪人之室，连栋数百，膏田满野，奴婢千群，徒附万计。"（《后汉书列传·王充王符仲长统列传》）尤其是在兵荒马乱的魏晋南北朝时期，许多农民只得投奔到豪强门下，以取得自保②。唐宋以后，租佃关系迅速发展和普遍化，比较纯粹的租佃关系也广泛出现。北宋时期，纯粹的租佃制基本定型。宋代苏洵曾说："井田废，田非耕者之所有，而有田者不耕也。耕者之田资于富民，富民之家地大业广，阡陌连接，募招浮客，分耕其中。……田之所出，己得其半，耕者得其半。"③宋朝法律规定，佃户在完成当年的收成之后，经与地主协商，可以解除租佃关系，佃户可以自由离开原租佃地主，选择承租其他地主的土地，原租佃地主不得无理阻拦。这种租佃制的具体方式，即地主或国家把所占有（或所有）的土地租让给无地或少地的租佃农民，通过双方订立租佃契约，确立出租者和承租者二者之间的租佃关系以及双方所承担的责任与义务。承租者据此经营所承租的土地，掌握一定时期内土地的经营权，出租者基于对土地的占有权或所有权，按照契约规定的份额占有经营者劳动收获中的相当一部分作为报酬，即实物地租。地租收取有定额制和分成制两种④。

在中国传统社会中，存在着大地产的土地占有，却未能出现大规模的土地经营。大地产小经营，这种占有和经营方式的反差，成为中国传统社会经济中的一大奇观。

（二）租佃制的经济性

租佃制经营是中国传统社会中最有利、最获益的土地经营形式。由于地权不稳定且变动很大，由于没有很强的人身依附关系，以及追求土地收益最大化等因素，适合于小农经济的租佃制经营取得了统治地位。

首先，租佃制经营使土地所有者能够脱离农业生产和经营活动。土地所有者不必直接组织和管理生产经营活动，只要控制土地所有权，便可坐享其成。这对于土地所有者而言，是一种既省心又省力的剥削方式。这就加剧了中国传统社会中追求土地的趋势，"夫治生之道，不仕则农；若昧于田畴，则多匮乏。只如稼穑之力，虽未逮于老农；规画之间，窃自同于'后稷'"（《齐民要术》）。尤其是在科举制兴起之后，人们讲求"耕读传家"，希望进可以出将入相，混得一官半职；退可以求田问舍，过着无忧的生活⑤。土

---

① 张春红．市场、习惯与国家：宋代租佃制度相关问题的再探讨［D］．昆明：云南大学，2021．

② 吴存浩．中国农业史［M］．北京：警官教育出版社，1996．

③ 赵冈，陈钟毅．中国土地制度史［M］．北京：新星出版社，2006．

④ 彭波．国家、制度、要素市场与发展：中国近世租佃制度研究［D］．北京：清华大学，2011．

⑤ 同②。

地就成为其最基本、最稳固的经济基础。

其次，租佃制经营扩大了土地所有者的剥削对象。受剥削的绝不仅仅是土地承租者个人，而是其全部家庭成员，这势必导致剥削最大化趋势。在雇佣制和劳役制下，剥削的对象是雇工或农奴个人，家庭成员一般不受剥削；而租佃制则不同，由于家庭成员都必须参加直接或间接生产劳动，土地收获中包含着全体家庭成员的共同劳动。因此，地租也必然包括租佃者个人和家庭成员的劳动①。

再次，租佃制经营势必导致地租最大化，同时地主在土地上的生产投资却趋于最小化，经营土地的风险承担也较小。在租佃制经营条件下，土地所有者对土地的生产投资，包括工具、种子、资金等都趋于最小。土地一旦出租，生产过程便由租佃农民负责，土地所有者一般不会过问。个体小农依靠土地维持生计，所以总是千方百计地增加农业投入以提高产量。虽然在极为有限的条件下，这种投入更多地表现为劳动力要素的投入。这种情况在精耕细作农业日益加深的情况下，越来越如此。

最后，租佃制经营使土地所有者对租佃农不负任何其他非契约关系的责任，既无经济扶助的责任，也无政治保护的责任。土地所有者可以通过抬佃、转佃、夺佃等方式提高地租、加重剥削程度。任何人都可以通过签订契约结成租佃关系，一旦契约被废除，租佃关系也就宣告结束。在这种租佃关系中，土地所有者往往占据着主动地位。实际上，许多地主并不是不关心生产过程，为了增加收获，他们还是不断地对生产过程进行监督。

正是因为如此，租佃制经营在中国传统时代长期存在并日益完善。秦汉时期租佃制是"或耕豪民之田，见税什伍"（《汉书·食货志》），明清依然如故。明朝末年张履祥在《补农书》中讲："吾里田地，上农夫一人止能治十亩，故田多者辄佃人耕植而收其租；又人稠地密，不易得田，故贫者赁田以耕，亦其势也。"②

（三）租佃制的深远影响

租佃制的盛行对中国传统社会产生了广泛而深刻的影响。仅就其直接影响而言，便可窥见一二。

首先，它使中国地主阶层日益向非生产化、非农业化和非经济化发展。这无疑对当时的政治、经济、文化都产生了深刻影响。非生产化是指地主阶层日益脱离生产活动和经营管理，转化为坐享其成、追求奢侈消费的寄生阶层。地主所关心和追求的是投入最小化、收益最大化。追求土地的狂热使地价日趋抬高，土地投入的减少使生产更加艰难。非农业化是指地主阶层把大量地租等财富投向非农业部门，如时机一到，便热衷于投资商业、高利贷领域，而并不向农业投资。这无疑加剧了农业投入不足和投入要素严重畸形的状态。非经济化是指地主总是努力寻求摆脱单纯经济生活，通过科举或其他方式向政权机构、政治领域或其他非经济领域转移，很少有地主是热衷于农业经营活动的。

其次，它使中国的租佃小农经济境况十分悲惨。承租土地，缴纳高额地租，使租佃小农的农业生产条件不断恶化，而单纯依赖大量投入劳动力的补救办法又加剧了这种恶化趋势。租佃小农的经济力量十分有限，抗御各种天灾人祸的能力低下，一有风吹草动，便可能破产，这使广大租佃小农很难摆脱仅仅维持生命的低下的生活水平。而一旦大量小农破

---

① 赵冈，陈钟毅. 中国土地制度史［M］. 北京：新星出版社，2006.
② 张海瀛. 试论明清时期封建经济的长期延续［J］. 晋阳学刊，1983（1）：60-69.

产，势必危及并动摇传统政治统治的基础，引起社会动荡。中国传统社会周期性震荡的深刻原因即在于此。

三、雇佣经营制

雇佣经营，指的是官僚、地主占有土地，并雇一些劳动者为其耕种。在古代汉语中，"雇佣"二字并不常连用，而是常常单用一个"佣"字来表达雇佣之意。"佣"，就是指出卖劳动力以获取酬值的意思，如《史记·陈涉世家》载"陈涉少时，尝与人佣耕"，唐司马贞索隐曰："《广雅》云：佣，役也。谓役力而受雇直也。""佣"和"役"都是役使劳动力，但役制和佣工制度不同。役制是强制性的和超经济的，是不给报酬的，劳动者是被动的。"佣工"是要"受雇直"的，是有报酬的，劳动者是主动的[①]。古代又称"佣"为"庸"和"赁"。居延和敦煌出土的汉简中，"庸"指代人服役，唐代的租庸调制中的"庸"指纳资代役，总之都是以财货购买劳动力。古代把"佣"称为"赁"，就有劳动力租赁的意思。唐代法律上为了评估"赃"和"功"的价值还将"庸"和"赁"做了区分[②]。所以，无论把雇佣称为"佣""庸"或"赁"，就佣工制度而言都是指具体的雇佣劳动。

在我国雇佣劳动出现得比较早。春秋晚期，井田制之败坏，也就是土地私有制之开始。土地私有制开始之后，产权的观念不但产生，而且推而广之，劳动力之买卖，便是广义所有权之运用。私产所有权制度产生，有关雇佣劳动的记载也开始出现。《左传》襄公二十七年（前546年）齐国发生崔氏之乱，齐大夫申鲜虞避难至鲁，"仆赁于野"，就是为人佣耕。《韩非子·外储说右下》中曾记载齐桓公微服以巡民家，人有年老而自养者，桓公问其故，对曰："臣有子三人，家贫无以妻之，佣未及反。"[③]《韩非子·外储说左上》曾做过描述："夫卖庸而播耕者，主人费家而美食，调布而求钱易者，非爱庸客也。曰：如是，耕者且深，耨者熟耘也。庸客致力而疾耕耘，尽巧而正畦陌、畦畴者，非爱主人也，曰：如是，羹且美，钱布且易云也。"意思是雇主用美食和钱来雇请农耕者，并非爱佣客，而是希望如此对待，能换来佣客对田地的认真深耕细作；佣客积极耕耘，精巧地安排畦垅，并非爱主人，而是图的美食款待和换取钱布报酬，双方都实现自己的心愿，才得以实现雇佣。这是百分之百的市场买卖关系，双方都要衡量是否值得买与卖。张传玺在《中国历代契约粹编》中把这段描述称为口头雇佣契约。

土地私有制的确立，所带来的现象是土地分配的不平均。那些破了产的自耕农，在既不能从国家手中取得土地变成编户齐民，又不能从大土地所有者那里领取一块带有份地性质的土地而成为依附豪强的"私人"和"隐民"的情况下，不得不成为持手而食者，变成了以出卖劳动力为生的"庸客""庸夫"。自春秋之后，农业中使用雇佣劳动已屡见不鲜，说明土地私有制产生之后，农民的分化加速了。雇农的收入是异常低微的。一家有三个壮劳动力作佣，几乎连一个老人都养活不了。从此，"富者田连阡陌，贫者无立锥之地"的现象便成为封建社会的主要矛盾。

---

① 赵俪生. 中国土地制度史 [M]. 济南：齐鲁出版社，1984.
② 李洪涛. 唐代佣工制度研究 [D]. 武汉：武汉大学，2018.
③ 齐发. 战国时期的家庭结构 [J]. 华中科技大学学报（社会科学版），2003（2）：58-61.

第三节　中国农业土地制度演变的规律

一、人地关系变化与土地制度

从历史上人类生产生活变化及其赖以生存的资源环境来看，"人"的要素集中表现为按照一定生产关系集结起来的人类整体及其为生存发展而进行的核心社会活动，包括拓荒、发明工具、耕种、工业生产等，具体形式随时代而变迁[①]。"地"的要素集中表现为满足人类需求而被纳入人类认知和实践领域的自然资源和环境，如土地、水、能源、矿产等。两者之间始终围绕"人"对"地"的依赖性和能动性产生关系，即"人"必须依赖"地"提供的资源环境和空间场所作为生存活动的基础，同时"人"也通过主动认识、利用和改造"地"达到满足自我需求的目的。由于不同历史时期人类需求的具体表现形式不同，认识、利用和改造"地"的能力也不同，导致"人"和"地"作用的焦点及强度不断变化，人地关系也伴随人类社会发展不断由简单向复杂演变[②]，如图 2-4 所示。

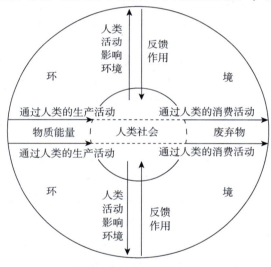

图 2-4　人地关系模式

在人地关系的演变过程中，"人"具有双重身份，既是人地关系的核心组成要素，又是人地关系的创造和推动者，因而人及人类行为在人地关系演变中是重要而且主动的角色。"地"在人地关系演变中的角色相对被动，主要发挥支撑和制约作用。纵观历史，无论是原始文明、农耕文明、工业文明还是生态文明，人地关系始终未离开贯穿其中的核心内容。人地关系演变首先表现为，随着人类社会发展，"人"的要素和"地"的要素外延在不断扩大。其次，围绕着不同阶段的要素拓展，人类的核心需求不断发生变化，对"地"的依赖和开发程度也在不断变化。再次，"人"与"地"的关系，伴随着生产力的

---

① 李根蟠. 中国古代农业 [M]. 北京：商务印书馆，1998.

② 李小云，杨宇，刘毅. 中国人地关系的历史演变过程及影响机制 [J]. 地理研究，2018，37（8）：1495−1514.

进步，体现为"人"的被动适应逐步向对"地"的能动性改造转变，即人化自然的形成过程。最后，在上述过程中逐步形成"人"对"地"的认知，这种认知反过来会进一步修正人类的需求和"人"对"地"的主观改造行为，进而推动人地关系不断演变①。

从200万年前人类出现一直持续到公元前1万年前后的原始文明时期，人类主体和环境客体并未分离。人类活动仍属自然环境系统的一部分，人类和其他动物一样都是直接消费者，以野果、猎物果腹。其间，人地关系最突出的表现是人缺乏对自然的基本认知，自然占据绝对的主导地位，真正的人地系统尚未形成。直到石器时代，为了获取食物满足果腹生存需求，人类不断发掘新的生产生活工具，从木棍到打磨研磨石器，从保存天然火种到人工取火，人类逐渐从环境中分离出来成为相对独立的群体，真正的人地系统才开始形成②。

新石器时代中后期，人类从自然界获取的食物开始出现剩余，围绕食物储存和生产的农耕、畜养、制陶等技术产生，农耕与畜牧的经营也使人类由逐水草而居变为定居。人类开始关注文化发展，继而出现了文明雏形，才基本形成了人类稳定系统的组建，"人"和"地"之间也才开始相对稳定、长期且紧密的联系。

自人类社会进入父系氏族公社之后，作为生产资料的土地、草场虽为氏族公社所有，但在将氏族成员共同生产的物品分配给家庭成员的过程中，氏族首领逐渐有机会把多余的公共物品占为己有，随即开始出现贫富之差和阶级对立，氏族公社制度逐步瓦解。从夏朝出现国家概念之后，阶级对立及等级制度更加分明具体，人类在改造和利用"地"的同时也出现了对自然领域的划分以及对自然界"公共物品"充分占有权的争夺。人与人之间产生了更多利益纷争，核心集中在如何分配自然资源和政治权利上。土地既是维持统治阶级的统治基础，又是当时最重要的生产资料。有了土地，才能有农业生产空间；有了农业生产，才能有粮食；有了粮食，才能养活人口，才能供给统治阶层的经济来源。公元前21世纪开始，延续长达1 600年左右的奴隶社会（经夏、商、周），土地所有权归国王，各诸侯仅拥有经营使用权，奴隶主贵族通过井田制将劳动力安置在土地上以获取劳动所得。

秦朝开始，铁制农具的器形及质地均得到极大改善，出现了铁犁、铁锄、铁镰、铁耷等更精细的农作工具。牛耕也更加普遍，"秦以牛田，水通粮"（《战国策·赵策一》（卷十八））。秦末汉初，因战乱人口锐减，西汉建立时仅剩约1 300万。汉朝依然把农业作为治国之本，沿用以商鞅为代表的"耕战"政策，鼓励百姓从事农桑，息兵养民，经历文景之治后，到汉武帝初期人口已增至近6 000万。同期也开启了较大规模的垦荒开疆活动，对湖泊滩涂的开垦也逐渐增多。《汉书》记载："武帝开广三边。故自高祖增二十六，文、景各六，武帝二十八，昭帝一……定垦田八百二十七万五百三十六顷，民户千二百二十三万三千六百一十二……汉极盛矣。"（《汉书·地理志第八下》）"人"对"地"的改造从原来开发层次低下的自然垦殖逐步向层次较高的筑圩垦殖发展③。

魏晋南北朝是中国历史上政权更迭最频繁的时期，在369年时间内共出现约36个政权。这一时期人口数量和耕地面积起落不定，人地联系持续加紧趋势被打断，人地关系演

① 王亚平. 生态文明建设与人地系统优化的协同机理及实现路径研究［D］. 济南：山东师范大学，2019.

② 李小云，杨宇，刘毅. 中国人地关系的历史演变过程及影响机制［J］. 地理研究，2018，37（8）：1495-1514.

③ 吴存浩. 中国农业史［M］. 北京：警官教育出版社，1996.

进速度变缓。其中，最典型的是三国时期，局势动荡，战乱频仍，外加瘟疫和饥荒肆虐，导致人口锐减及北方人口大规模南迁，土地也随之撂荒严重，经济社会发展徘徊不前，人少地多特征明显。

隋唐是中国古代封建经济空前繁荣的时期，也是人地互动进一步加强的典型阶段。这一时期人地关系最显著的表现是，大运河的开通及漕仓的空前发展解决了局地因人口众多而引发的粮食供给不足问题，粮食和水资源通过空间上的人为调配，局地人地矛盾也被间接转嫁到了人地关系相对松散的地区，进而促进了全国层面土地资源的大开发和经济社会的大发展。

两宋时期人地关系的核心表现是"人口增长"对"地"的需求进一步增大，局地"地少人多"现象有所加剧，但"地"的供给能力因文化及商贸活动的繁盛而空前提升。与隋唐相比，金辽等民族国家的崛起导致宋朝国土面积缩小很多。北宋疆域只有唐朝的三分之一，到南宋又缩减三分之一。

元朝统一中国之前，民族冲突十分剧烈，战争、自然灾害频繁，外加人口迁徙南洋等因素，总人口较南宋时大幅下降。同时，因蒙古军重视草粮而"分拨牧马草地"，加上战争对耕地破坏，导致土地耕种者甚少，黄淮流域都出现了大量荒废农田。

明朝初期，"人多地少"和"人少地多"的地域并存。元朝统治的百年历史中，对农民盘剥极其残酷，不堪忍受剥削的农民揭竿而起，遭到元朝精锐军队的疯狂镇压，伤亡极大。中原一带等粮食主产区又接连发生水、旱、蝗、疫四大灾害。天灾人祸导致河南、安徽、河北、山东等曾经繁盛一时的中原地带"道路皆榛塞，人烟断绝"（《明太祖实录》（卷二十九））。

二、生产力发展与土地制度

土地制度是我国古代生产关系的基础与核心。历代统治者都不断调整土地制度以适应不断发展的生产力。中国古代土地制度的演变概括起来主要有三种：原始社会的氏族公社土地公有制、奴隶社会的土地国有制（即井田制）、封建社会的封建土地所有制。其中，封建土地所有制又包括国家土地所有制、地主土地所有制、自耕农土地所有制三种形式[①]。

我国农业生产力的发展经历了几个阶段。根据地下发掘与文献记载，我国原始农业使用的是木、石、蚌、骨工具，以后才进入了青铜器时代，农具有青铜制的刀、斧、镈、耒等等。再后才进入铁制农具和牛耕的阶段。可见，从历史上看，我国农业生产力的发展大体经历了石器时代、青铜器时代和铁器时代三个阶段。生产力的发展与土地制度的变迁是有密切联系的，而且最终决定着地制的变迁。经济史研究揭示，随着生产力的发展，我国土地制度经历了由氏族公社公有、奴隶主私有到封建土地私有的发展过程。原始时代的农业工具十分简陋，人们依靠小木锄、石斧、石锄和骨锄、蚌刀等来经营农业，生产效率极低，这就决定了必须是集体共同劳动。与此相适应的土地所有制是氏族公社公有制。进入青铜器时代，由于生产工具的不断改进，生产力水平的逐步提高，人的劳动能够生产出的超过维持劳动力所需产品的部分增大，这就为奴隶制的产生准备了经济条件。土地所有制也由氏族公社所有制蜕变为奴隶主阶级的国家所有制。这里的国有实际上也是一种私有。

---

①　刘晓铎. 我国土地制度演变与生产力的发展——与李芳伟同志商榷 [J]. 农业经济问题，1990（11）：44-45，54.

随着铁器和牛耕的大量使用，剩余产品的增加，为个体劳动提供了必要的物质基础，奴隶制社会必然要转变为封建社会。公元前216年，秦始皇"使黔首自实田"标志着封建土地私有制在全国范围的确立。当然，说我国土地所有制的发展规律，并不排斥一种所有制也有不同的具体形式，如封建土地所有制，就有封建土地国有制、大地主土地所有制和小农土地私有制，等等。

土地所有制从公有制到私有制的转变取决于当时生产力的发展，从刀耕火种到铁犁牛耕的改变使得土地所有制有所改变，而土地所有制的改革也使农民更加稳定地被固定在土地上，让我国的小农经济开始萌芽，为生产力水平的提升奠定了基础。同时土地私有制的诞生使诸国经济不断增长，诸侯国之间的摩擦也逐渐升级，不断吞并土地增长实力成为新的国家目标，对生产力的发展提出更高的要求。这说明生产力发展与土地制度变迁是相互促进的。

三、灾荒战乱与土地制度

中国历来以农立国，在中国古代，土地是社会最基本的生产资料，是一切财富的来源，也是一切财富的归宿。有土斯有财，没有土地人民将无以为生。土地对农民如此重要，因此，中国农民对土地有一种特殊的感情，这种感情也演化为中国农民自身的一种文化，一种"安土重迁"的文化，一种"生于斯，长于斯，终老于斯"的五谷文化[1]。

中国古代灾荒频繁，如水、旱、风、蝗、地震等都几乎年年发生，加上战乱频繁发生，均对我国古代土地制度产生了深远影响。由于古代的农业生产技术落后，分散经营，势单力薄，没有相应的保障制度，农民往往彻底破产甚至家破人亡，沦落为流民便成了农民的宿命。

五代十国时期，各政权之间征伐频繁，要想在战争中生存乃至壮大，离不开强大的实力，而发展农业生产、增加人口是提升自身的实力的根本办法。因此，各国统治者都采取措施积极发展农业，故而招抚流亡、鼓励垦荒的诏令频繁见诸史书[2]。后晋就曾多次颁布诏令鼓励百姓开垦土地，《旧五代史·晋高祖纪》载，"邓、唐、随、郢诸州，多有旷土，宜令人户取便开耕，与免五年差税"[3]。这一时期，南方诸国统治者更是频下诏令鼓励垦荒种田。这些政策极大调动了农民开垦土地的积极性，扩大了耕地面积，促进了当时农业的发展。

经过唐末战火的摧残，大量人口死亡或流落异乡，官府掌握了不少无主荒地，因此各国基本沿袭前代设置营田务、募民承佃的屯田模式，所不同的是租佃对象和租额数量不相同。至后周时期，废除了营田之制，将其管内土地及其土地上的桑树、田舍等无偿分配给农民，给予农民土地的所有权，以充永业。这一政策收效显著，它改变了唐末以来土地兼并不断加剧的趋势，使大量失去土地的农民重新拥有土地，成为国家控制下的编户齐民，这极大地调动了农民生产的积极性。

对于因战乱或自然灾害离家逃亡，造成"逃户田"大量出现的现象，五代诸朝还鼓励

① 何国文，李凡，邱国斌. 中国封建土地制度、流民和农民起义之关系及反思 [J]. 科教导刊（中旬刊），2015（14）：145-146.
② 赵水静. 五代十国文化研究 [D]. 西安：陕西师范大学，2019.
③ 吴存浩. 中国农业史 [M]. 北京：警官教育出版社，1996.

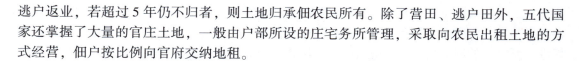

逃户返业，若超过 5 年仍不归者，则土地归承佃农民所有。除了营田、逃户田外，五代国家还掌握了大量的官庄土地，一般由户部所设的庄宅务所管理，采取向农民出租土地的方式经营，佃户按比例向官府交纳地租。

四、地权变动机制与土地制度

农业是中国传统社会最主要的生产部门，由于农业生产对土地的依赖性，所以土地对农业生产有着决定性的意义。在中国传统社会中，土地是最稀缺的经济资源和最主要的生产资料，占有更多的土地是人们所追求的经济目标。由于地权的非凝固化和地产的商品化，传统社会的各个阶层都梦寐以求地追逐土地，各种土地所有制之间存在着相互依存、相互转化的密切关系。在它们之间，没有严格的界限之分，存在着多种转化途径。

（一）土地买卖机制

土地买卖机制是中国传统社会中土地运动的第一种机制。它是指土地可以作为一种商品、一种能够带来多种利益的资源商品，在土地交易活动中具有交换的功能[①]。土地买卖机制源于土地商品化的性质，并加剧了土地商品化的趋势。在中世纪的欧洲，土地不仅是稀缺的能够带来经济利益的资源，而且还是一种政治权力和社会地位的象征。土地的这种经济性质和政治性质，就要求并推动土地所有制和占有关系凝固化。所以，中世纪的欧洲土地买卖被严格禁止，把土地排斥在商品交换领域之外。在那里，土地占有关系的松弛化过程恰恰是其封建社会解体的过程。中国则是另一番景象，土地很早就进入了交换领域，开始商品化。例如，北宋袁采曾说："贫富无定势，田宅无定主，有钱则买，无钱则卖。"可见，这一时期土地买卖已经是整个社会普遍出现的现象了，人们不以为奇。由于土地占有与政治权力和社会地位的关系松弛，所以土地转换并不意味着政治特权的丧失和社会地位的下降[②]。

土地买卖机制是保证中国传统社会土地高度利用的重要条件，经营者经济条件恶化时便抛售土地以改善生存状态，经济条件好转时便买进土地以扩大经济利益，从而保证土地总是处于较稳定的经营条件和环境中。这必然导致土地带有某种资本的运动特征。

（二）土地兼并机制

土地兼并机制是中国传统社会中土地运动的第二种机制。它是指各种社会财富不断地产化、土地占有不断集中化的机制。土地兼并就是土地的集中化过程，是各种社会财富包括商业利润、高利贷利息、地租以及其他财富地产化的过程。土地兼并很早就已产生，董仲舒讲秦汉时期"富者田连阡陌，贫者无立锥之地"，就是土地兼并的结果。这种兼并土地的经济活动，几千年来始终没有终止，伴随着整个传统社会经济时代[③]。

促使土地兼并机制发挥效应的因素是多方面的。首先，在中国传统社会中，地主、商人、高利贷者往往是三位一体的，经营土地与经营商业、高利贷之间没有严格的社会限制。这种一身兼数任的情况无疑沟通了农业与其他各业的联系，加速了土地商品化。其

① 赵俪生 . 中国土地制度史 [M]. 济南：齐鲁出版社，1984.
② 严耀中 . 北魏均田制与土地兼并问题再探 [J]. 史学集刊，2024（5）：97-107
③ 俞炜华，刘天皓，刘迪民，等 . 土地兼并与中国古代王朝兴衰——一个经济分析的框架 [J]. 制度经济学研究，2019（4）：83-107.

次，地产的特殊性质使它具有其他社会财富无法比拟的优势。地产并不是最有利可图的经济投资领域，它所带来的利益并不比商业和高利贷更多更大。但是，土地是财富的良好避风港，所带来的利益虽小，但所承担的风险也小，不需要太多精力投入即可以有相当丰厚的收益。从长远看，地产所带来的利益是稳定持久和坚实可靠的。中国历史上世代沿袭的财富秘诀就是："以末致财，用本守之"（《史记·货殖列传》），"理家之道，力农者安，专商者危"（《皇明经世文编·卷之八十六》）。最后，地产并不是财富运动的终点，在时机成熟时地产又会转化为商业、高利贷资本，这种可逆性也使人们把购置地产当作闲置商业资本或高利贷资本的最佳流向。这一切都可以通过土地买卖机制顺利实现①。

（三）土地离散机制

土地离散机制是中国传统社会中土地运动的第三种机制。土地离散机制是使中国一直未能出现稳定的大地产的重要原因。促进并推动土地离散机制发挥效应的因素是多方面的。一是小农经济的农业生产组织形式的要求。小型化和分散化的土地占有关系最适合小农经济，"小户自耕己地，种少而常得丰收；佃户受地承种，种多而收成较薄"。二是长期沉重的人口压力，其结果必然是使有限的土地资源占有日趋支离破碎。中国传统社会经济的一大特点就是养育了庞大的人口，而人口就业又对农业经营活动产生巨大影响，其结果就是土地经营日趋小块化。三是政府沉重的赋税剥削也使农民无力或不愿承担超过自己经营能力的更多土地。对于自耕农和租佃农民来说，土地多不一定收益多，来自政府和地主的赋税剥削往往使他们终年辛劳难有剩余，更不要谈积累了。四是中国的诸子继承制也加速了土地的小型化和分散化②。因此，中小地主和小自耕农土地所有制在传统社会土地占有关系中，总是处于绝对优势的地位。

在中国传统社会中，土地是被人们无限追求的稀有财富形式。但是，土地运动始终没有能够带来传统农业经济结构的变化和突破。三种土地运行机制并发作用的结果，造成了土地占有关系的剧烈振荡。这种剧烈振荡，不断孕育形成极不稳定的大地产，又不断导致支离破碎的小土地所有制，聚复散，散又聚，诞生新的经济关系和经济力量的希望，就在这种循环往复中化为泡影。

 **思 考 题**

1. 中国古代土地所有制经过哪些阶段的演变？这些阶段各有什么特点？
2. 古代中国土地制度演变过程中，有哪些重要的改革或政策对土地制度产生了深远影响？
3. 中国古代土地兼并与反兼并的斗争为何持续不断？
4. 中国古代土地制度的演变有哪些规律？这些规律对现代社会有何启示？

① 陆潇.论中国古代社会的土地兼并问题［J］.农村·农业·农民（B版），2018（16）：48-49.
② 王利华.中国农业通史［M］.北京：中国农业出版社，2009.

第三章 中国农业税与农民负担史

学习目标

1. 了解中国农业税制的发展与演变及其对农民负担的影响；
2. 了解苛捐杂税及其对农民负担的影响；
3. 了解地租及其对农民负担的影响；
4. 理解中国农民负担变化的特点及其背后的规律。

第一节 中国农业税制的发展与演变

自从有了国家机构，就有了赋税。马克思指出："赋税是政府机器的经济基础，而不是其他任何东西。"[①] 各国历史上最早的经济部门是农业，因此以农业生产为基础的农业税也就构成国家税赋的主要来源，同时也构成农民负担的主要来源。农业生产以土地为基础，因此农业税赋制度[②]与土地制度有密切的关系。在考察农业税赋制度及其变迁时，需要注意跟前面章节中有关土地制度变迁的内容相结合。

本章旨在从农民负担的角度对农业税进行考察，主要关注以下三个方面的问题：第一，征税的依据（包括土地、产量、人口、财产等）在不同时期有何差异？这种差异对农民负担有何影响？第二，纳税的方式（劳役、实物、货币）在不同时期有何差异？这种差异对农民负担有何影响？第三，计税的方式（定额、比例）在不同时期有何差异？这种差异对农民负担有何影响？

一、中国古代农业税制的起源

（一）奴隶制国家的出现与农业税制的起源

一般认为中国古代王朝始于夏代，因此大致可以认为中国古代农业税的征收始于夏

---

① 见《马克思恩格斯全集》第19卷。

② "赋"和"税"在古代是两种不同的范畴，此处我们先不做区分。事实上，古代跟赋税相关的许多范畴的含义都经历了不断的发展变化。例如，"赋"从"贝"从"武"，最初指的是用来满足军事需要征收的军需品，后来泛指"取"，凡取于民者皆赋也。

代。《史记·夏本纪》里也有记载："自虞夏时，贡赋备矣。"《孟子·滕文公上》记载："夏后氏五十而贡，殷人七十而助，周人百亩而彻：其实皆什一也。"赵岐注："民耕五十亩，贡上五亩；耕七十亩者，以七亩助公家；耕百亩者，彻取十亩以为赋。"（《孟子章句·孟子卷第五》）这里提到三种税赋制度——"贡""助""彻"，后人对其含义虽有不同理解，但是一般都承认这些税赋制度均为当时土地公有制条件下的产物。

"贡"被认为是夏代的税赋制度。《尚书·禹贡》记载，"禹别九州，随山浚川，任土作贡"，或可表明"贡"在当时已经成为与土地相关的税赋制度。所谓"五十而贡"，是指平民每户从国家受田50亩①，然后将其中5亩的劳动成果贡纳给国家。"岁订其额，而使农民供于公上；当解如贡献之贡。农夫岁受田于公上，而以岁时所得，献之于上也。"② 从征税依据来看，"贡"是平民由于土地公有制下受田而缴纳的贡赋，纳税的方式是上缴土地上出产的实物。然而，也有学者认为臣仆对于领主的一切贡纳，实质上是由于其身份地位的原因，属于超经济之榨取，并不能认为是属于以土地为依据的田赋③。从计税方式来看，似乎是按土地数量的比例进行征税。但是，《孟子》中又有记载"贡者，数岁之中以为常"，表明这种税制之下实际每户所缴纳的税额可能是综合若干年的收成所得的一个平均数，属于定额征收。

"助"被认为是殷商时代的税赋制度。"助"又通"藉"，"助"法即假借民力以耕公田。与"助"法对应的就是当时的"藉田制"，在藉田制下，公田为社会成员共同耕作，作为耕种公田的报酬，社会成员可获得一块私田，以满足家庭成员日常生活的需要。所谓"七十而助"，是指每户农民耕种70亩耕地，其中7亩属于公田，农民进行助耕。从征税依据来看，"助"是农民为取得土地的耕作权而向国家缴纳的赋税，纳税的方式是无偿耕种公田，也就是提供劳役。从计税方式来看，同样是按土地数量的比例进行征税，与前述"贡"法类似。

"彻"被认为是西周的赋税制度。关于"彻"的理解，在学术界有很大争议。"彻"有"通"义，故对于"彻"法有"为天下通法""彻与助无别，皆什一法，改名彻者，以其通贡、助而言也""通其田而耕之，通其粟而析之之谓彻""彻无常额，惟视年之凶丰……谓之彻者，直是通盘核算，犹彻上彻下之谓"等不同说法。所谓"百亩而彻"，是指每户农民耕种100亩耕地，其中10亩的收成作为赋税交给国家。从征税依据来看，"彻"也是农民为取得土地的耕作权而向国家缴纳的赋税，纳税的方式是上缴土地产出的实物。从计税方式来看，同样是按土地数量的比例进行征税，与前述"贡""助"法类似。然而，从之前关于井田制的介绍来看，在井田制下一户农民也是耕作100亩土地，则似乎"彻"又可以理解为井田制下的一种劳役税。

关于"贡""助""彻"等早期农业税制的征税依据，学者多认为因其跟土地数量相关，且均为"什一之税"，因此属于"因地而税"。然而近来也有学者认为，西周实行的是计口授田，且人人有份的，因此西周的田赋实质上是"税夫"而不是"税亩"。"税夫而不税亩，这要算是西周时代农业税法中的一个重要的特点。"④ 其原因在于"当时地旷

---

① 古时的"亩"跟今天的"亩"所代表的实际面积不同，后文会详细讨论。
② 陈登原. 中国田赋史 [M]. 郑州：河南人民出版社，2017.
③ 李剑农. 中国古代经济史稿（先秦两汉部分）[M]. 武汉：武汉大学出版社，2011.
④ 马宗申. 历史时期我国农业税的演进 [J]. 中国农史，1986（1）：37-42.

人稀，可供自由开垦的土地大量存在，且无土地私有制度的限制，故以劳力和土地相较，农业税的基础，显然首先是劳动力而不是土地"①。按照这种理论，前面所述的"贡""助""彻"等税赋制度均属于"税夫"。

此外，从上述关于"贡""助""彻"等赋税制度的记载中，还可以了解古代农业税赋起源时税负的高低。所谓"什一"之税，即十分之一的税率，似乎也成为后世较为公允之税率的基准。"古者曷为什一而藉？什一者，天下之中正也。多乎什一，大桀小桀。寡乎什一，大貉小貉。什一者，天下之中正也，什一行而颂声作矣。"（《春秋公羊传》）

（二）西周后期到春秋战国时期农业税制的演变

从西周后期到春秋战国时期，中国古代社会发生了剧烈的变动，农业税制也经历了较为复杂的演变。

一方面，随着社会生产力的发展，土地制度发生了重大变化，井田制逐渐瓦解，土地私有制逐渐出现，各国纷纷进行农业税制改革。公元前685年，管仲在齐国改革，提出"相地而衰征"的政策，取消了徭役田（公田），把土地全部分配到户，根据土地的不同情况分等征收实物税。公元前594年，鲁国实施"初税亩"政策，开启了"履亩而税"的改革②。战国时秦国于秦简公七年（前408年）也实行了"初租禾"的田税变革③，废除井田制的"藉法"，按照田亩的多少来征收禾租④，这与鲁国在春秋时实行的"初税亩"性质相同。从征税的依据来看，这一阶段的发展趋势是由"税夫"转向"税亩"，但是两者并存。

另一方面，农业税的来源也越来越多样化，之前不属于农业税的一些征收也逐渐归并到农业税中。其中最典型的就是"赋"的演变。"赋"最初指的是用来满足军事需要征收的军需品，如征用的兵车、武器、衣甲等。"赋"字由"贝"加"武"二字组成，可以理解为收取货币用于武力，因此"赋"在早期一般理解为"军赋"⑤。公元前590年，鲁国实行了"作丘甲"的制度，其核心是将军赋的征收单位从原来的"甸"改为"丘"。鲁国的丘甲规定方一里为井，十六井为丘，每丘出戎马一匹、牛三头。鲁国实行"作丘甲"之后，其他国家也纷纷效仿进行了类似的改革。郑国在公元前538年实行了"作丘赋"的制度，也是一种按土地量征收军赋的改革措施。到了公元前483年，鲁国进一步采取了"用田赋"的办法，即军赋由按丘计算改为按田亩数征收，"赋"在含义上逐渐脱离了与军事的关系，成为与土地相关联的一种税收形式。此后，多用"田赋"表示土地税。《史记·秦本纪》记载秦孝公十四年（前348年）："为田开阡陌，东地度洛，十四年，初为赋。"改春秋时期以田亩计征的军赋为按户口征收，称为"户赋"，"赋"又有人口税的含义。《史记·商君列传》记载，"民有二男以上不分异者倍其赋"，这里的"赋"也是指按户征收的"户赋"。

从税收负担来看，这一时期的改革基本上都加重了农民的负担。在实行"初税亩"之

---

① 马宗申．西周农业税法考［J］．农业考古，1985（2）：50-60，85.

② "税"字是由"禾""兑"两个字组成。"禾"指农产品，"兑"有送达和交换的意思，因而送交农产品的为税。

③ 《史记卷十五·六国年表》："（秦简公七年）堑洛，城重泉。初租禾。"

④ 《说文·禾部》："租，田赋也。从禾，且声。"

⑤ 《汉书·刑法志》记载："有税有赋，税以足食，赋以足兵。"

前，鲁国施行按井田征收田赋的制度，私田不向国家纳税。随着私田份额的提升，国家财政收入占全部农业产量的比重不断下降。实行"初税亩"后，"履亩而税"，即按田亩征税，不分公田、私田，凡占有土地者均按土地面积纳税，导致农民负担加重。"公田之法，十足其一；今又履其余亩，复十取一。"（《左传》）由于"初税亩"的实行在短期内增加了鲁国的财政收入，也使得当时其他国家纷纷效仿。但是，由于税负的增加，"税亩"的做法也引起了人们的批评："初税亩，非礼也。谷出不过藉，以丰财也。"（《左传》）此处所谓"非礼"，意思是说鲁国开始按田亩征税是不合于"礼"的，也就是为习惯制度所不允许的。魏文侯时，由于租赋比以往增倍，有人向文侯祝贺，而文侯却说："今户口不加，而租入岁倍，此由课多也。譬如彼治冶，令大则薄，令小则厚，治人亦如之。夫贪其赋税不爱人，是虞人反裘而负薪也。徒惜其毛，而不知皮尽而毛无所傅。"（《文献通考·卷一 田赋考一》）

二、中国古代农业税制的发展

从秦汉到唐中叶，是我国农业税制发展演变的重要阶段。

（一）秦汉时期农业税制的发展

秦朝建立了中央集权的封建制国家，其税收制度也相对之前历代更为完善。 春秋战国时代"税亩""税夫"同时并存的农业税制，在秦统一中国以后，被全部保留下来[1]。

从税收种类来看，秦代赋税分为三种：田租、口赋和力役。田租，其含义等同于"田赋"，即是按田亩征收的农业税。口赋是从之前的"户赋"演变而来，从按户征收改为按人口征收，就是人头税。力役，不同于古时"助"法下为耕作公田而提供的劳役，在秦时主要为统治者提供的徭役和兵役，虽然在表面上与农业生产关系不大，但实质上也是税收的一种形式。

秦代的田租仍按古代通行的"什一之税"收取，即按十分之一的原则分成计征。表面上看起来田租的税收负担并不高，但是秦朝对百姓的控制更加严格，实际税负可能更重。始皇三十一年（前216年），秦颁布法令"使黔首自实田"，对百姓实有的土地征收田赋，因此普通百姓的税收负担可能要比以往更重。

秦代的口赋则远比田租要重。"至于始皇，遂并天下，内兴功作，外攘夷狄，收泰半之赋，发闾左之戍。男子力耕不足粮饷，女子纺绩不足衣服。"（《汉书·食货志》）这里所谓"收泰半之赋"，指的就是口赋，史籍称这种税收是"头会箕敛"，即每到征收口赋时，秦政府将居民召集一处，责令各户按人口纳赋，然后用簸箕敛集运走。如果不采取召集开会的形式，就由"吏到其家""以箕敛之"（《汉书·张耳陈余传》）。百姓要将一年收入的"泰半"（也就是三分之二）作为人头税上交国家，可见其负担之重。根据出土的简牍材料，秦代户赋既可上交实物，亦可缴纳货币。作为"户赋"上交之实物，可能由各地物产之不同而有所差异[2]。

总体来看，秦代的税负比前代大大增加，因此有记载："秦田租、口赋、盐铁之利二十倍于古"（《文献通考·卷一 田赋考一》）。然而，这还不是当时农民负担的全部，因

---

[1] 马宗申. 历史时期我国农业税的演进 [J]. 中国农史，1986（1）：37-42.

[2] 朱德贵. 秦汉简牍所见"算赋""口赋"再探讨 [J]. 中国农史，2019，38（2）：46-63.

为秦代的力役更重。由于秦始皇统一之后外击匈奴、内筑长城、建阿房宫、修陵墓等，每年需要征发大量劳役，因此农民的劳役负担大大加重。《汉书·食货志》载：秦用商鞅之法，"月为更卒，已复为正，一岁屯戍，一岁力役，三十倍于古"。

汉代基本继承了秦代的赋税制度，不过吸取了秦朝由于税负过重而最终导致灭亡的教训，在税负方面进行了一些调整。

汉朝建立之初，"接秦之弊"，国家经济和军事状况都非常困难，统治者采取了一系列休养生息的措施来恢复经济和社会稳定。"汉兴，天下既定，高祖约法省禁，轻田租，十五而税一，量吏禄，度官用，以赋于民。"（《文献通考·卷一 田赋考一》）汉文帝十二年（前168年），"诏赐天下民租之半"，也就是把税率从之前的十五分之一降为三十分之一。文帝十三年（前167年），进一步废除了田租。"农，天下之本，务莫大焉。今勤身从事而有租税之赋，是为本末者毋以异，其于劝农之道未备。其除田之租税。"（《史记·孝文本纪》）直至13年之后，即汉景帝二年（前155年），才恢复征收田租①，也依然采用文帝时三十税一的税率。因此，总体来看，汉初的田租较轻，在个别时段甚至免除田租。

汉代的人头税在秦代"口赋"的基础上进一步演化为两部分，对未成年人征收的叫"口钱"，对成年人征收的叫"算赋"。从各种典籍中的记载来看，无论是"口钱"还是"算赋"，均是以货币的形式缴纳。

西汉元帝以前，"口钱"的起征年龄为3岁，但贡禹上书后改为7岁起征②，因此史书关于"口钱"的描述为"民年七岁至十四出口赋钱"（《汉书·卷七》）。口钱最初的税率是每人每年二十钱，武帝又加三钱，以补车骑马。

"算赋"最早出现在汉高祖时期。《汉书·高帝纪》记载，"（高祖四年）八月，初为算赋""民年十五以上至五十六出赋钱，人百二十为一算，为治库并车马"，表明算赋是针对成年人征收的一种赋税，用途主要是购置车马兵器等。在不同时期，算赋的税率有一定的差异，文帝时一算为四十钱，武帝时又恢复到一百二十钱，宣帝时又以九十钱为一算，成帝时以八十钱为一算。

汉代力役主要是三种："更卒""正卒""戍卒"。"更卒"是每年在当地服徭役1个月，"正卒"是在军队服兵役2年。"戍卒"是指每人每年戍边3日的义务。在汉之前，力役不能由缴纳货币替代。到了西汉时期，力役开始有了三种完纳形式：一种是依照规定亲赴边地服役，称为"卒更"；一种是出钱雇人代役，称为"践更"；还有一种是直接以钱代役，称为"过更"。由于地方徭役和戍边义务可以交钱免除，久而久之就成为政府的一种常规收入，被称为"更赋"。

汉代虽然田租较轻，但"赋"较为沉重。据有学者研究，汉代一家五口的典型小自耕农每年缴纳的口赋、算赋和更赋折算成谷物大约为十五斛，是田租的三倍左右③。尽管如此，与秦相比，汉代总体上税负较轻。

（二）魏晋至隋唐时期农业税制的变迁

东汉中后期，豪强地主势力的膨胀成为一个重大的社会问题，当时已有一些人认识到

---

① 此处史学界有不同的理解。有的学者认为汉文帝仅仅是免除了文帝十三年当年的田租，而不是连续十几年不收田租。参见：李恒全. 汉文帝未曾连续十余年不收田租再论 [J]. 中国农史，2012，31（2）：43-51.

② 《汉书·贡禹传》记载："自禹在位，数言得失，书数十上。禹以为古民亡赋算口钱，起武帝征伐四夷，重赋于民，民产子三岁则出口钱，故民重困，至于生子辄杀，甚可悲痛。宜令儿七岁去齿乃出口钱，年二十乃算。"

③ 张学锋. 论曹魏租调制中的田租问题 [J]. 中国经济史研究，1999（4）：35-47.

豪强地主势力膨胀与汉代租赋制度有极大关系，因而提出改革税制的主张。**东汉末年，由于战乱导致人口流散，货币几近废弃，改革西汉以来的赋税制度成为新的历史环境下的必然选择**。建安九年（204年），曹操平定冀州后，针对袁绍统治下的局面，发布了一个与赋税相关的令："有国有家者，不患寡而患不均，不患贫而患不安。袁氏之治也，使豪强擅恣，亲戚兼并；下民贫弱，代出租赋，衒家财，不足应命；审配宗族，至乃藏匿罪人，为逋逃主。欲望百姓亲附，甲兵强盛，岂可得邪！其收田租亩四升①，户出绢二匹、绵二斤而已，他不得擅兴发。郡国守相明检察之，无令强民有所隐藏，而弱民兼赋也。"（《魏志·武帝纪》）这一改革所形成的赋税制度被称为"租调制"，有两个方面值得注意：

一方面，以定额田租代替之前的定率田租。在此之前，有关田租税率的记载都是比例税率，例如：十税一、十五税一、三十税一等。改革后的亩收田租四升①跟两汉常用的三十税一相比，负担是减轻还是加重了？根据《汉书·食货志》记载，西汉时1亩收益大约为1石，汉末若达到1石2斗，则三十税一恰好是4升。由此可见，田租与之前相比没有太大改变。由于田租租额较低，而且租额固定，对于小自耕农来说可以实现增产不增租，因而有利于调动小农的耕作积极性。

另一方面，以按户缴纳实物的户税代替汉初以来按人口缴纳货币的口钱和算赋，实际上就是变人头税为户税，被称为"户调"。虽然秦统一六国之前也曾实施"户赋"，但是为了多征税又规定"民有二男以上不分异者倍其赋"，而曹操的令并无关于家庭人口数量的限制。至于"户出绢二匹、绵二斤"与之前的口钱、算赋相比，负担是变轻还是变重，则不易确定，因为绢、绵的价格并不固定，而且因品质不同而有较大差异。不过，由于户调是按户增收且跟家庭人口无关，因此可以实现"增人不增调"，有利于小农家庭人口的增加，解决长期战乱导致的人口流失问题。

西晋初年继续实行户调制，在太康元年（280年）颁布户调式："又制户调之式：丁男之户，岁输绢三匹，绵三斤，女及次丁男为户者半输。其诸边郡或三分之二，远者三分之一。……男子一人占田七十亩，女子三十亩。其外丁男课田五十亩，丁女二十亩，次丁男半之，女则不课。男女年十六已上至六十为正丁，十五已下至十三、六十一已上至六十五为次丁，十二已下六十六已上为老小，不事。"（《晋书·食货志》）这一段记载中没有提到田租的规定，有学者认为，这是因为户调的负担已经非常重了，因此无须再征收田租。也有学者认为上述说法难以成立，因为政府收取田租主要是为了满足粮食需求，如果不征收田租就需要把收取的绢、绵换成货币再去购买粮食，不仅麻烦，而且增加财政负担，从逻辑上看政府没有必要给自己添麻烦。况且，《晋书》有多处记载中都提到"田租"或者"免租"，可见当时是有田租的，只是具体田租额如何规定的缺乏明确的记载。

从税收负担来看，此处提到的户调为"绢三匹，绵三斤"，与之前曹魏相比高了百分之五十。然而，对于西晋户调制下农民税收负担的理解不能单看上面的数字，还要结合当时的占田、课田制度。由于西晋对于官僚贵族与平民占田的规定差距悬殊，而贵族豪族不仅能多占田，而且能凭借各种手段逃匿课税，因此实际上压在农民肩头上的税收负担远比字面上的要重。

南北朝是中国古代一个分裂的时期，南朝承自东晋的汉族政权，而北朝则承自十六

---

① 也有学者质疑曹操令中关于田租的规定，认为"收田租亩四升"乃"收田租亩四斗"之误。详细的分析参见：张学锋. 论曹魏租调制中的田租问题［J］. 中国经济史研究，1999（4）：35-47.

国。南朝宋、齐、梁、陈都承继东晋之制，但史书中关于南朝的租税制度记载并不详细。一些零星的记载反映当时租调并称，或者有所谓的"三调"之说。至于"三调"具体为何物，史籍记载不详。《隋书·食货志》所述"三调"为绢布、丝绵与租米，这与前朝基本无差别。而根据《南齐书·高帝纪下》所述，则"三调"似乎又为调粟、调帛及杂役①。

北朝魏建国之初，租税制度较为混乱，大体上也承袭了晋以来的租调制，但是租调二者似乎又混在一起，按户征收。由于租调税率重，于是产生小户依附大户的问题。魏孝文帝太和年间改制，太和九年（485 年）推行均田制："诸男夫十五以上，受露田四十亩（不栽树者，谓之露田），妇人二十亩，奴婢依良；丁牛一头受田三十亩，限止四牛。"（《文献通考·田赋考二》）太和十年（486 年）立三长制定赋税："初立党、里、邻三长，定民户籍"（《魏书·高祖纪下》），"其民调：一夫一妇帛一匹，粟二石"（《魏书·食货志》）。**这些措施意在解决当时户籍混乱、大户兼并小户，民众负担过重的问题。但实际实施中并未触及世族豪强的根本利益，因此仍然是底层农民承担了大部分税收负担。**

隋朝沿用北魏以来的均田制，"自诸王以下，至于都督，皆给永业田，各有差。多者至一百顷，少者至四十顷。其丁男、中男永业露田，皆遵后齐之制"（《隋书·食货志》）。在租调税率方面，隋代比北魏以来各朝有所下降。隋文帝开皇三年（583 年），减调绢一匹为两丈。同时，隋代在力役征收方面与前朝也有所不同。本来自魏晋以来由于长期战乱，劳动力极其匮乏，政府征发劳役均要求服现役。汉代曾经实行的更赋，即以钱物代役的做法在很长一段时期都不再继续实行了。到了隋朝开皇十年（590 年），由于南北已经统一平定，隋文帝下诏"百姓年五十者，输庸停防"。这里提出了以"庸"代替服现役的做法，具有重要的意义。虽然规定了年满五十者才能享受这个政策，而且此时的"庸"到底为何物、税率多少都没有明确记载，但毕竟开启了魏晋以来用钱货代替现役的新阶段，此后"庸"作为赋税的一个重要组成部分被传承。

唐初沿袭了之前的均田制，在赋税制度上也沿袭隋制，除了之前的租调之外，也继续沿用隋的"庸"，而且"庸"的实施没有年龄限制，具体的规定也更加明确，由此形成了独具唐代特色的"租庸调制"。"每丁岁入租粟二石。调则随乡土所产，绫、绢、絁各二丈，布加五分之一。输绫、绢、絁者，兼调绵三两；输布者，麻三斤。凡丁，岁役二旬。若不役，则收其庸，每日三尺。有事而加役者，旬有五日，免其调，三旬则租调俱免。通正役，并不过五十日。"（《旧唐书·食货志》）

唐朝的租庸调制与汉代租赋制度（田租+口算赋+更赋）在形态上非常相似，但实质上却有很大差异。最主要的是租庸调制以人丁为计税依据，"租""庸""调"均出自"课丁"，即从国家受田的农户，因此租庸调制的有效实施与均田制密切相关，而汉代租赋制度并不基于均田制。

唐代前期税赋除了出于"课丁"的租庸调之外，还有两种税收——"地税"和"户税"，这两种税目虽然在唐初并不引人注目，但是在后来的两税法改革中却成为重要的基础。

---

① 李剑农. 中国古代经济史稿（魏晋南北朝隋唐部分）[M]. 武汉：武汉大学出版社，2011.

三、古代农业税制的改革与成熟

（一）唐代后期的两税法改革

唐中叶以后，由于土地兼并加剧，均田制逐渐被破坏，国家掌握的编户大量流入私门。唐天宝末发生的"安史之乱"又使得北方民户流失，土地荒废。这些情况导致以"课丁"为本的租庸调的税收显著减少。据《通典》记载，唐肃宗乾元三年（760 年）的租庸调收入不到天宝末年的三分之一。在这种情势下，要满足政府支出所需，就必须增加其他税目的征收，或者开辟新税目。唐代宗时期，地税税源增多，税率升高，逐渐成为唐代后期重要的税收来源①。户税税收在安史之乱后也有所增长。与此同时，还有青苗税等各种杂税，层出不穷，人民负担日益繁重。在这种背景下，改革税制的呼声高涨。唐德宗即位之初，杨炎上奏陈述旧税制的弊端，并建议以两税法代替原有的税制：

> 则租庸之法，弊久矣。迨至德之后，天下兵起，始以兵役，因之饥疠，征求运输，百役并作，人户凋耗，版图空虚。……正赋所入无几。吏之职名，随人署置，俸给厚薄，由其增损。故科敛之名凡数百，废者不削，重者不去。新旧仍积，不知其涯。百姓受命而供之，旬输月送，无有休息。吏因其苛，蚕食于人。凡富人多丁，率为官为僧，以色役免。贫人无所入，则丁存。故课免于上，而赋增于下。是以天下残瘁，荡为浮人。乡居地著者，百不四五。如是者迨三十年，凡百役之费，一钱之敛，先度其数，而赋于人，量出以制入。户无土客，以见居为簿。人无丁中，以贫富为差。不居处而行商者，在所州县税三十之一。度所取与居者均，使无侥幸。居人之税，秋夏两征之，俗有不便者，正之。其租庸杂徭悉省，而丁额不废，申报出入如旧式。其田亩之税，率以大历十四年垦田之数为准，而均征之。夏税无过六月，秋税无过十一月。逾岁之后，有户增而税减轻，及人散而失均者，进退长吏，而以度支总统之。（《唐会要·卷八十三》）

建中元年（780 年）正月初一，德宗正式下诏，实行"两税法"。两税法取代租庸调制，被认为是中国古代赋税制度的一次重大变革。关于两税法的特点，以下几个方面值得关注：

第一，两税法以原有的地税和户税为基础，其征收对象包括"户"和"地"两类。 户税按资产分等第②，可以看作是一种资产税。同时按田亩征收地税。因此，两税可以看作是一种资产税与土地税的混合。

第二，两税的实施本着"户无土客，以见居为簿。人无丁中，以贫富为差"的原则， 课税对象比租庸调的对象大大增加。同时，两税法取消了之前的各种杂税，简化了征收时期。之前是"旬输月送，无有休息"，两税法是两期征收，"夏税无过六月，秋税无过十一月"。这些都有利于减轻人民的负担。

第三，从税收缴纳方式来看，两税法的地税是缴纳谷粟，户税以钱数为标准，但在实

① 游翔．试论唐代地税的渊源及其演变［J］．中国农史，1993（1）：1-10.
② 《旧唐书·食货志上》记载：大历四年正月十八日，敕有司：定天下百姓及王公已下每年税钱，分为九等：上上户四千文，上中户三千五百文，上下户三千文。中上户二千五百文，中中户二千文，中下户一千五百文。下上户一千文，下中户七百文，下下户五百文。其见官，一品准上上户，九品准下下户，余品并准依此户等税。

际中仍然要折算成绢绵。

第四，从税率来看，两税法并没有明确规定一个税率。但是，根据杨炎的建议"其田亩之税，率以大历十四年垦田之数为准，而均征之"，可以看出对两税收入总额有一个限定，但具体如何执行，要根据各道各州的情况进行分摊。因此，在两税法下，各州的税率不尽相同。

（二）宋元时期税制的演变

唐代后期实行两税法之后，历经五代宋元至明代前期，都沿用两税，因此，有学者认为在中国赋税史上，这一段时期可以称为两税时代①。然而，不同时代两税的内容大相径庭。

宋代沿袭唐末五代以来的做法，两税法跟建中时期相比已经发生了较大改变。一方面，唐代建中两税是按户之资产等第征税钱，按户之田亩数量征谷粟，而到了宋代，则不分"钱"与"谷粟"，均以田亩为标准。另一方面，唐代建中两税在夏秋两季征收的内容相同，而宋代夏秋两季分别征收钱和米，分别称为"夏税"和"秋苗"。由此可见，宋代两税与唐代两税有本质的区别。学者为了区分，把宋代的两税称为"二税"②。此外，宋代在两税之外又恢复征役。本来租庸调制的"庸税"已经包含了力役，两税法改革后把租庸调并入，表明两税中也包含了"庸"。宋代恢复征役，实际上增加了人民的负担，因此从税收负担来看，宋代"二税"比唐代"两税"加重了很多。宋代征役还有一个特别之处，既不同于之前朝代的兵役，也不同于普通力役，而是一种所谓"职役"③，也就是免费替官府当差。宋代主要的职役包括衙前、里正、户长、耆长、壮丁等，负责主管官物、督课赋税、逐捕盗贼等职责。这些职役的承担者不仅免费给官府当差，而且常常要倾其私有家财以满足官府的需要，因此往往按户分等轮流承担。

元朝时期，税赋制度比较混乱。在元太祖成吉思汗时期，还是游牧部落，还没有建立税收制度。元太宗窝阔台即位之后，接受耶律楚材的建议建立税制，对汉人、西域人和蒙古人分别以户、丁、牲畜为对象征收赋调。在蒙古灭金后，又逐步形成了地、户、丁三种课税对象并立的制度。元宪宗时期，又增添了"包银"和"俸钞"两种新税目。在元世祖忽必烈统治前期，中原地区人民的赋税即为上述五种类型。从缴纳方式来看，地、丁均缴纳米粟，在《元史·食货志》中并列为税粮篇；户税缴纳丝料，包银、俸钞缴纳钱币，这三者并列为科差篇。"税粮"和"科差"逐渐成为元朝中原地区的两大税目。元灭南宋之后，江南地区并没有推行上述施行于中原地区的税制，而是沿用宋代的两税制。

（三）明朝税制的完善与改革

明代之初将税赋分为"赋""役"两种：赋是对田土征收的，称为"田赋"；"役"是对丁口征收的，16～60岁的为"成丁"，应当服役。明代赋役制度的一大特色是其编制了"黄册"和"鱼鳞图册"作为赋役征收的工具。"黄册"类似于户口簿，以户为单位，记录一户之内的丁口、田土等信息，这些都是征收赋役的依据，因此黄册又称为"赋役黄册"。"鱼鳞图册"则是以土地为单位，记录土地形状、步亩、方位、主名等信息，用来

① 李剑农. 中国古代经济史稿（宋元明部分）［M］. 武汉：武汉大学出版社，2011.

② 刘道元. 两宋田赋制度［M］. 太原：山西人民出版社，2014.

③ 同①。

作为解决土地纠纷的依据。

明代田赋沿用唐宋以来夏、秋两次按亩征收的惯例，因此也被认为属于两税之法。但根据之前的讨论，明代的两税与先前朝代的两税已经大相径庭。明代田赋与以往不同之处主要有以下三方面：第一，由于夏季产出为麦，秋季产出为米，因此明代夏税征收物以麦为主，秋税征收物以米为主，这与唐宋的两税征收之物均不相同。第二，明代的田赋对于官田和民田有不同的税率，而且对于不同地区，田租额也有很大差异。例如，根据《明史·食货志》记载，在明初，明太祖所定田赋为官田亩税 5 升 3 合，民田减 2 升。第三，实行民收民解制，以粮长代替吏胥收解田赋，每万石粮设正副粮长各一人，"里甲催征，粮户上纳，粮长收解，州县监收"①。

明代的"役"分为三种：里甲、均徭和杂泛。里甲本是为方便控制农村基层而设计的一种组织，在明代以相邻一百一十户为 1 里，推选丁粮最多的十户为里长，其余百户分为十甲，每十户为一甲，有甲首一人。里长甲首在 10 年内轮役一次，主要的职责就是催征税粮、传达官府命令等。均徭也以里甲为基础，根据各户丁粮和其他资产的厚薄将里甲中各户分为不同等级，上等户安排重役，下等户安排轻役。杂泛则没有确定的名目，各种临时安排都可以归为此类。总的来看，明代的"役"虽然是以丁为对象征收，但派役多少则是根据所在户的丁粮资产的多寡而定，而丁粮多寡则主要取决于田地的数量，因此"役"在很大程度上仍然可以看作是土地税。

明初的这一套赋役制度比之前历代税制更为完善，下层人民的税收负担也较轻。然而，经过一段时间运行之后，这套赋役制度逐渐产生混乱。一方面，黄册和鱼鳞图册需要定期更新才能反映丁口和田亩的变化，但是由于这两者跟赋役负担直接相关，因此在更新过程中便有人串通编制人员篡改图册中的信息，久而久之使得图册内容完全不能反映实际情况，赋役征收的基本工具遭到破坏。另一方面，赋役的实际执行也日趋偏离制度初衷。田赋有官田和民田的区分，官田税率重而民田税率轻，同时又以粮长负责收解；役以里甲为基础，以丁粮资产为负担的依据，这些本来是为了减轻下层人民的负担而设计的。然而，实际情况的复杂性导致制度执行的随意性很大，各种名目层出不穷，有权有势的豪富往往勾结里甲、贿赂官府以避税，无权无势的贫弱小户则承担沉重的税收负担。

明代中后期，面对赋役制度的混乱，开始进行一系列化繁为简的改革。嘉靖年间部分地区开始试行"一条鞭法"，至万历九年（1581 年），在全国推行"一条鞭法"改革。"一条鞭法者，总括一州县之赋役，量地计丁，丁粮毕输于官。一岁之役，官为金募。力差，则计其工食之费，量为增减；银差，则计其交纳之费，加以增耗。凡额办、派办、京库岁需与存留、供亿诸费，以及土贡方物，悉并为一条，皆计亩征银，折办于官，故谓之一条鞭。立法颇为简便。嘉靖间，数行数止，至万历九年乃尽行之。"（《明史·食货志》）

"一条鞭法"改革被认为是"两税法"之后中国古代赋税制度的又一次重大改革。关于"一条鞭法"，有以下几个方面值得关注：

第一，"一条鞭法"的基本做法是合并赋役，将田赋和各种名目的丁役合并一起征收，把丁役负担摊入田亩，在实质上是由人丁税向土地税转变。

第二，"一条鞭法"赋役除征收政府需要的米麦以外的，一律折收银两，实现了实物税向货币税的转变。

---

① 李剑农. 中国古代经济史稿（宋元明部分）[M]. 武汉：武汉大学出版社，2011.

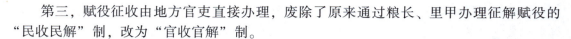

第三，赋役征收由地方官吏直接办理，废除了原来通过粮长、里甲办理征解赋役的"民收民解"制，改为"官收官解"制。

（四）清代的赋役制度及改革

清初的赋役征收跟明朝初期类似，分为土地税和丁税两种。土地税即田赋，是对私人拥有耕地所课的税。丁税则来源于役，是"丁"为了免除劳役而向政府缴纳的免役税。在赋税制度上，从顺治三年（1646年）开始编撰《赋役全书》，其中记载了各省征收的地丁税额、耕地数、可以充当徭役的人数等信息，作为征收赋役的基本依据。此外，还编制了"丈量册"和"黄册"（与明朝的鱼鳞图册和黄册类似）作为赋役征收的参考资料。

清初在许多地方都沿袭了明代"一条鞭法"的做法，将土地税和丁税的征收合并执行，但是在法律上这两者仍然是独立的两大税源。康熙五十一年（1712年），皇帝发布上谕："今海宇承平已久，户口日繁。若按见（现）在人丁加征钱粮，实有不可。人丁虽增，地亩并未加广，应令直省督、抚，将见（现）今钱粮册内有名丁数，勿增勿减，永为定额。其自后所生人丁，不必征收钱粮。"（《清朝文献通考》）这道上谕为将土地税和人丁税合并提供了依据。康熙五十五年（1716年），清廷批准广东省按照0.064两到1两的税率，把丁税摊入土地税中征收[①]。雍正元年（1723年）在直隶和其他各省陆续推行"摊丁入亩"，至乾隆皇帝即位之初，"摊丁入亩"已经基本上在全国通行。

"摊丁入亩"进一步强化了"因地而税"的原则，被认为是中国古代税赋制度最后一次重要的改革。

四、近代农业税制的发展

（一）晚清时期的农业税赋

晚清时期，内外交困的政治局面使得原有的财政管理体系和制度无法运转，清政府因此对包括田赋在内的财政体制进行了一些改革。1851年太平天国及其他农民运动爆发以后，晚清赋税结构发生了根本性的变化，主要表现在以下几个方面：

一是晚清税收主体由农业税转向工商税。由于太平天国运动的影响迅速蔓延到全国各地，传统税收项目，如地丁、盐课、关税等，纷纷报解短收或无收，清政府被迫允许各省自辟财源，以应急需。战乱平息后，国家形势仍未安定，已增加的各项开支难以裁减，新辟的财源，如厘金、海关税等不能停征，并且随着国内外形势的不断变化，新的税目日见增多，旧的税目日见扩展，数十年间不仅使税收数量迅速增长，而且使税收结构也发生了根本性变化，即由农业税为主体逐渐转变到以工商税为主体。咸丰以前，清政府税收来源主要是田赋、盐课、关税三项。其中来自农业的田赋收入所占比重为70%～80%，而来自工商的盐、关两税仅占30%～20%。咸丰以后，特别到了光绪年间，田赋收入比重大为下降，即由1849年的77%逐渐下降到1911年的27%，这表明在晚清税收结构中，以田赋为代表的农业税已不占主要地位[②]。

二是实物税征收逐渐减少，货币税征收逐渐增多，这突出地表现在漕粮改折方面。甲午战后，由于国内商品经济的迅速发展，实物赋税的落后性日益暴露，漕粮改折银两的条

①　萧公权.中国乡村——19世纪的帝国控制［M］.北京：九州出版社，2017.

②　邓绍辉.晚清赋税结构的演变［J］.四川师范大学学报（社会科学版），1997（4）：105-113.

件逐渐成熟。1896年湖广总督张之洞多次上奏，力主将漕粮全部改折银两。20世纪初，随着财政危机进一步加剧，清政府不得不指望通过"折南漕以节经费"。1901年上谕指出："漕政日久弊生，层层剥削，上耗国帑，下朘民生。当此时势艰难，财用匮乏，亟宜力除靡费，逐加整顿。著自本年为始，直省河运、海运，一律改征折色。责成各督抚等认真清厘，节省局费等项，悉数提存，听候户部拨用。并查明各州县向来征收浮费，责令和盘托出，悉数归公，以期汇成巨款。"次年又宣布废除漕运，裁撤各卫所领运官弁及运河道厅汛闸各官，1905年又裁去漕运总督一职。至此，作为有清一代主要实物赋税形式——漕粮征解制度终于退出历史舞台。

（二）民国时期的农业赋税

民国政府成立之初，确定田赋应为国家的主要税收，田赋税率大都沿用清制。北洋时期田赋包括地丁、漕粮、租课、杂税，以地丁和漕粮为主，又将清朝税目做了归并，税目大减，并限定准收相当于正税10%的征收费，且于1917年取消清之遇闰年加征的规定。但是，因长期军阀混战，使得田赋越来越重。袁世凯政权倒台后，由于军阀混战，中央权力日渐衰微，财权旁落，无法掌控地方收支情况，地方纷纷借故截留税收，财政状况异常混乱，军费的激增也使得政府加紧了对人民的压榨，民众不堪重负，田赋尤其苛重，不但田赋附加税增长了，正税也增加了。如河北省定县（今定州市）的附加税1927年比1912年增加了353.25%，同期的正税也增加了63.42%。这一时期还出现了田赋预征的现象。如湖南郴县（今郴州市）的田赋在1924年已经预征到1930年，更离谱的是，四川省梓潼县的田赋在1926年就已经预征到1957年，足足预征了30多年[1]。

总体来看，这一时期农业税税制比较混乱，虽然财政收入的主要来源还是以田赋为主的农业税，但农业税在整个税收体系的地位呈下降趋势，如1916年的田赋总额约占财政收入的49%，比起清代乾隆时田赋约占财政收入的80%，农业税在税收体系中的比重有明显下降趋势[2]。

1928年，南京国民政府召开财政会议决定，将田赋收入划归地方，各省依土地贫瘠划定税率，按亩征收，税目包括地丁、漕粮、租课等，分夏秋两次征收。并重申孙中山《建国大纲》中关于"田赋正税附捐之总额不得超过现时地价百分之一"的规定。但实际上，田赋附加划地方之后各种附加、摊派就失控，致税额增加至几倍几十倍不等，不少地区的田赋早已超过地价的1%。1941年，大片国土沦陷，致税收体系紊乱，田赋遂改中央税。抗日战争及解放战争时期，战乱导致全国经济发展缓慢，税制混乱。

第二节　中国农民负担的其他来源

中国古代农民的负担，除了来自政府的法定征收之外，还有许多其他来源。这些来源的负担有时候从名称上看似乎是零散的、无足轻重的，然而实际负担往往超过甚至数倍于法定税收，成为人民身上的沉重负担。因此，对中国农民负担的考察不能忽略这些来源。

① 戴丽华．近代中国农业税的演变及其原因分析［J］．农业考古，2013（4）：73-75.
② 唐蒙．论农业税的演变历史与社会经济的关系［J］．思想战线，2010，36（S1）：102-106.

一、附加杂税

中国古代的土地税和人头税占据了政府正规收入的大部分，因而被认为是"正税"。除了主流的正税之外，许多时期还存在各种被称为"杂派"的附加税、杂税、摊派等。**附加杂税自古就有，尤其是唐以后层出不穷，且不断增高。**"自唐以来，民计田输赋外，增取他物，复折为赋，所谓'杂变之赋'也，亦谓之'沿纳'。而名品烦细，其类不一。官司岁附账籍，并缘侵扰，民以为患。明道中，因诏三司，'沿纳'物以类并合。于是三司请悉除诸名品，并为一物，夏秋岁入，第分粗细二色，百姓便之。"（《文献通考·田赋考》）

附加税有多种名目，其中看似合理的一种名目是"加耗"，即在法定征收额度的基础上加收一定比例的损耗。说"加耗"合理，是因为从税收征收的实际过程来看，如果没有加收一定的损耗，则地方上缴朝廷的实际税额必定达不到预计的数量。比如，从农民手中收取的粮食在运输、储存、晾晒过程中不可避免被鸟雀、老鼠偷食一部分，俗称"雀鼠耗"，这是造成最终送达朝廷的粮食减损的重要原因。地方官要想足额上缴朝廷税额，就必然要在向农民征收时就把这个损耗考虑进去。当这种加耗在朝廷的认可或者默许下成为实际征收中的一种惯例时，可能就会被正式化，成为一种法定的附加税，也叫"官定正耗"。前面所讲的"雀鼠耗"，在五代时期也确实成为一种官定的附加税。

然而，**在实际中，这些名目的损耗也可能成为一种随意编造的理由来解释工作中的失误，或者来掩盖有意的贪墨行为。**《梁书·张率传》记载了一段有关"雀鼠耗"的故事："在新安，遣家僮载米三千石还吴宅，既至，遂耗太半。率问其故，答曰：'雀鼠耗也。'率笑而言曰：'壮哉雀鼠！'"仆人尚且敢于用这个理由搪塞主人，何况统治者对于老百姓？因此，这种加耗的比率在现实中可能逐渐偏离合理的损耗率，从而丧失了合理性，使得加耗变成一种畸形的附加税，成为人民的沉重负担。据《新五代史》记载："是时，汉方新造，承契丹之后，京师空乏，而关西三叛作，周太祖用兵西方，章供馈军旅，未尝乏绝。然征利剥下，民甚苦之。往时民租一石输二升为'雀鼠耗'，章乃增一石输二斗为'省耗'。"（《新五代史·汉臣传第十八》）由这段记载可见，"雀鼠耗"的税率随意性很大。从2升增长到2斗，增长了9倍，这对于正税来说是不可能的，但是对于附加税则是常见的。随意提高征收额度已经令老百姓苦不堪言，但更为离谱的是有些时候连丝、棉、绸、线、麻、皮等雀鼠根本不吃的东西，也要加收"雀鼠耗"。这时候，原本还算合理的加耗，已经沦为一种增加人民负担的由头。

五代至宋代常见的附加杂税主要有：农器税、牛革筋角税、义仓税、进际税、蚕盐税、曲引税、纳醋息钱、头子钱等[1]。

明清时期最重要的附加税就是所谓"耗羡"，包括"火耗"（税银熔铸的折耗）和"羡余"（谷物的折损）。"火耗"是指碎银熔化重铸为银锭时的折耗。在明代推行"一条鞭法"改革后，百姓纳税都要缴纳白银，但老百姓交给地方官吏的往往是散碎的银两，不能直接押解到朝廷，需要先经火熔铸成标准的银锭。这样，银锭重铸过程中的"火耗"就成为一种附加税。但是，朝廷对于火耗银的征收比例并没有一个明确的规定，这就给地方官的贪腐提供了便利。征税时加征的"火耗"大于实际损耗，差额就成为官员的个人收

---

① 李剑农. 中国古代经济史稿（宋元明部分）[M]. 武汉：武汉大学出版社，2011.

入，这也导致地方官有动力去提高"火耗"的比例。据估计，火耗的比例不会超过总价值的百分之一二，但在实际征收过程中，比例达到两成或者三成的比比皆是。清代一般州县的火耗，每两达二三钱，甚至四五钱。偏僻的州县赋税少，火耗数倍于正赋。虽然顺治、康熙年间也发过禁令，但并不起作用，以后也就默认了。

二、地租

地租是在土地租佃关系中，地主凭借对土地的所有权向佃农收取的那部分收入，这在古时被称为私租。秦汉之前土地租佃关系没有发展起来，因此也没有私租一说。汉武帝之后，租佃关系有了一定程度的发展，才开始有私租。为了跟国家的土地税"田租"相区别，把私租称为"地租"。**虽然地租不是国家对农民的征收，但在农民负担的构成中往往比国家的征收占比更大。因此，即使国家的田租税率减低，农民的负担也未必减轻，甚至还可能加重。**例如，王莽实行王田制改革时，说汉时的私租是"厥名三十，实十税五"，加上三十税一的官租，农民负担则为三十分之十六[①]。

从地租形式来看，有劳役地租、实物地租和货币地租三种形式，其中实物地租一直是地租的主要形式。劳役地租在很早就被实物地租取代，但残余一直保留到民国年间。货币地租是实物地租的转化形式，不过一直是一种补充形式。据国民党政府中央农业实验所对22省879县调查，1934年实物地租占78.8%，货币地租只占21.2%[②]。

从地租的合约安排来看，有定额制和分成制两种形式。根据现代经济学的理论，在无风险的情况下，定额地租的经济效率优于分成租，而在存在风险的情况下，两种地租在经济上的效率是一样的。实际上，近代以前只有少量田地实行定额地租，大部分实行分成租。《汉书·食货志》记载，"或耕豪民之田，见税什五"，豪民就是大地主，这句话意思是租种土地的佃农要把农田产量的一半交给田主，表明当时的地租是分成制的。宋代的土地租佃关系十分发达，除了民田之外，还有官田出租。根据有关史料，官田的地租形式是实物定额和实物分成租并行，民田则以实物分成租为主[③]。明代200多年间，民田的实物分成租与实物定额租制两者并行，改变了过去宋元时代分成租占统治地位的状况。清代前期，分成租制仍然占一定比重，但分成租制开始向实物定额租制过渡。康熙以后，伴随农业生产发展，定额租制所占比重迅速增长，逐渐在全国占据统治地位[④]。从晚清至民国初期，定额租与分成租存在较为明显的地域差别，江苏、浙江、福建各地广泛实行定额的纳谷租制，即佃农每年向地主缴纳一定数量的租谷，而北方的大部分地区如山西、陕西、河南等地分成租制比纳谷租制定额地租更为普遍[⑤]。到民国中期，分成租所占比重进一步降低。据国民党政府中央农业实验所编的农情报告，1934年分成租约占全部租佃关系的比例仅为28.1%[⑥]。

从地租的租率来看，分成租制下主佃对半均分，即上面所提到的"见税什五"最为普遍，但也有四六分成、三七分成，甚至比率更悬殊的。具体的分成比率，往往与主佃双方

① 吕思勉. 中国通史［M］. 北京：群言出版社，2016.
② 陈廷煊. 近代中国地主土地所有制下的租佃关系［J］. 中国经济史研究，1991（4）：42-55.
③ 张锦鹏. 宋朝租佃经济效率研究［J］. 中国经济史研究，2006（1）：72-78.
④ 李文治. 明清时代的地租［J］. 历史研究，1986（1）：118-137.
⑤ 李三谋，李震. 民国前中期土地租佃关系的变化［J］. 农业考古，2000（1）：149-154.
⑥ 陈廷煊. 近代中国地主土地所有制下的租佃关系［J］. 中国经济史研究，1991（4）：42-55.

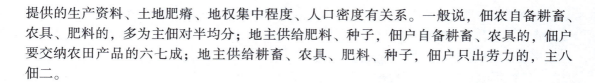

提供的生产资料、土地肥瘠、地权集中程度、人口密度有关系。一般说，佃农自备耕畜、农具、肥料的，多为主佃对半均分；地主供给肥料、种子，佃户自备耕畜、农具的，佃户要交纳农田产品的六七成；地主供给耕畜、农具、肥料、种子，佃户只出劳力的，主八佃二。

第三节　中国农业税制和农民负担的变化规律

一、中国农业税制演变的规律

（一）征税对象演变的规律

中国古代农业税制的演变是一个复杂而丰富的历史过程，涵盖了多个朝代的变革和政策调整。其中，**从人口税向土地税的转变，即"因人而税"向"因地而税"的转变，是中国农业经济史上的重要发展，**不仅影响了农民生活，也在一定程度上塑造了社会结构和国家财政。

在古代中国，早期的农业税收往往以人口为基础征收。这种人口税制最早可以追溯到周朝，以田赋和户赋为主。人口税制的形成有其合理性，因为土地的产出与耕种人数有关。然而，随着时间的推移，人口税制逐渐暴露出一些问题。

首先，人口税容易造成人口数据失实和逃避征收，导致国家财政损失。其次，人口税不利于农业生产的提高，因为农民的努力与生产并不直接相关。此外，人口税制可能加重贫苦农民的负担，导致社会不稳定。

在秦汉时期，中国农业税收制度发生了重要转变，从以人口为基础的税收向以土地为基础的税收转变。秦始皇实行的均田制在一定程度上奠定了土地税制的基础。土地税制的核心是赋税和田租，即根据土地面积和产出征收税收。这种税制的转变反映了农业生产在国家税收体系中的重要性，也有利于激发农民的生产积极性。

土地税制的确立不仅对农民生活和农业生产产生了影响，还在一定程度上塑造了社会结构和政治格局。首先，土地税制促进了农业生产的发展。与人口税相比，土地税更加公平，鼓励农民加大土地开垦和种植，提高了农业生产的效率。其次，土地税制改变了社会结构。赋税制度导致了土地集中归国家所有，一部分农民成为土地的耕种者，而另一部分则成为佃农，这加剧了社会的分化，也为农村地主阶级的形成创造了条件。再次，土地税制的实施与政治权力紧密相连。国家对土地征收赋税的权力加强，进一步巩固了中央政府的权威。

然而，土地税制也存在局限，尤其在后来的封建社会中。土地税制对农民负担的压力逐渐增加，导致土地兼并和农村贫困现象加剧。此外，土地税制的实施与官员的腐败、赋税不均等问题相结合，也引发了一系列社会不满和动荡。

到了唐代后期，地主阶级逐渐掌握了土地和赋税制度，加大了对农民的压榨，导致社会矛盾加剧。随着时间的推移，农村动荡和社会不稳定的因素逐渐增加，推动了赋税制度的变革。

从人口税向土地税的转变是中国古代农业税制发展的一个重要节点。这一过程在一定

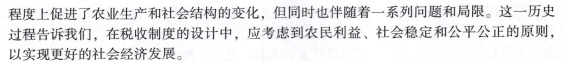

程度上促进了农业生产和社会结构的变化，但同时也伴随着一系列问题和局限。这一历史过程告诉我们，在税收制度的设计中，应考虑到农民利益、社会稳定和公平公正的原则，以实现更好的社会经济发展。

（二）征收形式的演变规律

中国古代农业税收方式也经历了从实物缴纳到货币化征收的演变过程，其中也反映了社会经济发展和政治变革的历史进程。这一变化不仅影响了农村社会的经济关系，还对政府财政、市场交易和社会结构产生了深远影响。

在古代中国，早期的农业税收主要是以实物形式征收，例如农产品、丝绸、木材等。这种实物缴纳制度在一定程度上反映了当时农村经济自给自足的特点，也与封建社会的等级制度相联系。然而，实物缴纳制度也存在一些问题。首先，实物缴纳导致了农民生产的不稳定，因为他们需要将一部分农产品交纳给政府，可能影响其自身的生活需要。其次，实物征收难以进行财政收支的核算，容易导致浪费和滥收。此外，实物缴纳限制了市场交易的发展，限制了农产品的流通和多样化。

货币化征收的转变在一定程度上受到社会经济变革和政治制度的影响。随着社会的不断发展，市场交易逐渐兴起，货币开始在经济交易中发挥重要作用。这促使政府逐渐认识到，以货币形式征收税收可以更好地适应经济的发展和市场交易的需要。此外，政治上的变革也促进了税收方式的调整。隋唐时期的国家改革和赋役法的调整，为货币化征收的实施创造了条件。政府需要更高效、透明的财政体系来支持其日益复杂的经济和军事需求。

随着货币经济的逐渐发展，开始实行以货币形式征收的税制。这种税制的核心是赋税，即根据土地面积和产出征收一定比例的货币税款。货币化征收制度的实施在一定程度上促进了社会经济的发展和政府财政的稳定。货币作为中介，方便了税收的核算和管理，减少了资源的浪费和滥收。此外，货币的使用也有利于市场交易的发展，推动了农村经济的市场化进程。

然而，货币化征收制度也存在一些问题。首先，对农民而言，货币税收可能增加了他们的经济负担，尤其是在收入不稳定的情况下。其次，税收的货币化可能加剧了贫富差距，导致地主和富人更容易应对税收的支付，而贫苦农民则可能难以承担。

从实物缴纳到货币化征收的转变，是中国古代农业税制的一项重要演变。这一过程在一定程度上反映了经济发展和政治变革的需要，为社会经济的进步提供了支持。然而，货币化征收制度也带来了一些问题，需要政府在制定税收政策时平衡经济增长与社会公平的关系，确保税收的合理性和稳定性。

（三）税收制度的固化与随意性的并存

中国古代农业税还存在税收制度的固化与征税的随意性并存的问题，这是一个复杂且长期存在的问题，深刻地影响了农村社会的经济秩序、政治稳定和社会公平。这一问题在中国历史上多个朝代中都有体现，涉及税收政策的制定、执行和变革，及其对农民和社会的影响。

中国古代的农业税收制度往往呈现出一定的固化特点，即税制的设定和征收较为僵化，缺乏灵活性和变通性。一些朝代将税收制度固定下来，无论经济情况如何变化，税率和征收方式都得以保持。这种固化往往使农民负担沉重，难以适应外部环境的变化。例如，明清时期的田赋制度在一定程度上固定了农业税率，导致在农业收成减少或灾害发生时，农民依然需要支付高额的税款，进一步加重了他们的负担，可能导致农村社会的动荡和不稳定。

征税的随意性与权力滥用主要体现在统治阶级和各级官僚对国家税收制度的制定与执行上。一个主要的表现就是税收征收存在着一定的随意性，即官员在征税过程中可能滥用权力，随意改变税收额度或方式，使税收征收变得不稳定和不可预测。这种随意性可能导致农民的抗议和不满，甚至可能引发社会动荡。一些官员可能利用征税权力谋取私利，滥收赋税，使农民陷入困境。同时，地方官员对税收政策的解释和执行也可能存在不一致，导致不同地区之间税收负担的差异，加剧了社会不公平。

古代中国农业税收制度的固化和随意性，与政治权力的变化和社会稳定密切相关。一些朝代可能由于政治混乱或战乱，导致税收制度变得混乱和随意，使农民在税收上受到不公平对待。例如，农业史研究中一个值得引起高度重视的现象就是宋元以来原本富庶的江南农业区在明代前期就开始走向衰败，衰败的根源就在于洪武初期以来实行的令人惊讶的重赋政策。与朱元璋在全国很多农业地区的赋税轮蠲与减免措施相反，江南的苏、松、嘉、湖等地区自明朝肇建之初就受到重赋苛征的困扰。据估算，有明一代，江南田地仅占全国6%强，而税粮却占全国近22%，江南以 1/16 的田土交纳了 1/5 的税粮。体现在每亩平均交纳的税粮上，明初江南的亩均税粮是全国平均水平的近4倍，以后因减赋比例稍有下降，但仍为全国的 3.5 倍[①]。江南重赋的事实也体现了明代税收制度的随意性。

一些朝代的统治阶级为了缓和社会矛盾，试图通过税赋制度的改革以适应社会经济形势的变化，也尝试通过加强税收制度的规范性以实现社会的稳定和政权的巩固，但是很难起到作用。例如，唐代实行的均田制和宋代实行的免役法、明代的"一条鞭法"和清代的火耗归公改革等，都试图通过调整税收制度，缓解农民负担，促进社会的稳定。但是，由于一些根本的问题没有得到解决，这些改革最终都以失败告终。

二、黄宗羲定律

黄宗羲是明末清初的重要思想家，是我国古代研究赋税制度最深入、最系统的学者之一。他在《明夷待访录·田制三》中指出历史上的赋税制度有"三害"："或问井田可复，既得闻命矣。若夫定税则如何而后可？曰：斯民之苦暴税久矣，有积累莫返之害，有所税非所出之害，有田土无等第之害。"

所谓黄宗羲定律即依据黄宗羲的观点而总结出来的某种历史规律：**历史上的税费改革不止一次，但每次税费改革后，由于当时社会政治环境的局限性，农民负担在下降一段时间后又涨到一个比改革前更高的水平。**

黄宗羲定律反映了农民长期以来的苦衷，他所描述的税收改革后农民负担回升的现象，实际上是受到封建社会体制和政治环境的影响。在中国农业经济史上，多次发生了税收改革，一些改革确实在短期内减轻了农民的负担，但随后又因为各种原因导致农民负担再次加重。例如，唐代的均田制试图通过重新分配土地和减少赋税来减轻农民负担，但后来由于一系列原因，使得赋税逐渐加重，农民的负担恢复。明清时期，农民负担的问题更为显著。虽然明朝时期进行了一些试图减轻农民负担的改革，如明朝中期的"三驾马车"政策，但由于政府财政需求的增加以及官员的腐败和滥征滥派等问题，农民负担难以得到

---

① 范金民 . 明清江南重赋问题述论［J］. 中国经济史研究，1996（3）：110-125.

根本性的改善。清朝时期，税收更加严重地压迫了农民，尤其是一些苛捐杂税的征收，使得农村社会的动荡不安进一步加剧。

黄宗羲定律深刻地反映了中国农业经济史上税收改革的一些现实问题和困境。税收改革不仅仅是经济领域的调整，更牵涉到政治、社会、伦理等多个层面。历史上的税收改革虽然有时在短期内减轻了农民的负担，但由于政治因素、社会环境等诸多复杂原因，往往难以实现长期的成功。

专栏 3-1

火耗归公改革：黄宗羲定律的一个例证

雍正二年七月，将明朝以来的"耗羡"附加税改为法定正税，实行耗羡归公，同时各省文职官员于俸银之外，增给养廉银。各省根据本省情况，每两地丁银明加火耗数分至一钱数分银不等。耗羡归公后，作为政府正常税收，统一征课，存留藩库，酌给本省文职官员养廉。雍正对火耗归公制度的改革主要集中在税收征收上，他还加强了对地方官员的税收管理，防止滥征滥收等不当行为。

这一改革措施集中了征税权力，减轻了人民的额外负担，增加了外官的薪给，对整顿吏治，减少贪污有积极作用。从改革的效果来看，强化了中央政府对地方税收征收的控制，加强了中央政府的权力地位。改革初期也确实使国家财政收入大幅增加，有助于满足朝廷的开支需求，维护国家的稳定与安全，有助于改善清朝财政状况，缓解了财政赤字问题，有利于维持社会的稳定。

但经过一段时间之后，地方官员又找到了对抗改革的办法。州县官于额征火耗之外，又暗中加派，导致农民负担加重，可能需要支付更多的税收，降低了他们的生活水平。

总体来说看，雍正时期的火耗归公改革在财政收入增加、政府权力加强等方面取得了一定成效，有助于缓解当时的财政压力。然而，这一改革也加重了农民的负担，导致了社会不满和动荡。从长远来看，这种过于依赖农村负担的财政模式可能不利于农村经济的健康发展，也不利于社会的稳定。

思考题

1. 中国农业税制的发展演变经历了哪些阶段？
2. 中国农业税的发展演变有哪些规律？
3. 为什么中国古代农民的负担非常沉重？
4. 黄宗羲定律为什么在中国古代难以打破？这对于我们有什么启示意义？

第四章　中国农业生产力与技术进步史

📝 **学习目标**

1. 了解中国农业生产结构的演变及其规律；
2. 了解中国农业经济生产力发展变化的历史；
3. 了解中国农业技术进步的历史；
4. 理解中国农业生产力发展过程中的基本规律。

中国作为一个农业国家，古代农业技术的发展对经济和文化都有重要影响。随着时间的推移，古代中国的农业技术从最初的手工农业到后来的水利工程和种植技术，不断演变和创新，从而促进了生产力的发展和农业文明的进步。古代中国的农业文明可以追溯到早期的新石器时代，当时人们已经开始种植粮食和养殖家畜。随着时间推移，人们利用水利工程、种植技术以及在畜牧业的合理利用等方面的创新，使古代中国农业生产力得到极大提高。中国的农业技术与生产力发展，得益于一代又一代人的创新和发明，更体现了人们的智慧。

第一节　中国农业经济结构的演变

一、农业区域的发展演变

中国地域广阔，各地自然条件差异大，农业生产结构也存在明显差异。总体来说，中国东部地区平原广阔，气候湿润，适宜农耕；西部地区气候干燥，多草原植被，适宜畜牧。早在2 000多年前，司马迁在《史记·货殖列传》中就有记载："夫山西饶材、竹、谷、纑、旄、玉石；山东多鱼、盐、漆、丝、声色；江南出楠、梓、姜、桂、金、锡、连、丹沙、犀、玳瑁、珠玑、齿革；龙门、碣石北多马、牛、羊、旃裘、筋角。"由此可以看出，司马迁根据物产的不同，将全国划分为四个经济区域，其中把龙门、碣石看作中国最早的农牧地区分界线①。龙门指的是现在山西河津市和陕西韩城市之间黄河两岸的龙

---

① 史念海. 中国历史地理学区域经济地理的创始 [J]. 中国历史地理论丛，1996（3）：23.

门山，碣石在今河北昌黎县西北地区。此线以南为农耕地区，以北则为畜牧地区。此后，随着农耕民族和畜牧民族势力的消长，这条分界线多次调整变动，至元代农牧分界线又恢复到司马迁划分的位置①。

到了明清时期，这种农牧分布格局发生了明显的变化。明朝建立后，元代的统治者虽然被驱逐出中原，但其后裔仍据有大漠西北，与明朝对峙，不断侵扰明朝北部边境地区。为了阻止元代残余势力南下侵扰，明人师法前代，亦于边境地区修筑长城，并沿长城屯驻大量军队。长城沿线地区的农牧结构因为屯田的兴盛而发生改变，农业的比重迅速增加。总而言之，在元代农牧分界线以北，直至明长城这一广大地域，其经济结构已发生比较明显的变化，不再是从前的以畜牧业经济占主导地位，变成了半农半牧地区。

西南地区的云贵高原也发生了相似的变化。尽管明朝时期的畜牧经济在一些地区仍占有不小的比重，但农耕经济无疑获得了长足发展，地位逐渐超过畜牧业。原因主要是两个方面：一方面是垦田面积迅速增长，另一方面是一些少数民族逐渐改变传统的生产方式，开始经营农业（种植业）。从明代开始的这种农区不断扩展、牧区不断改牧为农的趋势在清代进一步加快。清政府在统一全国后不久，就在云贵地区大力推行"改土归流"，以加强中央对边疆地区的统一管理②。所谓改土归流，就是在民族地区废除世袭土司，改行和汉族地区相同的政治措施，如设立府县、丈量土地、征收税赋、编查户口等。改土归流的实行，不仅加强了清政府对云贵民族地区的统治，也促进了边远地区和内地经济、文化的交流。

二、农业种植结构的演变

民以食为天。**在农业综合经济结构中，首先必须保证的是以取得吃、穿这两种生活资料为目的的种植业，而在吃与穿两者之间，吃又占有优先地位，因而粮食种植业首先得到重视。**

夏、商、西周三代对粮食生产是非常重视的。大禹"决九川距四海，浚畎浍距川"（《尚书·益稷》），"卑宫室而尽力乎沟洫"（《论语·泰伯》），就是为了恢复和发展农业生产，使"万民乃有居"（《史记·殷本纪》）。《史记·夏本纪》记载，"令益予众庶稻，可种卑湿"。这不仅说明稻这种农作物在夏王朝控制区中仍属于推广性作物，而且说明夏王朝辖区内也确有稻的种植。《夏小正》中有"祈麦实""种黍、菽、糜时也"的记载，证明夏代种植的百谷应有粟、稻、麦、菽、黍、糜等多种粮食作物。

商代统治者对粮食作物的种植似乎较之夏人更为重视。商王不仅频繁祈年、受黍、登麦、登雨，而且还亲自省田。同时，命令臣下监督粮食生产。殷代嗜酒之风特盛，固然说明当时统治者的腐朽堕落，但同时也说明当时粮食生产的发达。殷代统治者一方面重视粮食生产，另一方面又在穷奢极欲地糟蹋农民用血汗换来的粮食，统治阶级的剥削本性暴露无遗。到春秋战国时代，"东周欲为稻，西周不下水"《战国策》，则表明这一时期稻作农业的种植线已开始在华北地区萎缩。春秋战国时代，是我国历史上的首次分裂时代，也是我国历史上的一个气温下降时期。因而稻作种植线自春秋之后南移，从而使西周时代的水

① 东湖.《史记·货殖列传》中"种代""燕涿"二经济区的归属 [J]. 中国历史地理论丛，1998（1）：1.
② 廖荣谦. 明代贵州"改土归流"及其对少数民族地区多重生态建构的影响 [J]. 云南行政学院学报，2016，18（5）：6.

稻种植区域成为古代史上最为广阔的岁月。《吕氏春秋·乐成篇》记录史起的话说："魏氏之行田也以百亩，邺独二百亩，是田恶也。"这些都表明，至西周时代甚至更晚些，新石器时代末年兴起的开发低洼土地资源的历史性运动还没有结束。因此，水稻栽培在夏、商、周时代的农业种植构成中占有重要的地位则是必然的了。

魏晋南北朝时期粮食作物的总格局仍是北方以种粟为主，南方以种稻为主，冬小麦自商代开始在北方地区推广之后，开始深入江淮流域。粟、稻、麦成为我国当时的三大主要粮食作物。麦作农业种植线南移是魏晋南北朝时期粮食作物格局变化的最显著特点，既是我国农业生产力水平发展的结果，也是我国农业种植构成趋向合理的标志。在北方地区，小麦自汉代开始推广种植之后，到魏晋南北朝时期已成为仅次于粟的作物。但是，麦作农业的种植线南移，并没有引起春秋战国之后已经形成的粟在全国粮食总产量中主要地位的动摇①。稻是我国南方地区的主要农作物，但在当时全国范围内不具备排挤粟的主导地位的能力。不过也必须看到，由于魏晋南北朝时期江南经济有崛起之势，稻作农业的初步繁荣已预示着水稻在全国粮食生产中的地位开始上升了。水稻在全国粮食生产中地位的上升，主要取决于长江流域及其以南地区。

隋唐时代，伴随着土地垦耕范围的扩大和人口的增长，农业生产在北方地区开始向着两年三熟制发展，在南方稻作区则出现了稻麦轮作复种制。农作物栽培制度趋向集约经营化，使农作物种植搭配更加合理，土地利用率提高，导致豆类作物栽培的比重回升和麦类作物种植比重的继续提高。豆类作物在春秋战国时代可与粟平起平坐，以至古文献中经常"粟菽"并提。自汉代豆腐制作技术兴起后，大豆作为制作豆腐的原材料，逐渐从主食转向副食。至魏晋时代，榨油技术兴起，大豆作为油料作物而进一步得到重视。但由于大都为单季种植，且因其产量不如粟而得不到大面积栽培。至唐代，北方地区谷、麦、豆轮作复种两年三熟制兴起后，豆类作物成为麦收之后调茬的主要农作物。因此，大豆种植在整个农作物种植数量中呈现一种回升的趋势。

宋元时代，我国粮食作物种植构成最显著的变化是稻作生产的勃兴，一跃而居全国各种粮食作物的首要地位。在我国，稻作生产已有近万年的历史，但是，自原始农业产生之后直至宋代以前，稻的总产量皆未占有首要地位。自唐中叶之后，由于北方战乱，也由于旱作农业的发展已经开始接近传统农业阶段的最高水平，唐王朝在经济上日益倚重江南。到 9 世纪时，竟然出现了"以江淮为国命"的说法②。从此，北方旱作传统农业开始进入它的缓慢发展期。水稻在宋代取代旱田作物粟的位置而跃居首位，其原因如前所述：水田农业区以耕耙耖为主要内容的耕作技术的定型打下了技术上的基础；水利事业在南方的蓬勃兴起和龙骨车的广泛使用提供了灌溉上的条件；而"再熟稻"的推广和普及于东南沿海地区则增加了水稻复种数。此外，扩大水稻栽培面积，也当是促使稻作生产在宋代勃兴的一个主要原因。除此之外，麦类作物在宋元时代也处于一个勃兴时期，栽种面积的迅速扩大，可能使小麦总产量在宋元之际已经超过或接近粟的总产量。小麦总产量的提高主要与稻麦两熟制在江淮流域的普及和北方地区与粟、菽等作物轮作有关。

明清时期种植业结构的变化是全方位的：一方面，经济作物的种植面积不断扩展，在

---

① 周跃中. 试谈中国古代农作物种类及其历史演变 [J]. 吉林农业（学术版），2010（8）：3.
② 吴清秀. 试析唐代江南财赋地位上升之原因 [J]. 金田，2013（8）：165，164.

整个种植业结构中的地位有较大提高；另一方面，无论是粮食作物还是经济作物，其品种和结构也较以前有了较大改变。经济作物种植面积的扩展与地位的提高大致始于明代中叶。明代前期，除棉、麻、蚕桑和茶叶的栽培在一些地区农家经济生活中占有一席之地外，其他经济作物所占的比例微乎其微，无足轻重。明代中叶以后，首先由于田赋征收政策的改变，其次由于商品经济的发达与对外贸易的增多，多种经济作物的收益明显大于种植粮食作物，一些地方的农民开始扩大经济作物的种植规模，经济作物在农村经济中所占的比重迅速提高，扩种经济作物成为许多地方农村家庭发家致富的一条重要途径。

三、农业分工的发展

唐宋以前，农业经济中商品性农业的成分不多，占主导地位的是自给自足性农业。宋代以后，随着城乡商品经济的发展，商业性农业开始发展起来。明朝建立之后，在内地，伴随着城市的繁荣和工商业人口的不断增加，粮食的需要促使商品粮的生产迅速增加。在边防要塞地区，配合国防的需要和边地军民驻屯的需要，对商品粮生产的要求也在不断提高。农产品商品生产大量发展的趋势，促使地主和农民专为市场而生产农产品，包括经济作物棉、麻、甘蔗和茶叶，及粮食作物稻、麦、豆。这就是商业性农业在15世纪产生的背景。

由于在商品性农业发达的地区，棉农、蔗农、烟农、菜农和果农必须出售其所生产的经济作物而购买粮食和其他生活必需品；反之，粮农也必须出售粮食来购买棉、蔗和烟草等必需品，农民间的分工扩大，对市场的依赖性增强。在农民经济生活方面则体现于农副产品出售部分在总产值中所占比重的扩大。据统计，从明代中叶到清代鸦片战争前约300年间，农家农产品及棉纺织副业产品出售部分相对于总产值所占比重从20%~80%不等，在买布而衣的地区农户出售产品约占农副产品的30%~35%。在以粮产为主兼事植棉纺织地区的农户，一般为30%~35%。植棉纺织专业区和专业户出售棉花和纺织品所占比重，棉田比重小者占总产值的60%~70%，比重大者可达80%以上。除了棉花外的其他经济作物同粮食作物混合种植类型区，各类农户因种植经济作物占比重不同，大多数占比为50%~60%[①]。

明清时代，伴随着商品经济的发展，土地买卖进一步商品化，地权的取得主要不是通过分封赏赐，而是通过购买。虽然土地买卖与暴力掠夺每因时期不同而相互消长，而地权转移发展总趋势则是土地商品化的加强。商业性农业的发展促成了农民阶级分化，种植经济作物的农民，他们的命运要受市场的自发性支配。农民种植经济作物原为谋取更多的收益，但在商业资本盘剥下很多农民经济地位下降，乃至沦为出卖劳动力的农业雇工。而少数经济条件较好的农民，对所生产的农副产品可以待价而沽，从而增加收益，扩大经营规模，雇工进行生产。由于地主阶级构成发生变化，雇主与雇工之间同食共住情况普遍化，主雇之间平等相称。明万历年间、清乾隆年间先后以法律形式肯定了这一变化，短工和部分长工先后获得了人身自由。明清时期尤其是明中叶以后的雇工与宋元以前的雇工已有质的变化。这种质的变化为新的生产关系的产生准备了条件。

---

① 李文治，江太新．中国地主制经济论：封建土地关系发展与变化［M］．北京：中国社会科学出版社，2005.

第二节　中国农业生产力的发展演变

一、历代耕地面积的估计

耕地是农业生产最基本的生产资料，耕地数量从一定角度反映了农业生产力水平所达到的高度。然而，由于度量衡、亩制的混乱以及测量土地面积的成本非常高，古代各个时期耕地数量到底有多少，并没有准确的数字，只能根据一些资料进行推算。

有学者估计古时 100 亩合清代 31.2 亩，依据是：战国时六尺为步，广一步长一百步（一百方步）为一亩，一亩共三千六百平方尺。战国铜尺相当于清代营造尺 0.721 25 尺，一亩折合清代 1 874.13 平方尺。清代五尺为步，二百四十方步即 6 000 平方尺为亩，因此战国百亩相当于清代 31.2 亩。而清代 1 亩=0.921 6 市亩，因此战国时 100 亩=28.815 市亩[①]。

然而，这一数字也不能作为估量古时田亩的唯一标准，因为战国时不同地区、六国统一前后都有变化。《礼记·王制》提出古有古田、东田之异。"古者以周尺八尺为步，今以周尺六尺四寸为步。古者百亩，当今东田百四十六亩三十步"，《史记·秦本纪》里又有记载，"言开阡陌者，改井田以二百四十步为亩"。因此，后世又有"大亩""小亩"的说法。

总结起来，从先秦到两汉，共有四种亩制：周亩（大致合今 0.328 亩），东田之亩（合周亩 0.64 亩），秦汉小亩（合今 0.288 亩），秦汉大亩（合今 0.692 亩），因此对史料必须细心鉴别，判断到底是哪一种意义上的"亩"。

根据不同时期的历史资料，学者对我国历代耕地面积进行了估算。不同学者的估算往往有较大差异，下面仅展示其中一种估计结果，如表 4-1 所示。

表 4-1　中国历代耕地面积

年代（公元）		人口/万人	耕地/万市亩	人均耕地面积/（市亩·人⁻¹）
汉	2 年	5 959	82 705	13.8
隋	606 年	4 502	194 442	42.3
唐	755 年	5 292	143 038	27
明	1578 年	6 069	7 139	11.5
清	1812 年	33 370	79 152	2.3
解放初	1949 年	54 877	146 822	2.7
现在	1979 年	97 092	150 000	1.5

二、粮食亩产量的变化

估计古代农作物产量同样是非常困难的事。一方面，如前所述度量衡制、亩制等在各时期、各地方均有很大差别。例如汉代就明确有大小两种量制——大石小石、大斗小斗、

---

① 史志宏. 十九世纪上半期的中国耕地面积再估计 [J]. 中国经济史研究, 2011 (4)：13.

大升小升，其容积各为多少，跟亩产高低关系很大。"石"还有重量和容积两种含义。另一方面，农作物种类繁多，不同时期主要作物也不断发生演变。因此农作物产量也就很难准确估量，也只能根据一些资料进行推算，而不同学者推算的结果往往有很大差异[①]。

（一）春秋战国至秦汉时期

春秋战国时代，是传统农业开始起步的时代，**新的耕作技术和农学理论给农业生产带来的一个重要变化，便是谷物亩产量的提高**。荀子即说："人善治之，则亩数盆。"（《荀子·富国》）《吕氏春秋》中也说："今兹美禾，来兹美麦。"甚至连对社会经济漠不关心的道家学派也承认，"深其耕而熟耰之，其禾繁以滋"（《庄子·则阳》）。这表明，春秋战国时代的粮食单位面积产量确有所提高了。

在我国农业史上，亩产量的最早记载见于战国时期。其中经常被引用的一条资料便是魏国名相李悝的说法："今一夫挟五口，治田百亩，岁收亩一石半，为粟百五十石。"（《汉书·食货志》）这就是说，战国时代的百亩收粟谷为150石，亩收1.5石。

秦汉时代的谷物亩产量，史籍中确切记载不多，主要有以下记载：

"今农夫五口之家，其服役者不下二人，其能耕者不过百亩，百亩之收，不过百石。"（《汉书·食货志》）

"一人蹠耒而耕，不过十亩，中田之获，卒岁之收，不过亩四石。"（《淮南子·主术训》）

"名国万家之城，带郭千亩，亩钟之田……此其人皆与千户侯等……"（《史记·货殖列传》）

"引河灌汾阴蒲坂下，灌田五千顷，度可得谷二百万石以上。"（《汉书·沟洫志》）

"一岁之收，常过缦田一斛以上，善者倍之。"（《汉书·食货志》）

"验美田至十九石，中田十三石，薄田十一石。"（《氾胜之书今释》）

"今通肥饶之率，计稼穑之入，令亩收三斛，斛取一斗，未为甚多。"（《后汉书·仲长统传》）

在这几条资料中，必须注意的是亩的大小和石、钟、斛的容量问题。关于亩的大小，《盐铁论·未通篇》中有一段话值得注意，"古者制田百步为亩，民井田而耕，什而藉一，义先公而后己，臣民之职也。先帝哀怜百姓之愁苦，衣食不足，制田二百四十步而一亩，率三十而税一"，这是御史在汉昭帝主持的会议上所发的一通议论。这里的"先帝"指的是谁？如按汉代始祖讲，则应指汉高祖刘邦，如按"率三十而税一"讲，则应指汉景帝。据此，多数学者认为在汉武帝之前，汉代曾实行过步百为亩，自汉武帝后则实行240步为1亩的田制。这样，汉初小亩和汉武帝之后所行的大亩面积之比为1∶2.4。

（二）魏晋至隋唐时期

魏晋时代，尽管东汉末年的大乱给农业生产带来极大摧残，但由于农具趋向定型，水利灌溉趋向科学化，加之耕作技术的提高，亩产量较之汉代还是有所增加的。建安初年，曾为尚书郎的仲长统说，"今通肥饶（硗）之率，计稼穑之入，令亩收三斛"（《后汉书·仲长统传》）。西晋初年的傅玄说："近魏初课田，不务多其顷亩，但务修其功力，故白田收至十余斛，水田收数十斛。"这表明传统农业开始走向集约经营，农作物亩产量迅速提高。

---

① 冯开文，李军. 中国农业经济史纲要［M］. 2版. 北京：中国农业大学出版社，2014.

隋唐时期，国家重归于统一，社会安定，为粮食生产创造了有利条件。而中唐以后，藩镇割据，继之以五代混战，及宋统一，其后又与辽、金对峙。直到元以后才没有出现严重分裂局面。所以，这一历史时期的粮食产量是曲折上升的。南北朝以后，经济重心继续南移，南方种稻技术有了很大提高，农业的发展超过北方，但是记载唐代南方水稻产量的文献不多，《全唐文》卷一百六十一《狄仁杰乞免民租疏》有以下记载：

> 窃见彭泽……百姓所营之田，一户不过十亩、五亩，准例，常年纵得全收，纳官之外，半载无粮。

据此记载，若找到五口之家小农户"半载"的口粮标准就可以推算出稻米的每亩平均产量约数。《唐六典》卷三"尚书刑部"条："丁口日给二升，中口一升五合，小口六合。"与《唐会要》卷八十九"疏浚利人"条所记相同。五口的农户：大口二，一年口粮为稻米十四石四斗；小口一，一年口粮为稻米二石一斗六升。总计一家五口，一年口粮为稻米二十七石三斗六升（唐量）。唐的地税十分取一（《册府元龟》卷四八九"邦计部"）。加上"纳官"的地税（田赋），需稻米三十石零四斗。所谓"一户不过十亩、五亩""半载无粮"，就是"十亩"约产稻米十五石，一亩约产稻米一石五斗。五口农家必须营田二十亩，产稻米三十石零四斗，才能"除纳官外"，敷一年的口粮。种"五亩"的只能供给三口（大口二，中口一）之家。所谓"准例"，就是一般年景每亩产量的通"例"为一石五斗。

《日知录》卷十，"苏松田赋之重"条，原注有云："宋绍兴二十三年（1153年），知池州黄子游因南唐尝以县宋齐丘食邑，故亩输谷三斗，后遂为额。"上述唐的地税是"十分取一"。南唐承唐制，食邑纳地税，"亩输谷三斗"，为亩产稻谷三石的地税率，折半为米，则为一石五斗。宋齐丘为南唐开国宰相，其食邑具有普遍意义，因此自唐初至南唐，南方水田每亩平均产量为稻米一石五斗未变，可见亩产量的增加是缓慢的。

虽然这一时期南方粮食产量超过北方，但北方的粮食生产已由魏晋以来的下降趋势转而上升，有了增加。《新唐书·食货志》："田以高、下、肥、瘠、丰、耗为率，一顷百亩，出米五十余斛（石）。""百亩出米五十余斛"意味着一亩产米五斗多。"米"是指的粟米。所谓"百亩……平岁出米五十余斛……当粟百二十石"（朱礼《汉唐事类笺后集》卷六"唐租庸调下"），"粟"即小米、高粱（稷）。粟脱壳后一石二斗对折为米五斗多，一石则折半为米五斗。

耕作有水、陆田的不同，而田又有上、中、下、高、低、荒、熟、肥、瘠之异，功力有精粗之别，因此一个小农家所能耕种的面积也就大小不同。随着农业技术和工具的改进，到了唐代，差异就更明显了。根据唐制，丁男授陆田"土软处一百亩，硬处一百二十亩"（《通典·食货典》），也有耕种三十亩（《新唐书·员半千传》）的；水田则八十亩（《通典·食货典》）到二十亩（《全唐文》卷一百六十一，《狄仁杰乞免民租疏》）不等。大抵一个小农家所能耕种的面积，北方种陆田集约的三十亩到五十亩，粗放的一百亩到一百二十亩，一般一百亩；南方种水田，集约的二十亩到三四十亩，粗放的五十亩到八十亩，按《通典·食货典》计算，一般八十亩。一个小农家的耕地面积一般比前代缩小了，南方比北方缩小的幅度更大；而亩产量反而增加了。与六朝时不论水陆田一律一百亩不同的是，一个小农家的水陆田耕种面积已经因北方比较粗放、南方比较集约的不同，彼

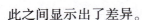
此之间显示出了差异。

隋唐时量制与南北朝时不同。据《左传正义》卷廿二记载"古斗三，今斗一"，表明隋唐时的一斗与古时三斗的容量相当。据此可知，唐代一丁一年的口粮为"米七石二斗"（《唐会要》卷八十九"疏浚利人"条），一人月食米六斗，正与魏晋一人月食米一石八斗、东晋南朝一人月食米二石（见前）相当。隋唐一石，相当于魏西晋三石、东晋南朝三石三斗强、北朝一石五斗强，因此隋唐北方陆田亩产麦（粟）一石与北朝亩产麦（粟）三石相比，虽然表面上看隋唐少二石，但是考虑到隋唐量大于北朝量、隋唐亩小于北朝亩的实际情况，则隋唐比北朝一亩增产 10% 强。隋唐南方水田一亩产稻米一石五斗，相当于东晋南朝量四石九斗五升，较之东晋南朝亩产米五石，表面上虽然减产，但是扣除东晋南朝亩大于隋唐亩 2.2% 的差异，实际上隋唐一亩比东晋南朝增产 1.2%。折合为今制，隋唐北方亩产麦、粟一石的陆田，约每市亩产 0.757 市石，南方亩产稻米一石五斗的水田，约每市亩产 1.136 市石[①]。

北方陆田，隋唐每亩平均产量一石，汉产三石，均合今制 6 市斗。扣除田亩面积差异，唐比汉每亩减产 6%。由此可见，北方自曹魏西晋至北朝以降，粮食生产的逆转现象，到隋唐时才有所回复；而南方则保持了持续上升。

北方粮食生产出现停滞以至逆转现象的原因，一方面在于小农经济的局限性。个体农业经营，人手有限，无力进行多种副业经营，简单生产反复进行，往往竭一家之力才免于冻馁，提高农业劳动生产率是很困难的。

（三）宋元时期

入宋以后，农业发展趋势最显著之点是南方超过北方已成定局。故宋人常说"自祖宗以来，军国之费多出于东南"（《续资治通鉴长编》卷一百三十八），宋室"所仰惟两浙、闽、广、江南"（《鸡肋篇》卷中）。由于水田作业比前代集约，着实做到了精耕细作的程度。因此，粮产量也就有了显著的增加。《范文正公别集·奏议上·答手诏陈十事》提到宋仁宗时（1023—1063 年）的江南水稻亩产量说："中稔之利，每亩得米三石至二石。""中稔之利"即一般年景，每亩产米三石至二石，一般应为二石。南宋时，据《朱子文集·卷十六·奏救荒事宜状》，淳熙八年（1181 年）的稻米亩产量为"每亩出米二石"，一般仍一亩产"米二石"。

宋代的北方，由于辽金元相继入统，受到战争的严重破坏。河北、陕西、甘肃、山西"边境半为边障屯戍之地，垦地未必多"，河南"地之垦者方十二三""污莱极目，膏腴坐废"（《宋史·食货志》）。北方社会又遭到毁灭性破坏，农业生产停滞，又出现逆转现象。《范文正公集·卷八·上执政书》载仁宗时的亩产量说："窃以中田一亩，取粟不过一斛（石）。"南宋时，据《金史·食货志》载，也是"大约中田亩一石"。北方每亩平均产量为麦（粟）一石，南北宋一样。一个小农家所能耕种的面积，南方水田，据《括异志》卷十四"江南生计"条说："一夫能耕者，八十亩至一百亩，一亩之收，约米二石。"只能是粗放的。《龙川集·卷十六·记寺田》："一夫耕三四十亩，亩收米二石。"则比较集约。可见，宋代南方一夫耕三四十亩到八十亩、一百亩不等，一般应为三四十亩。至

① 余也非. 中国历代粮食平均亩产量考略［J］. 重庆师范大学学报（哲学社会科学版），1980（3）：13.
1 市石 = 100 市升 = 0.1 立方米。

于亩产稻米二石，则与上引诸著录的记载一致。

北方种陆田，粗放的，"百亩、五十亩"（《梦溪笔谈》卷九"记生计"条）；集约的，"三十亩"（《同上》卷十七）。《净德集》卷二"岁计"条还说："一夫有田二十亩，终年所收不过二十石。"大抵一夫耕种一百亩、八十亩到二三十亩，一般耕种四五十亩。至于"二十亩"收"二十石"，平均亩产一石。这也与上引诸著录的记载相同。宋沿唐制，"二百四十步为一亩，五尺为步"（《周官录田考·卷二·田制》）。尺长31厘米，约合今制0.93市尺。宋一亩共6 000平方尺，约当今制5 189.4平方市尺[①]，为今制一市亩的86.5%。宋"一夫日给米二升"（《王文正公笔录》第十二页），一人月食米六斗。唐宋量制相同，但宋一亩面积相当于唐一亩面积的1.09倍，以此为据，北方陆田，宋与唐一般均亩产一石，名虽相等，宋实减产8.3%；南方水田，宋一般亩产二石，比唐一般亩产一石五斗增产22.1%。合成今制，北方产麦（粟），约每市亩0.694市石；南方产稻米，约每市亩1.387市石。

元朝建立之后，领土广大，人民又获得比较长期的安定环境得以坚持生产，终于扭转了唐末以来北方亩产量不断下降的颓势。南方的亩产量此时也有更大的增加。但是，北方农业仍是粗放的，不如南方集约。北方陆田的每亩平均产量，据《牧庵集·杨公神道碑》"（亩）岁收粟一石"。又《牧庵集·储宫赐龙兴寺永业田记》："今有田一亩，率以夏秋入止一石。"每亩夏收麦一石，秋收粟（高粱或小米）一石，故曰"夏秋入止一石"。亩产量应按一熟计算，故北方陆田平均亩产量为一石。南方水田的每亩平均产量，据《黄金华先生文集》卷十"义田"条的统计："为田一亩，岁可得米二石。"南方水田平均亩产量为"米二石"。又方回《续古今通考》卷二"计佃户岁入岁出"条载元初的情形，亦说："一农可耕三十亩，假如亩收三石或二石，姑以二石为中。"元代一个小农家所能耕种的面积，北方种陆田，粗放的一百亩，集约的四五十亩（《紫山大全集·卷廿二·论贮积》，《新元史·食货志》）。南方种水田，一般比较集约，大抵元代一个小农家一般"可耕三十亩"（见上），元末则有一夫耕种不到十亩的（《黄金华先生文集·卷十·公田记》）。元人每日人食米一升（《牧庵集·卷九·储宫赐龙兴寺永业田记》），一人月食米三斗。元量比宋量大一倍，元一石相当于今制1.2市石。据此，按元亩为宋亩的1.44倍之数，北方陆田，宋元均亩产一石，实则元增产38.9%。南方水田，宋元均亩产二石，实则元比宋亦增产38.9%。合成今制，每市亩北方陆田产麦（或粟）0.964市石，南方水田产稻米1.927市石。

（四）明清时期

明代南北方的农业都有一定的发展。但入清以后，中国封建社会已面临衰朽的最后阶段，其自身已不复有更新的希望。因此，明清水陆田的每亩平均产量几乎完全相同。这是前所罕有的现象，表明封建末世危机严重了。张履祥《补农书下》载，明代"田极熟，米亩三石，春花（麦）石有半，然间有之，大约三石为常耳"。极熟的田，亩产稻米三石，麦（或粟）一石半，只是"间有之"。通常亩产稻米二石，麦（或粟）一石，共"三石为常耳"，才是明代的每亩平均产量。《乾隆蚕桑图说合编》第五页对清前期的统计亦是"田亩米三石，麦一石半，大约三石为常"。据此，明及清前期的每亩平均产量均为稻米二石，麦（或粟）一石。明沿宋制，"以二百四十步为一亩"，又改元制步六尺为五尺

---

① 平方市尺≈0.11平方米。

（《周官禄田考，田制考》），尺长32厘米，约当今制0.96市尺。清也相同。一亩共6 000平方尺，约当今制5 529.6平方市尺。一亩约当今市亩的92.2%，元亩的74%。明"人日食米一升"（《杨园先生全集·卷二四·记工食》），清"人一岁食米三石六斗"（《群经补义五·赋役》），也是一日食米一升。明清量制与元量制相同。元代辽东半岛和山东半岛一片荒凉，到了明代，"滨海皆可田……与吴越滨海之沃区相等"。落后的西北也"生齿日繁"。天下"民聚而利无不兴"。清代进一步开发了新疆、东北、蒙古、东南沿海和台湾，使耕地面积扩大了许多。明清耕种也比元代集约，南方又比北方集约。明清人总结出了"土欲细，沟欲深，耙欲轻"的经验（俞贞木《种树书》），成为真正的深耕细作的农作方式。稻、麦参种（王毓瑚《中国古代农业科学的成就》第十七页），麦田条播（《农政全书》卷二八）也得到广泛采用。这样既节约土地，又能增产，改变了元代"耕种卤莽"（《紫山大全集》卷二十二）、广种薄收的情况。特别是南方水田，因"地窄人稠"，耕种"力紧而功专，所获甚厚"（《熙朝新语》卷九）。

明清时期，一个小农家所能耕种的面积，南方是"一夫终岁勤动，可耕十亩，一亩稻米二石"（《石柱记笺释》卷二，引明《真稳斋稿》），"一夫耕田二十亩，以中年约之，一亩得米二石"（《庸盦随笔》卷二）。大抵一夫耕田十亩到二十亩，一般耕种十二三亩，亩产米二石（《切问斋文钞》卷十五）。与上引诸著录的记载一致。北方陆田，一夫所能耕种的面积，据《河南志》卷三"一夫耕田四五十亩，亩收麦一石以上"。又《切问斋文钞》卷十五"一夫所耕，终年二三十亩，亩收上田一石三四斗，下（田）则七八斗，（以一石为常）"。一夫耕种五十亩至二三十亩，大抵一般只能耕二三十亩。"以一石为常"，与上引诸著录的记载一致。耕种面积也比元代一夫一般耕种四五十亩缩小了。

如前述，元明清量相同，明清一亩约当元一亩的74%。据此，北方陆田，明清每亩产麦（或粟）一石，元亩产亦一石，名虽相等，实则明清增产35%；南方水田，明清与元均亩产稻米二石，名虽相等，实则明清增产35%。合成今制，明清水田每市亩产稻米2.604市石，陆田每市亩产麦（或粟）1.302市石。

总括以上论述，各个朝代南方水田产稻米、北方陆田产麦的每亩平均产量如表4-2所示。

表4-2　中国历代粮食平均亩产量古今对照统计[①]

朝代	古亩每亩面积/平方市尺	古亩比今亩（今亩为100）	古亩平均产量				折合今制每市亩平均产量/市石		后一朝代比前一朝代增减情况	
			北方（麦）		南方（稻米）		北方（麦）	南方（稻米）	北方（麦）	南方（稻米）
			古石	今市石	古石	今市石				
先秦	1 640.3	27.3	1	0.2			0.732			
两汉	4 479.0	74.7	3	0.6	2	0.4	0.804	0.536	↑9.7%	
魏与西晋	4 554.0	75.9	3	0.6	3	0.6	0.791	0.791	↓1.5%	↑47.6%
东晋南朝	4 860.0	81.0			5	0.9		1.111		↑40.5%

① 余也非. 中国历代粮食平均亩产量考略 [J]. 重庆师范学院学报（哲学社会科学版），1980（3）：8-20.

续表

朝代	古亩每亩面积/平方市尺	古亩比今亩（今亩为100）	古亩平均产量				折合今制每市亩平均产量/市石		后一朝代比前一朝代增减情况	
			北方（麦）		南方（稻米）		北方（麦）	南方（稻米）	北方（麦）	南方（稻米）
			古石	今市石	古石	今市石				
北朝	10 497.6	176.0	3	1.2			0.686		↓13.3%	
隋唐	4 752.6	79.2	1	0.6	1.5	0.9	0.757	1.136	↑10.3%	↑2.3%
宋	5 189.4	86.5	1	0.6	2	1.2	0.694	1.387	↓8.3%	↑22.1%
元	7 472.7	124.5	1	1.2	2	2.4	0.964	1.927	↑38.9%	↑38.9%
明、清	5 529.6	92.2	1	1.2	2	2.4	1.302	2.604	↑35.1%	↑35.1%

注：①栏（1）的计算方法，以先秦为例：周制"六尺为步，步百为亩"，则一平方步为：6尺×6尺＝36平方尺；一亩为：36×100＝3 600（平方尺）。又战国尺长为22.5厘米，即22.5/33.3＝0.675（市尺）（因一市尺为33.3厘米），故先秦一平方尺为：$0.675^2＝0.455\ 6$（平方市尺）；一亩为：0.455 6×3 600＝1 640.3（平方市尺）。②栏（2）＝［栏（1）÷6 000］×100。③栏（7）＝［栏（4）÷栏（2）］×100；栏（8）仿此。④栏（9）、栏（10）中的"↑"表示增产，"↓"表示减产。

三、粮食作物总产量及产额

农业技术的进步和耕地面积的扩大，对粮食总产量产生了直接的促进作用，从春秋战国社会粮食总产量的205.39亿市斤，到明清以后的2 000亿~3 000亿市斤，可谓一路攀升，粮食总产量总体呈增加的趋势。

表4-3显示，春秋战国时期粮食总产量小于粮食总需求量，人均粮食占有量仅有641市斤，低于平均每人维持正常生活所需要的粮食数量696市斤原粮，说明春秋战国时期的粮食生产还不能满足人们的需要，必然有一部分社会成员长期处于饥饿的边缘，并很可能发生粮食危机。秦汉时期农业生产水平有了较大幅度的提升，为人口成倍的增长奠定了基础，人均粮食占有量接近1 000市斤，粮食总消费量小于粮食的总产量，说明粮食已经可以满足人们的正常需要，还可以用多余的粮食储藏或进行小范围的贸易来换取需要的生产生活产品。魏晋南北朝时期，由于长期的分裂和征战，农业生产也受到较大影响，人均粮食占有量相比较秦汉而言，有了明显下降，粮食总产量稍稍大于粮食总消费量，应该说，这一时期的粮食整体上是紧张的，稍遇灾害就有可能发生饥荒。隋唐时期粮食生产又恢复到秦汉时期的水平，甚至有了一定的提高，其粮食的总产量比魏晋南北朝时期翻了一番还多，粮食总产量超过粮食总消费量很多，说明这个时期粮食供需状况较好，粮食问题得到基本解决，如果没有如战争、较大的自然灾害等，粮食安全应该说是有保障的。

宋元时期，随着农业耕作方式的变化、江南农业的快速进步和耕地面积的扩大，传统农业生产水平达到一个新的高度，粮食总产量首次突破1 000亿市斤大关并有大的增幅，人均粮食占有量甚至处于历史最高，应对灾荒的能力大大提高，粮食安全系数也比较高。明代，粮食总产量继续攀升，突破2 000亿市斤，人口也首次达到2亿，但由于人口的增长大于农业生产水平的增加，粮食人均占有量出现下滑。但是，如果没有较大灾害发生的话，依然能满足人们的正常需要。至清代以后，人口呈几何级数增加，人地矛盾加剧，农业生产的进步虽然较大，土地垦殖虽然很快，但人口的增长幅度远远大于粮食增产幅度，因此，粮食占有量相比较明代出现大幅下降。至清代晚期人均粮食占有量仅比春秋战国时略高，接近魏晋时期的水平，人们的生活水平大大下降，粮食危机和灾害风险时刻都有可能发生。对于清代出现粮食总量大幅增加，但是人均却明显下降的这一现象，从表面看有人口增加的原因，由于人口的增长更快，完全抵消了物质财富增加的成果，其后果是导致对土地的乱垦和对植被的破坏，社会矛盾激化[1]。

表4-3　中国历代粮食供求一览

朝代	春秋战国	秦汉	魏晋南北朝	隋唐	宋辽金元	明	清	清	清
年代（公元）					1100	1600	1800	1840	1911
全国耕地面积/亿市亩	2.3	5.72	3.85	6.42	7.2	10.7	10.5	14	16
北方耕地面积/亿市亩			1.925	3.21	2.59	4.39	4.31	5.74	7.74
南方耕地面积/亿市亩			1.925	3.21	4.61	6.31	6.19	8.26	8.26
粮食作物播种面积所占比重/%	94	94	90	90	90	85	85	85	85
粮食亩产量/市斤	95	110	120	154	140/343	155/337	155/337	155/337	155/337
总产量/亿市斤	205.39	591.4	415.8	889.82	1 749.45	2 385.88	2 340.97	3 122.32	3 385.82
口粮总量/亿市斤	222.72	417.6	348	626.4	835.2	1 392	2 088	2 784	3 201.6
社会粮食总需求量/亿市斤	247.4	464	386.8	696	1 113.6	1 718.5	2 456	3 275	3 765

资料来源：根据余也非、王宝卿、吴慧等人的原始数据[2][3][4]。

第三节　中国农业的技术进步

一、耕作技术的进步

精耕细作是中国传统农业的基本特征之一，其发展有一个过程。在西周时期，北方农业已经出现了垄作法，在当时世界上是很先进的耕作方法。它是将土地开成一尺来宽的垄

① 吴宾，党晓虹．论中国古代粮食安全问题及其影响因素［J］．中国农史，2008（1）：24-31.
② 余也非．中国历代粮食平均亩产量考略［J］．人大复印资料，1980（14）：33-37.
③ 王宝卿．我国历代粮食亩产量变化及其原因分析［J］．莱阳农学院学报（社会科学版），2005（1）：12-19.
④ 吴慧．中国历代粮食亩产研究［M］．北京：农业出版社，1985.

和沟，一般高地都比较旱，就将庄稼种在沟里，叫作"上田弃亩"；等雨季来时，再将别的庄稼种在"垄"上，叫作"下田弃畎"。到了西汉，搜粟都尉赵过总结推广更加先进的"代田法"，也是将土地开成一条条宽深各一尺的"沟"和"垄"，实行垄与沟轮换耕种，一块田亩连续播种而在田内轮休①。氾胜之在关中地区总结并推广区田法，把庄稼种在沟状或窝状的小区中，在区内综合运用深耕细作、合理密植、等距点播、施肥灌水、加强管理等措施，夺取高额丰产。到了魏晋南北朝时期，更是出现了多种多样的轮作倒茬方式，形成了"耕—耙—耢—压—锄"相结合为特征的黄河流域农业耕作体系。隋唐以后，"耕—耙—耖—耘—耥"相结合的长江流域农业耕作体系基本形成。

耕作技术的进步还体现在轮作复种与间作套种制度的发展。在战国以前，普遍采用撂荒耕作制，通过土地自然休耕的办法来恢复地力。战国时期，黄河流域开始实行轮作复种制。《吕氏春秋·任地》中有"今兹美禾，来兹美麦"的记载，讲的就是轮作。《管子》中记载："常山之东，河汝之间，蚤生而晚杀，五谷之所蕃熟，四种而五获。"说明当时四年可以五熟。《荀子·富国》记载："今是土之生五谷也，人善治之，则亩数盆，一岁而再获之。"表明当时有一年两熟的复种。西汉时期，黄河流域已经有了粟与麦的轮作复种，谷、麦、豆的轮作复种，两年三熟已经比较普遍运用。东汉时期汉水流域出现了一年两熟制。除了稻麦轮作，还出现了绿肥轮作的方式。隋唐时期，轮作复种在北方许多地方都推广开来，在长江以南也快速发展。白居易任职苏州时写道："去年到郡日，麦穗黄离离。今年去郡日，稻花白霏霏。"（《答刘禹锡白太守行》）这首诗似乎可作为当时稻麦轮作的一种证据。宋朝占城稻的引进则进一步促进了南方稻作的复种。初传入时，在二、三月间播种，八月成熟，生长期为 180 天左右。至南宋时，已培育出 120 天、100 天、80 天，甚至 60 天等早熟的品种。在温度适宜的地区，如江淮一带，可一年两熟甚至三熟。南宋稻麦轮作同样很兴盛。杨万里《江山道中蚕麦大熟》（其二）写道："黄云割露几肩归，紫玉炊香一饭肥。却破麦田秧晚稻，未教水牯卧斜晖。"这表明当时已有麦稻轮作。明清时代，双季稻栽培在全国许多地区得到普及。稻麦轮作制也进一步发展。稻棉轮作在一些地区也开始推广。在南方部分地方，三熟制也发展起来，有水稻三熟制，有二稻一麦三熟制，还有麦、稻、菽三熟制。黄河流域的旱作农业，也出现了二熟制和两年三熟制。

间作套种制也是中国传统农业的一大创举。最早记载间作套种的是汉代的《氾胜之书》："至五月瓜熟，蕹可拔卖之，与瓜相避。又可种小豆于瓜中，亩四五升，其霍可卖。"这就是关于瓜、蕹、小豆的间作套种。南北朝时期的《齐民要术》里记载了桑间种植芜菁、桑间种植禾豆、大豆与谷子间作等形式。南宋《陈旉农书》、元代的《农桑辑要》均记载桑间种植的做法。明清时期间作套种进一步发展，包括稻豆间作套种、麦豆间作套种、麦棉套种、粮肥套种、粮菜套种等多种形式。

二、农田水利的建设

水利兴修在古代中国是一项非常重要的活动，也是灾害预防的重要手段。中国人兴修水利工程的历史非常悠久，在浙江良渚文化遗址中就发现了大约距今 5 000 年的良渚古坝遗址。在春秋战国时期，各国就兴修了一批著名的水利工程来预防、减轻水旱灾害。古时较为有名的水利工程有如下几个：

---

① 卜风贤. 重评西汉时期代田区田的用地技术［J］. 中国农史，2010，29（4）：20-27.

（一）芍陂

由春秋时楚相孙叔敖主持修建的水利工程。春秋时期，楚庄王十六年至二十三年（前598—前591年）由孙叔敖创建（一说为战国时楚子思所建）。芍陂引淠入白芍亭东成湖，东汉至唐可灌田万顷。隋唐时属安丰县境，后萎废。1949年后经过整治，现蓄水约7 300万立方米，灌溉面积4.2万公顷。迄今虽已有2 500多年，但其一直发挥着不同程度的灌溉效益。

（二）引漳十二渠

战国初期以漳水为源的大型引水灌溉渠系。灌区在漳河以南（今河南省安阳市北），据《史记》等古籍记载，由战国魏文侯时邺（治今临漳县西南邺镇）令西门豹创建（前422年）。隋唐以后这一带形成以漳水、洹水（今安阳河）为源的灌区。唐代重修天平渠，并开分支，灌田10万亩以上。清代、民国还有时修复利用。1959年国家在漳河上动工修建岳城水库，安阳市随后开挖漳南总干渠，引库水建成大型灌区——漳南灌区，设计灌溉面积达120万亩，代替了古灌渠。

（三）都江堰

坐落在成都平原西部的岷江上，始建于秦昭王末年（约前256—前251年），是蜀郡太守李冰父子在前人鳖灵开凿的基础上组织修建的大型水利工程，由鱼嘴、飞沙堰、宝瓶口等部分组成，2 000多年来一直发挥着防洪灌溉的作用，使成都平原成为水旱从人、沃野千里的"天府之国"，至今灌区已达30余县市、面积近千万亩，是全世界迄今为止，年代最久、唯一留存、仍在一直使用、以无坝引水为特征的宏大水利工程，是中国古代劳动人民勤劳、勇敢、智慧的结晶[1]。都江堰工程示意如图4-1所示。

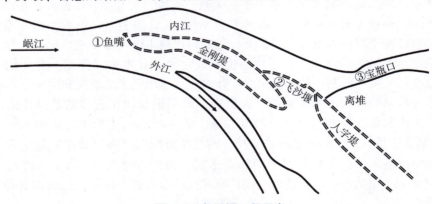

图4-1　都江堰工程示意

（四）郑国渠

建于秦王政元年（前246年），其时韩国因惧秦，遂派水工郑国入秦，献策修渠，借此耗秦人力资财，削弱秦国军队。此举适得其反，促使秦国更加强大[2]。《史记·河渠书》记载："渠成，注填淤之水，溉泽卤之地四万余顷，收皆亩一钟，于是关中为沃野，无凶

---

① 段跟定. 李冰与都江堰的创建历史 [J]. 兰台世界，2012（36）：117-118.
② 梁安和. 中国古代科技史上的丰碑——郑国渠 [J]. 历史教学，2000（10）：6-8.

年，秦以富强，卒并诸侯，因命曰'郑国渠'。"

秦汉政府在中央和地方都设有主管水利工程的机构和职官。汉武帝专门发诏，称"农，天下之本也，泉流灌浸，所以育五谷""通沟渎，畜陂泽，所以备旱也"。在他的支持下，西汉在关中地区兴建了六辅渠、白渠等一大批水利工程。东汉永和年间，会稽太守马臻主持修建溉田 9 000 余顷的鉴湖，"浙以无凶年"，造福绍兴地区七八百年。此外，还在汉水、淮河流域和华北、河套、河西走廊及新疆等地修建了一些农田水利设施。

唐朝共兴建农田水利工程 253 处，其中灌溉面积在千顷以上的就有 33 处。唐朝还制定了相关水法《水部式》。北宋王安石颁布《农田水利约束》，在全国掀起农田水利建设热潮，其时"四方争言农田水利，古陂废堰，悉务兴修"。《宋史·食货志》记载，1070—1076 年间，京畿及各路兴修水利工程 10 739 处，溉田 36 万顷。

元朝工部尚书贾鲁治河，取得了巨大成就。明朝著名水利专家潘季驯先后四次出任河道总督，主持治理河患，倡"束水攻沙"法，借淮河之清刷黄河之浊，黄河河道因此基本稳定了 200 多年。清代把兴修农田水利作为防灾减灾对策，成效显著[1]。康熙皇帝认为，"水利一兴，田苗不忧旱涝，岁必有秋，其利无穷""非修治水利，建立闸座，使蓄水以灌田畴，无以为农业缓急之备"。康熙和乾隆年间，黄淮海平原受灾程度明显减轻，与治河有直接关系。

三、施肥技术的进步

肥料供给作物生产发育所必需的养分。我国农业施肥历史悠久，技术发达。荀子认为"多粪肥田，是农夫众庶之事也"（《荀子·富国》）。可见战国时施肥已普遍化，当时肥料主要包括人畜粪、蚕矢、泥肥和草肥等[2]。西汉《氾胜之书》依据施肥方式不同，把肥料划分为基肥、种肥和追肥等类别。魏晋南北朝时，由以前利用野生绿肥，转变为广泛栽培绿肥。《齐民要术》记载的当作绿肥栽培的作物已有绿豆、小豆、胡麻等。据统计，宋元时肥料种类达 60 多种，明清时增加到 100 种以上。施肥技术上，宋元农书一再强调"用肥得理""用粪犹用药"（《陈旉农书·粪田之宜篇》），针对不同的土壤、作物，选择、精施相应的肥料。在发达的施肥技术基础上，我国古代农学家很早就提出"地力常新论"的命题，和西方"地力衰减论"形成鲜明对照。

四、生产工具的改进

在原始农业时期，农业生产工具主要是石、木、骨制农具，例如石刀、木耜等。所谓"刀耕火种"对应的便是这种生产工具。夏、商、周时期农具有所改进，但所用材料还是以木、石、骨等为主。当时已有青铜生产，但多用于武器、食器和礼器。

到西周末年，用青铜制作的仅有一些中耕农具和收割农具等。春秋战国铁制农具代替了木、石材料农具，从而使农业生产力开始了质的飞跃。战国时期的农具绝大多数是木心铁刃的，即在木器上套了一个铁制的锋刃，这就比过去的木、石质农具大大提高了生产效率。

---

① 周魁一. 潘季驯"束水攻沙"治河思想历史地位辨析［J］. 水利学报，1996（8）：1-7，15.

② 刘彦威. 关于我国古籍中有机肥施用问题的概述［J］. 山西农业大学学报（社会科学版），2004（2）：145-147.

秦统一中国以后，特别是两汉以来，由于冶铁业大发展，不但铁制农具更加普及，成为"民之大用"，而且随着农业生产发展的需要，农具的种类增加，质量也大为提高。西汉中期以后，木心铁刃农具已被全铁农具所代替。随着牛耕的推广，耕犁也有所革新，除犁铧是全铁外，还创造了犁壁，从而更加有利于深耕和碎土。东汉时开沟用的巨型铧，重达 15 千克、长达 40 厘米左右。

隋唐以前，犁架都是直辕，大而笨重，难以灵活调节犁地的深浅。唐代改直辕为曲辕后，使得犁架变小，使用灵活。曲辕的出现使耕田者在耕作过程中能够自由调节犁地的深浅，从而改变了过去二牛抬杠式的牵引方式，只用一牛即可轻松地挽拉一具耕犁，再次提高了耕地的效率[①]。

宋元时期中国农具的发展在动力的利用、机具的改进、种类的增加、使用的范围等方面，都超过了前代。北魏《齐民要术》记载的农具只有 30 多种，而元代《王祯农书》的"农器图谱"所载农具达 105 种之多，几乎包括所有的农具。明清两代的农具较之元代无多大变化，发展比较缓慢，但某些农具仍有改进。

五、品种改良和引进

（一）本土品种的改良

除以上农业技术进步外，古人通过穗选法、种子田、"一穗传"技术、动物的杂交育种等进行种质改良。

中国为世界栽培植物重要起源地之一。起源于中国的粮食作物有粟、黍、稻、荞麦，豆类有大豆、毛黄豆，蔬菜有白菜、萝卜，果树有桃、杏、李、梨、柑橘、荔枝等。中国的农作物种类很多，品种更多，现今水稻品种有 40 000 多个，粟有 15 000 多个。这些都是采用存优汰劣留种和选种技术选育出来的。

中国各地的优良家畜家禽种类之多、品种资源之丰富，过去以及今天都受到世界各国的重视。马、牛、羊、鸡、犬、猪"六畜"，中国在 5 000 多年前就已全部饲养了。中国是最早饲养猪、鸡、鸭、马的国家之一，也是最早用杂交方法培育骡的国家。《夏小正》中的"攻驹"就是给马去势。日本学者认为，世界上马的阉割以中国为最早。中国还有一些特殊的家畜饲养技术很受重视，如马蹄铁的发明，使骑乘马匹更加便捷和安全，推动了骑兵的发展，提升了冷兵器时代的作战速度，进而改变了世界格局。中国的兽医自成体系。周代兽医已从医学中独立出来。《周礼·天官》中有"兽医"，职掌治疗"兽病"（内科）、"兽疡"（外科）。

中国是最早养蚕、种桑、缫丝的国家。园艺方面，嫁接技术在中国出现比较早，《齐民要术》对嫁接原理、方法已有比较详细的记述。

（二）国外品种的引进

在选育改良本土品种的同时，古人也注意引种。汉代，西域的葡萄、石榴、苜蓿、胡豆、胡瓜、胡麻等陆续移植内地。唐代，外来作物莴苣、菠菜等得到种植。宋元时期，从越南引进的占城稻传到江淮地区。明代美洲作物逐渐传入，如玉米、甘薯、马铃薯、烟草

---

① 宋兆麟.唐代曲辕犁研究［J］.中国历史博物馆馆刊，1979（0）：62-72，151.

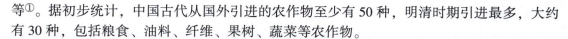

等①。据初步统计，中国古代从国外引进的农作物至少有 50 种，明清时期引进最多，大约有 30 种，包括粮食、油料、纤维、果树、蔬菜等农作物。

1. 番薯

大多数学者认为，番薯是在明朝万历年间（约 16 世纪末）传入中国，由于其与中国传统薯类相似，所以取薯为名②。《辞海》记载："九州之外，谓之番国。"所以在"薯"字前面冠以"番"字。《海外新传七则》明确指出："薯传外番，因名番薯。"据多数文献资料考证，番薯原产中南美洲热带地区，现秘鲁、厄瓜多尔、墨西哥一带。哥伦布发现新大陆后，把番薯带到西班牙，16 世纪上半叶西班牙水手将其带到菲律宾马尼拉和印度尼西亚马鲁古群岛，再从这些地方传到亚洲各地。传入中国的路线大概有四条：（1）从菲律宾传入福建长乐地区；（2）从越南引入广东，主要由陈益、林怀兰等人从越南引种到广东东莞和电白等地区；（3）从文莱引入台湾地区；（4）嘉庆年间从印度、缅甸由陆路引入云南地区。

2. 玉米

玉米原称玉蜀黍，原产于中南美洲，大约在明朝嘉靖年间（1522—1566 年）传入中国，传入我国的时间早于番薯。玉米传入中国的时间并不像番薯那么清楚，根据史料推测，传入中国的途径大概有三条：一是从西班牙传到麦加，经丝绸之路引种到我国西北地区；二是从欧洲传到印度、缅甸等地区，再由这些地区传入我国西南地区；三是由欧洲传到菲律宾，后由葡萄牙商人或在菲律宾等地的中国商人经海路传到中国东南部地区。传入中国后，玉米在中国的产区主要集中在陕、鄂、川、湘、贵、桂六省区。19 世纪中叶后，玉米开始向平川地区推广，进入 20 世纪后，逐渐成为黄河中下游地区的重要粮食作物③。

3. 马铃薯

马铃薯原产南美洲，17 世纪中叶引进中国。马铃薯的别名众多，西南地区多叫洋芋、山芋，北方地区多叫土豆、山药蛋，闽广地区多称荷兰薯、爪哇薯。马铃薯通过多渠道、多方面引入中国，并没有详细的时间和地点，具体时间和地点在农史学界有争议，主要有两种观点：第一种观点认为是明朝万历年间引入，主要依据是蒋一葵《长安客话》中有关土豆的记载，认为早在明末马铃薯就在华北平原种植④，"京津一带可能是亚洲最早见到马铃薯的地方之一"⑤；第二种观点认为清朝早期引入中国，1650 年荷兰人斯特儒斯（Henry Struys）到中国台湾地区访问，曾见到台湾有种马铃薯⑥。当时台湾被荷兰人占领，台湾省的马铃薯很有可能是荷兰人从菲律宾引入荷兰的。而大陆引进马铃薯的时间要迟于台湾，福建《松溪县志》卷六记载："马铃薯，叶依树生，掘取之，形有大小，略如玲子，色黑而圆，味苦甘。"

① 宋军令. 明清时期美洲农作物在中国的传种及其影响研究［D］. 开封：河南大学，2007.

② 周源和. 甘薯的历史地理——甘薯的土生、传入、传播与人口［J］. 中国农史，1983（3）：14.

③ 游修龄. 玉米传入中国和亚洲的时间途径及其起源问题［J］. 古今农业，1989（2）：10.

④ 翟乾祥. 华北平原引种番薯和马铃薯的历史［M］//中国古代农业科技编纂组. 中国古代农业科技. 北京：农业出版社，1980.

⑤ 翟乾祥. 马铃薯引种我国年代的初步探索［J］. 中国农史，2001，20（2）：3.

⑥ 何炳棣. 美洲作物的引进、传播及其对中国粮食生产的影响（三）［J］. 世界农业，1979（6）：25-31.

4. 花生

花生原产地为南美洲，美洲大陆与世界的交往是从 1492 年哥伦布发现新大陆后开始的。因此，原产于美洲大陆的农作物向其他地区传播应该是通过哥伦布及其以后的商船进行的。花生从南洋传入中国主要原因就是明代中国与南洋各国的贸易频繁。传入中国的花生有小粒和大粒两种，小粒花生是 15 世纪传入南沙群岛的①。中国最早关于小花生的记录是黄省曾（1490—1540 年）所著的《种芋法》载："又有皮黄肉白，甘美可食，茎叶如扁豆而细，谓之香芋，又有引蔓开花，花落即生，名之曰'落花生'。皆嘉定有之。" 19 世纪中后期，大花生传入中国山东省，据原金陵大学农林学院农业实验记录："山东蓬莱县之有大粒种，始于光绪年间，是年大美国圣工会副主席汤卜逊自美国引入 10 瓜得（quarter）② 大粒种至沪，分一半于长老会牧师密尔司，经其传种于蓬莱。该县至今成为大粒花生之著名产地。邑人思其德，立碑以纪念之，今犹耸立于县府前。" 而关于大花生最早的记录，记载于《平度州乡土志》："同治十二年，州人袁克仁从美教士梅里士乞种数枚，十年始试种，今则连阡陌矣。" 因小粒花生引入早，人们习惯称其为本地花生，而称大粒花生为洋花生。

5. 番茄

番茄，原产于南美洲西部高原地带，在明朝万历年间传入中国。明末，王象晋的《群芳谱·果谱》中著录有一种"番柿"，描述为："番柿，一名六月柿，茎似蒿，高四五尺，叶似艾，花似榴，一枝结五实或三四实，一树二三十实，缚作架最堪玩，火伞、火珠未足为喻，草本也。来之西番，故名。" 关于番茄传入中国的途径有学者根据日本星川清亲《栽培植物的起源与传播》认为主要有以下路径：第一，番茄最初从海路传入中国南方沿海城市，一条是从欧洲沿印度洋经马来西亚、爪哇等地传入中国南方沿海城市，另一条是经"海上丝绸之路"从美洲传到菲律宾，再进一步传到中国沿海地区；第二，从荷兰传到中国台湾，再传到福建省；第三，20 世纪初期，由俄罗斯传入黑龙江，1915 年和 1930 年《呼兰县志》记载："洋柿：草本俄种也。实硕大逾于晋产，枚重五六两，生青熟红，味微甜。" 由此可知，番茄于明朝末年传入中国，但引种之初长期作为观赏植物，传播速度较慢，清代末年、民国初期也只是在大城市郊区有栽培。直到 20 世纪 30 年代，中国在东北、华北、华中地区开始种植，中华人民共和国成立后才大规模发展③。

第四节　中国农业生产力发展的启示

农业生产力同其他社会生产力相比，由于构成因素不同，其发展运动必然有自身的特点和规律，从我国农业生产力发展中可以得到很多启示，包括注重对环境的适应和改造、提高土地利用方式的集约性和传统因素的累积改良等。

① 万国鼎. 花生史话 [J]. 中国农报, 1962 (6)：17.
② 瓜得，即夸脱，1 夸脱（美制）= 0.946 升。
③ 肖瑜，安志信，黄亚杰，等. 番茄发展传播史初探 [J]. 中国蔬菜, 2017 (12)：4.

一、注重对环境的适应和改造

由于自然界大气候人力无法改变，人们对"天时"条件强调自觉适应与充分利用，改善农业环境侧重于土地，精细的土壤耕作、广积巧施肥料和在有条件的地方发展农田排灌，是达到这一目的的主要手段。为了提高作物的产量、品质和抗逆性，人们十分重视品种的选育、保纯和种子的保藏处理，并善于利用农业生态系统中各种生物之间相互依存和制约的关系，使其向有利于人类的方向发展。这一切措施，都是围绕着提高土地利用率、增加单位面积农用地产品的数量、品质和种类这一轴心转的。

我国古代人民把农业生产的环境条件概括为"天"和"地"两个方面。古人的所谓"天"，尤其是农业生产中的所谓"天"主要是指气候，由于气候变化表现为一定的时序，所以又称为"天时"或"时"。农业是以自然界生物的自然再生产为基础的，自然界一切生物的生长、发育、成熟、繁衍都受气候变化的影响；中国主要处于北温带，四季分明，这种情形就更为明显。中国古代农时意识之强烈世所罕见。《尚书·尧典》说"食哉唯时"，表明人们很早就认识到把握农时对以食物生产为中心的农业具有头等重要的意义，农业生产首先要与气候的年周期节律保持一致。中国古代，虽然在园艺和花卉的促成栽培上已经懂得创造和利用局部的人工小气候，但总的说来还不可能控制和改变大的气候环境，所以人们总是强调对它的自觉适应和充分利用，"不违农时""勿失农时"成为全民的共识。这些要求推动了历法的进步，逐渐形成了中国所特有的长期指导农业生产的二十四节气。不过中国古代对农时的掌握不是采取单一的手段，而是综合考虑物候、天象、气象、节气等多种因素，形成一个指时体系；其中尤以二十四节气与物候的结合相互补充最具特色。

农业环境中"地"（土壤、地形等）的因素，在一定条件下是可以改变的，我国古代人民很早就认识到这一点，并自觉地把改造农业环境的努力侧重在土地上，在实践中形成很有特色的"土宜论"和"土脉论"。"土宜论"建立在对各类不同土壤的特性以及土地与植物关系深刻认识的基础之上，它要求人们按不同的土壤、不同的土类和不同的地区特点来发展农业生产。"土脉论"把土壤看作有气脉的活的机体，它可以追溯到西周晚期。中国传统农业关于土壤肥力可以变动和通过人工培肥可以使"地力常新壮"的理论，就是在这个基础上提出来的[1]。在"土宜论"和"土脉论"的指导下，人们综合运用耕作、施肥和灌溉等措施，不但给作物生长创造了良好的土壤环境，而且把大量条件差、产量低的土地改造成良田。耕、耙、耱、压、锄相结合的北方旱地耕作技术，耕、耙、耖、耘、耥相结合的南方水田耕作技术，成为传统农业精耕细作体系的重要组成部分。中国农田施肥起源很早，而且日益受到人们的重视，甚至到了"惜粪如惜金"的地步。肥料来源除天然肥和绿肥以外，包括人们在农业生产和生活中的一切可以利用的废弃物。《沈氏农书》说："作家第一要勤耕多壅，少种多收。"简明地概括了中国传统农业中的若干基本特点。中国古代农业又很重视发展农田灌溉，不同于古代欧洲农业收成取决于天气好坏。合理排灌也是改善土壤环境的重要措施，这方面有先秦的农田沟洫、战国以后的灌淤压碱，南方稻作的烤田技术等。用地养地相结合是我国农业的优良传统。我国古代土地之所以利用率

---

① 赵志明，祖宏迪. "地力常新壮"的法宝——我国传统农业肥料和施肥农具 [J]. 农村·农业·农民（A版），2017（15）：58-59.

不断提高而地力长久不衰，被世人视为奇迹，主要就是依靠建立在土宜论和土脉论基础上的合理的耕作、施肥、灌溉和栽培等综合措施，而不是依靠什么黄土的"自行肥效"。

二、提高土地利用方式的集约性

我国历史上实行的各种土地制度，从井田到名田到王田和均田等，土地利用方式随着生产力的发展而变化，通过不断地改变和调整以适应社会状况的变化。每一种土地制度从产生到成熟再到消亡的过程同时又是一个社会生产力与生产关系相适应到促进发展再到阻碍其发展的过程。超前或落后的生产关系（土地利用方式）对生产力都不可能有促进作用，最终只能被淘汰，只有集约的土地利用方式被留了下来。

扩大农用地面积和提高单位面积农用地的产量（即土地生产率）是发展农业生产的两条途径。随着人口的增加，中国历代都在扩大耕地面积和农用地范围，并创造了圩田、涂田、梯田等多种土地利用方式。但不晚于战国时代，人们已经认真考虑如何提高单位面积产量，并把发展农业生产的重点放在土地生产率的提高上。如战国初年李悝指出"勤谨治田"亩产可提高 20%，他的"尽地力之教"，就是要发挥土地生产潜力，提高土地生产率。要通过提高单产来提高总产，就不能盲目扩大经营规模。从先秦诸子到历代的农学家，无不强调集约经营、少种多收。这种主张的产生不单纯因为人口增加，耕地紧缺和小农经济力量薄弱；人们在长期生产实践中认识到，集约经营、少种多收，比之粗放经营、广种薄收，在对自然资源的利用和人力财力的使用上，都是更为节省的。明末《沈氏农书》引老农的话说："三担也是田，两担也是田，五担也是田，多种不如少种好，又省气力又省田。"

中国传统农业土地利用水平是不断提高的：夏商西周时期，休闲制代替了原始农业的撂荒制，出现了畎亩结合的土地利用方式。春秋战国至魏晋南北朝时期，连种制取代了休闲制，并创造了灵活多样的轮作倒茬和间作套种方式；隋唐宋元时期，水稻与麦类等水旱轮作一年两熟的复种有了初步的发展。明清时期，除了多熟种植和间作套种继续发展以外，又出现了建立在综合利用水土资源基础上的立体农业的雏形。上述土地利用方式的依次进步，成为中国传统农业科学技术各个发展阶段的重要标志。农业的基础种植业是依靠绿色植物吸收太阳光能转化为有机物质的。我国传统种植制度的特点是多熟种植和轮作倒茬、间作套种相结合，一方面尽量扩大绿色植物的覆盖面积，以至"种无闲地"；另一方面，尽量延长耕地里绿色植物的覆盖时间，以至"种无虚日"，使地力和太阳能得到充分的利用，以提高单位面积产量。至于在水土资源综合利用基础上多种生物共处和多层次配置的"立体农业"，对土地、资源和太阳能的利用就更为充分，而单位农用地产出的数量、质量和品种也更为丰富了。提高土地利用率和土地生产率，是中国传统农业的主攻方向，也是精耕细作技术体系的基础和总目标。集约的土地利用方式与精耕细作是互为表里的。

三、重视传统因素的累积改良

中国古代农业也非常重视传统因素的累积改良，特别是提高农业生物自身的生产能力。中国古代提高农业生物自身的生产能力的主要途径有二：一是通过驯化、引进、育种相结合来取得高产优质的作物和禽畜品种；二是根据农业生物的特性采取相应的增产措施。在良种选育方面，采取了有性繁殖和无性繁殖，种内杂交和种间杂交等多种手段，成绩斐然。其中田间穗选与单种、单收、单藏、加强田间管理等措施相配合的系统选育法，把育种、繁种和保纯复壮结合起来，最有特色，又注意到外部形态与内部特性的相关性、畜禽繁育与外界环境的协调。中国古代农业在长期发展中培育和积累了丰富的作物与畜禽品种资源，成为最可宝贵的农业遗产之一。"因物制宜"，是中国传统农业的重要原则之一。它建立在对各种农业生物的形态、习性及其对外部环境的要求深入细致观察的基础上。尤其值得提出的是，传统农学对农业生物内部（如营养生长与生殖生长、不同生长部位和生育时期）、生物群体中同一生物不同个体和不同种类生物之间的相互依存和相互制约有着深入的认识，并巧妙地加以利用，趋利避害，使之向人类所需要的方向发展。这些生物技术措施，比之土壤耕作措施，意义可能更为重大，影响可能更为深远。

1. 中国农业经济结构的发展演变有哪些表现？
2. 中国农业生产力的发展表现在哪些方面？
3. 中国古代农业技术进步包括哪些主要内容？
4. 中国农业生产力发展的主要启示有哪些？

第五章 中国农产品贸易与价格史

学习目标

1. 了解中国农产品贸易发展的历史；
2. 了解中国农产品价格变化的历史；
3. 了解中国古代农产品价格思想与政策；
4. 理解中国农产品贸易及价格变化的基本规律。

第一节　中国农产品贸易的发展演变

一、农产品贸易产生的条件

自古以来，由于各地气候、土壤和水文等自然环境条件的不同，生产出来的物品也各不相同，水稻、小麦、高粱、棉花、烟叶、甘蔗等都有不同的产区。**贸易的作用就在于互通有无，出售农产品能够获取大量的利润，必然刺激生产者的积极性，而输入当地欠缺的物资，又可以使居民安心致力于发展本地的优势生产，有利于因地制宜地进行土地开发。**

学术界一般认为，商品经济的存在和发展，是中国封建时代农业民族自然经济的一个极为重要的条件。作为商品的农产品来自两个方面：一是个体劳动者，二是大土地所有者。个体农民要实现自给自足，必须把一部分农产品和手工业品拿到市场上去出卖，以买回自己所需要的生产资料、生活资料，乃至缴纳官府的租赋。据学者估计，为了生计，个体小农至少要出卖 10% 的农产品（包括家禽、家畜产品）[①]。虽然对于个体小农来说，出卖的农产品不多，但因为我国人口众多，农民又占总人口的 90% 以上，所以，个体劳动者出卖的农产品汇入市场之后，就是一个比较大的数量了。从历史上看，大土地所有者为追求富裕而进行农业的商品生产，也进一步促进了农产品贸易的繁荣发展。大土地所有者所生产的粮食，除少量自己享用以外，多数也会进入市场以牟取利益。假设某户有田 100

---

① 郑学檬. 简明中国经济通史［M］. 北京：人民出版社，2005.

顷（10 000 亩）用于出租，以亩产 2 石，亩租 1 石计算，这些土地可以收租 1 万石，除去交纳官府的赋税、家庭口粮和家禽家畜饲料等，余粮也可在 8 000 石以上。折算起来，这个家庭的商品粮可占其全部所得粮食的八成以上，数量很大。

从我国农产品贸易的历史来看，早在商代，商品生产和商品交换就有所发展，在交换的商品中，农产品所占的比例应该不小。随着商品交换的扩大，货币也就出现了。最早使用的是海贝，又出现了骨贝和青铜贝。在殷墟大司空村的发掘中，曾发现过仿海贝铸造的青铜贝，这可能是世界上最早的金属货币①。

战国之后，小农经济成为中国农业经济结构中一支重要的力量，个体小农为实现自给自足，必须把一部分农产品和手工业产品拿到市场上去卖，以买回自己所需要的生产资料和生活资料。这部分农产品，主要是粮食。宋代思想家李觏对此曾有分析，他在《富国策》第六章中指出："夫农劳于作，剧于病，爱其谷甚于生也，不得已而粜者，则有由焉：小则具服器，大则营婚丧；公有赋役之令，私有称贷之责。故一谷始熟，腰镰未解，而日输于市焉。"就是说农民辛辛苦苦一年种出来的粮食，珍惜得不得了，但又不得不在市场上卖掉，是有原因的，或者是为了购买日常生活用品，或者是为了筹集营办婚丧嫁娶的费用，或者是为了缴纳官府的钱款，或者是为了偿还贷款。总之，谷物才成熟，连腰里的镰刀都还没解下来，就把粮食运到市场上卖掉。

总体上来说，唐代以前，农产品商品化趋势并不明显。唐宋以后，中国一些农户所种植的经济作物开始大量投入市场，刺激了农产品贸易的迅速增长。而经济作物种植和多种经营的发展必须建立在商品粮增多的基础上，农村专业户、专业手工业者和商人都需要从市场上获得粮食，粮食商品化与经济作物种植、贸易的发展是相互促进、相辅相成的。

二、粮食和经济作物贸易

（一）粮食贸易

粮食产品早在战国时期就已经成为市场交易的商品了。当时魏国主持变法的李悝曾经计算过农户一年的收入，他认为当时的农户如以五口之家计算，一年耕耘所得的粮食除去自家食用和缴纳税赋之外，可剩余 45 石，按每石粟价 30 钱计算，合 1 350 钱，除掉社间春秋祭祀用钱 1 500，就出现了 150 钱的赤字。这条史料证明当时的粮食有市场价格，换句话说，粮食通过贸易进入了市场。

一般来说，参与贸易的商品粮具有农业经营者被迫出售和自用有余出售牟利这两种来源。前者是贫苦农民迫于债务、赋税等，不仅要出售余粮，甚至还要出售口粮。西汉时晁错所讲的："今农夫五口之家，其服役者不下二人，其能耕者不过百亩。百亩之收不过百石。春耕、夏耘、秋获、冬藏、伐薪樵、治官府、给繇役。春不得避风尘，夏不得避暑热，秋不得避阴雨，冬不得避寒冻。四时之间，亡日休息。又私自送往迎来，吊死问疾，养孤长幼在其中。勤苦如此，尚复被水旱之灾，急政暴虐，赋敛不时，朝令而暮当具。有者半贾而卖，亡者取倍称之息。于是有卖田宅鬻子孙以偿债者矣。"（《论贵粟疏》）反映的就是这种情况。后者则是商品粮的主要来源，因为地主和富裕农民能够向市场大量提供粮食，也分为两种情况，一种情况是偶然有余粮出售，第二年不一定有余粮；另一种情况

---

① 安志敏，江秉信，陈志达 . 1958—1959 年殷墟发掘简报［J］. 考古，1961（2）：17.

是专门为市场生产商品粮。

前文已述，唐代以前，农产品商品化趋势并不明显，商品粮的生产与经营活动在唐代才开始兴盛起来。反映唐代粮食贸易的史料很多，一是表现在粮食的流通贩运方面，二是表现在粮食的市场销售方面，均表明粮食已经成为贸易中的普遍和大宗的商品，粮食的贸易已经具有一定的规模。有研究表明，唐代粮食的流通贩运开始打破先秦、秦汉时"千里不贩籴"的局面，说明粮食作为商品运销已具有了相当的营利性。这里面有政府籴入粜出的地区间的粮价平衡和财政收益，也有商人的大量运营①。《唐会要》卷九十"闭籴"条就记载了玄、肃、代、宣、懿诸朝禁止诸道州县闭籴，方便商人进行粮食贩运的敕令。

宋代粮食亩产量和总产量比唐代又有所提高，在最发达的东南路，每亩产量常为 2~3 石，其他普通地区为 1.5 石左右。方回在《续古今考》中记秀州五口之家的佃户，耕田 30 亩，以一半交租，自得 30 石，人日食 1 升，一年 18 石，则有剩余米 12 石，全部投入市场。粮食贸易数量增长之大，体现在宋代商品粮市场的较大发展变化之中。具有一定规模的商品粮远距离贸易，突破了地区丰歉调剂的格局，而在一些商品粮供给地和消费市场之间持续展开，完全冲破了"千里不贩籴"的古谚。最大的商品粮基地太湖平原米谷供给杭州、浙东以至福建，长江中游各地的商品粮顺江而下销江淮，两广米谷供给福建及浙东，南方米谷通过官府及私商运至汴京。

粮食作为大宗商品，在元代不但贩运数量很大，而且在南至福建、广东，北达大都、和林的广袤地域都有非常兴盛的长途贸易，足见粮食贸易有大幅增长。江南地区是元代最重要的产粮地区，无论粮食的单位面积产量还是总产量都在全国遥遥领先。作为人们生活中不可或缺的物品，粮食除供应当地食用和缴纳赋税外，还有相当部分进入流通领域，特别是北方大都等城市里的大小官吏、士兵、工匠、市民和商贩等人都需要仰赖江南漕粮。仅海运漕粮一项，最多时一年达 200 多万石之巨。"大都居民所用粮斛，全藉客旅兴贩供给"（《通制条格》卷二十七《拘滞车船》），广大居民全仰商贾由南方往北贩运的粮米为生。南粮北调成为当时的一项基本国策，这些北上的粮食一部分通过政府组织运输，另一部分则由商人自行贩卖。这些粮食供应贩卖量的多寡直接影响到它在市场上的价格，正所谓"来的多呵贱，来的少呵贵"，体现出商品交换中价格随着供需关系变化而起伏。

市场对资源的配置发生导向作用，价格机制开始有效地调节全国商品粮流通的地区平衡，这在清代粮食贸易中表现得十分明显。乾隆皇帝曾说："浙西一带地方所产之米，不足供本地食米之半，全藉江西、湖广客贩米船，由苏州一路接济。向来米船到浙，行户接贮栈房，陆续发粜，乡市藉以转输。即客贩偶稀，而栈贮乘时出售，有恃无恐。是以非遇甚欠之岁，米价不致腾涌。向来情形如此。"（《清高宗实录》卷三一四）可见，苏州米运至浙西，无论在城市还是乡村，都形成了一个有机的销售网络，完成向最终消费者分散的功能。米谷贩运常年稳定，货源充足，因此行户能够有恃无恐，即使在粮食歉收的年景里，也不会造成价格的大变动。康熙五十五年（1716 年），苏州织造李煦所上奏折也反映了这种情况："苏州八月初旬，湖广、江西客米未到，米价一时偶贵，后即陆续运至，价值复平。"苏州米价深受长江中游米谷输入的影响，而米谷运输较稳定，米价的大起大落通常只是偶发现象。不仅销地市场如此，产区亦然。嘉庆《善化县志》说："湖南米谷最多。然不以一岁之丰歉为贵贱，而以邻省之搬运为低昂。"这就是说，湖南产地的米价，

---

① 刘玉峰. 唐代商品性农业的发展和农产品的商品化 [J]. 思想战线，2004，30（2）：10.

决定性的因素主要不是自然丰歉原因，而是市场状况。

商品粮贸易的发展改变了清朝顺治年间和康熙初年农民"以田为累"的困难处境，田价不断上涨。乾隆时人黄炎《限田说》云："考明代正、嘉极盛之际，田价不过亩一金。至本朝康熙以来迄于今，则亩或十金或数十金。偶遇岁祲，谷价腾涌。富者积粟居奇，坐拥重资，有田之利而无田之害，是以不爱重值以收膏腴。邻近之业而中人不能与之争，故相竞而田益贵。"①

（二）茶叶贸易

唐代以后，农业生产越来越具有以交换价值为目的的性质，农产品转化为商品的现象越来越明显了，这除了表现为粮食生产的商品化趋势以外，尤其明显地表现在经济作物的种植上，如唐代的种植茶树。茶农是为了把茶叶拿到市场上去出卖而种植树的，其生产目的一开始就很明显是交换而不是使用。

唐代农民广为种植茶树，是和唐代人饮茶之风盛行相关的。中国人饮茶起源较早，相传在西周时期，四川的一些少数民族曾把四川所产的茶带到中原作为礼物，但在当时不叫茶而叫"荼"。西汉时，西南地区饮茶已相当普遍。当时的中原地区则把茶当作药用，认为饮茶可以提神醒脑。晋代时，已经按照采茶时间不同，把茶叶分为茶（春茶）、茗（夏茶）了。唐代时饮茶之风在南北城乡都较普遍，作为一种特殊的农产品，茶园户除了消费自己生产出来的少量茶叶外，其中绝大部分产品都拿到市场上进行销售，以换取其他生活必需品。唐中期以后，越来越多的农户专门从事茶叶生产，茶叶生产专业化水平日益提高，规模较大、需雇工经营或租佃经营的大茶园也出现了。中国北方各地由于地理条件的限制，一般不出产茶叶，因此，每年的采茶季节，大量商业资本涌入南方产茶地进行茶叶交易，如祁门县产的茶色香俱佳，吸引了各地茶商前来采购。"每岁二三月，赍银缗缯素求市，将货他郡者，摩肩接迹而至"（《全唐文》卷八〇二《祁门县新修阊门溪记》）。这大大加强了南方茶叶产地与全国其他地区的商贸往来，繁荣了唐代商品经济。杨华在《膳夫经手录》中记载：蜀茶自谷雨后，岁取数百万斤；浮梁茶，其于济人，百倍于蜀茶；薪州、鄂州、至德茶，其收藏又倍于浮梁；衡州团饼岁取十万。

唐代政权也从茶叶贸易中征收了大笔的税赋，而且增加速度很快，前文所述贞元九年，初税茶得钱四十万贯，自此以后茶税每年都有增加，到宣宗时"天下税茶倍增贞元"（《新唐书》卷五十四《食货志四》）。短短数十年时间里，榷茶所得就翻了一番。宣宗大中年间，茶税约占政府岁收入的 3.92%。学者总结唐代茶叶经济的五大功能：增加财政收入，繁荣商品经济；加速经济重心的南移和江南地区的开发；激发农业活力，解决农民生计；推动制瓷业的进步；促进交通运输业的发展；等等②。

宋代，茶业已上升到本业地位，茶园户队伍不断壮大，茶区扩展到了平原田地，出现了茶树排挤水稻的现象，以四川地区最有代表性。史称"蜀之茶园，皆民两税地，不殖五谷，唯宜种茶……民卖茶资衣食，与农夫业田无异"（《宋史》卷一八四《食货志》）。越来越多的农户以茶业为生。宋政府对发展茶叶生产也颇为重视。在淮南薪、黄、庐、舒、光、寿六州，官府设置了 13 个山场，成立了专门的茶叶经济区。

---

① 《嘉庆善化县志》卷十八艺文。
② 卢华语. 全唐诗经济资料辑释与研究 ［M］. 重庆：重庆出版社，2006.

唐代除有短暂的官制、官收、官卖的榷茶政策之外，茶叶贸易较为自由，政府只征收茶税而已。北宋前期的四川、广南亦听任茶商贸易，嘉祐四年（1059年）之后一段较长的时间内，宋政府在东南等茶区废除榷茶，实行通商法。在这种条件下，商人和茶园户直接进行茶叶交易，商业资本直接作用于茶叶生产。但总体上说，宋代茶叶自由贸易的时间不长、地区不多。在多数情况下，政府实施控制茶叶流通的榷茶政策。榷茶方式灵活多变、名目繁杂，主要方式是交引茶法、贴射茶法和卖引法。北宋前期多用民制官收商销式的茶叶间接专卖体制，即交引法，政府散给园户本钱，低价收购园户茶叶，高价售予商人。在贴射法下，商人向官府交纳净利后即可与园户贸易。而卖引法则在商人购买贩茶许可证后允许商人与园户贸易[1]。

榷茶政策使商业资本受到严格控制，从而使商人资本对茶叶生产的积极作用难以正常发挥。榷茶专卖制度与商业资本之间的矛盾斗争制约了茶业经济中资本主义因素的健康成长。也有学者指出：茶叶生产加工既属农业生产，又兼有手工业的特点，商业资本投资于茶叶生产存在一些不利于其自身增殖的一些因素。茶叶生产具有季节性、周期性，不利于商业资本及时运转；茶叶生产受自然条件限制较大，一旦发生自然灾害可能给茶叶生产带来灭顶之灾，商业资本投资于茶叶生产的风险亦随之增大了，而投资于茶叶贸易则易于周转资金且风险较小，从而减弱了商业资本向生产领域渗透的动力[2]。

古代茶叶贸易中，还有一项十分重要的内容：茶马互市。**茶马互市是唐、宋、明、清等朝代以茶叶等物资与周边少数民族交换马匹的一种经济活动，是中国封建社会后期各民族间经济联系的重要方式。**

茶马交易最早出现于唐代，但直到宋朝才成为定制，设置了专门管理茶马交易的机构。宋朝初年，内地用铜钱向边疆少数民族购买马匹，但是这些地区的牧民则将卖马的铜钱渐渐用来铸造兵器，这在某种程度上威胁到宋朝的边疆安全，因此，宋朝在太平兴国八年（983年），正式禁止以铜钱买马，改用布帛、茶叶、药材等来进行物资交换。为了使边贸有序进行，还专门设立了茶马司，茶马司的职责是："掌榷茶之利，以佐邦用；凡市马于四夷，率以茶易之。"（《宋史》卷一六七《职官志》）这就是茶马互市的源起。茶马互市也是制约边疆少数民族的一种重要手段。由于自然环境方面的原因，一些少数民族人民对茶叶十分依赖，因为茶能解毒祛病，可以解油腻、助消化。因此，控制了茶叶的供给，就等于控制了少数民族人民的生活。所以，茶叶自宋以来不但成为中原王朝与西北和西南地区之间的大宗经贸产品，而且也成为与少数民族之间保持友好关系的物质手段。茶马互市对维护宋朝在西南地区的安全与稳定起到了重要作用，是两宋王朝具有重要的战略意义的治边政策。此外，通过茶马贸易，还满足了封建王朝对战马的需要，又为朝廷提供一笔巨额的茶利收入解决军费之需。

在茶马互市的政策确立之后，宋朝于今晋、陕、甘、川等地广开马市，大量换取吐蕃、回纥、党项等族的优良马匹，用以保卫王朝边疆。到南宋时，茶马互市的机构，相对固定为四川五场、甘肃三场八个地方。四川五场主要用来与西南少数民族交易，甘肃三场均用来与西北少数民族交易。元朝不缺马匹，因而边茶主要以银两和土货交易。到了明代初年，茶马互市再度恢复，一直沿用到清代中期才渐渐废止。

---

① 冯开文，李军．中国农业经济史纲要［M］．北京：中国农业大学出版社，2014.

② 孙洪升．唐宋时期的茶叶生产与商业资本的关系［J］．云南教育学院学报，1998（1）：26-35.

（三）丝绸贸易与丝绸之路

我国是世界上最早饲养家蚕和缫丝织绸的国家，根据考古学的发现推测，在距今五六千年前的新石器时代中期，中国先民们便开始了养蚕、取丝、织绸。到了商代，丝绸生产已经初具规模，具有较高的工艺水平，有了复杂的织机和织造手艺。从西周到战国，桑蚕、丝绸的生产已经遍及全国，花色品种也丰富多彩，除了帛、素、锦、绣、彩之外，还出现了缦、绨、缟、纱、绮等 10 多个品种，制作工艺已发展到一定水平。

到了秦汉时期，丝织业得到了迅速发展，全国出现了一批丝绸的重点产区。长安是宫廷丝工场的主要所在地，主要生产皇帝及大臣的冠冕和祭服。成都被称为"锦官城"，以出产"阿丽纤靡"的蜀锦而闻名于世。河西走廊，在东汉时期也有了养蚕的丝织业。随着汉代中国对外的大规模扩展影响，丝绸的贸易和输出达到空前繁荣的地步。当时，丝绸成为罗马人狂热追求的对象。古罗马的市场上丝绸的价格曾上扬至每磅[①]约 12 两黄金的天价，造成罗马帝国黄金大量外流。这种情况甚至迫使元老院断然制定法令禁止人们穿着丝衣。

贸易的推动使中原和边疆、中国和东西邻邦的经济、文化交流进一步发展，从而形成了著名的"丝绸之路"。除了汉代形成的路线之外，"丝绸之路"还包括在南北朝时期形成、在明末发挥巨大作用的海上丝绸之路以及与西北丝绸之路同时出现，在元末取代西北丝绸之路成为路上交流通道的南方丝绸之路等。

西北丝绸之路东面的起点是西汉的首都长安或东汉的首都洛阳，经陇西或固原西行至金城（今兰州），然后通过河西走廊的武威、张掖、酒泉、敦煌四郡，出玉门关或阳关，穿过白龙堆到罗布泊地区的楼兰。汉代西域分南道北道，南北两道的分岔点就在楼兰。北道西行，经渠犁（今库尔勒）、龟兹（今库车）、姑墨（今阿克苏）至疏勒（今喀什）。南道自鄯善（今若羌），经且末、精绝（今民丰尼雅遗址）、于阗（今和田）、皮山、莎车至疏勒。从疏勒西行，越葱岭（今帕米尔）至大宛（今费尔干纳）。由此西行可至大夏（在今阿富汗）、粟特（在今乌兹别克斯坦）、安息（今伊朗），最远到达大秦（罗马帝国东部）的犁轩（又作黎轩，在埃及的亚历山大城）。另外一条道路是，从皮山西南行，越悬渡（今巴基斯坦达丽尔），经罽宾（今阿富汗喀布尔）、乌弋山离（今锡斯坦），西南行至条支（在今波斯湾头）。如果从罽宾向南行，至印度河口（今巴基斯坦的卡拉奇），转海路也可以到达波斯和罗马等地。

南方丝路是由三条道组成，即灵关道、五尺道和永昌道。这条丝路从成都出发分东、西两支，东支沿岷江至僰道（今属宜宾），过石门关，经朱提（今昭通）、汉阳（今赫章）、味县（今曲靖）、滇（今昆明）至叶榆（今大理），是谓五尺道。西支由成都经临邛（今邛崃）、严关（今雅安）、莋都（今汉源）、邓都（今西昌）、盐源、青岭（今大姚）、大勃弄（今祥云）至叶榆，称之灵关道。两线在叶榆会合，西南行过博南（今永平）、嶲唐（今保山）、滇越（今腾冲），经掸国（今缅甸）至身毒（今印度）。在掸国境内，又分陆、海两路至身毒。南方陆上丝路延续 2 000 多年，特别是抗日战争期间，大后方出海通道被切断，沿丝路西南道开辟的滇缅公路、中印公路运输空前繁忙，成为支援后方的生命线。

---

①　1 磅 = 0.454 千克。

近年来，学术界开始注意到海上丝路，它起于秦汉，兴于隋唐，盛于宋元，明初达到顶峰，明中叶因海禁而衰落[①]。海上丝路的重要起点有番禺（后改称广州）、登州（今烟台市蓬莱区）、扬州、明州（今宁波）、泉州、刘家港等。同一朝代的海上丝路起点可能有两处乃至更多。规模最大的港口是广州和泉州。广州从秦汉直到唐宋一直是中国最大的商港。明清实行海禁，广州又成为中国唯一对外开放的港口。泉州发端于唐，宋元时成为东方第一大港。历代海上丝路，亦可分三大航线：东洋航线，由中国沿海港口至朝鲜、日本；南洋航线，由中国沿海港口至东南亚诸国；西洋航线，由中国沿海港口至南亚、阿拉伯和东非沿海诸国。

唐代，江浙出产的丝绸直接从海上运往日本，丝织品已开始由礼物转为正式的商品。奈良是当时日本的首都，正仓院则是贮藏官府文物的场所。今日的正仓院已成了日本保存中国唐代丝织品的宝库，其中很多丝织品即使在中国大陆也很难见到，诸如彩色印花锦缎、狮子唐草奏乐纹锦、莲花大纹锦、狩猎纹锦、鹿唐草纹锦、莲花纹锦等，还有不少中国工匠当时在日本制作的、兼具唐代风格与日本民族特色的丝织品。

宋代也有很多中国丝绸被运往日本。元代政府在宁波、泉州、广州、上海、澉浦、温州、杭州设置市舶司，多口岸向日本出口龙缎、苏杭五色缎、花宣缎、杂色绢、丹山锦、水绫丝布等。明代则是日本大量进口中国丝绸的时期，这一时期，日本从中国输入的生丝、绢、缎、金锦等不计其数。

海上丝绸之路对中国社会的影响是多方面的，大致包括：促使江南丝织手工业生产规模的扩大和生产分工的细化；为商品性农业、货币经济和城市市镇的发展提供条件；海外移民潮的出现和"华侨"对住在国的作用增大；促进中西文化交流；等等。

三、农产品市场的发展

随着农产品贸易的发展，农产品市场也逐渐繁荣起来，主要是以农村集市的不同形式不断发展。

农村集市是指县城以下的乡村的集市，它是中国传统市场的一个重要组成部分，是中国封建地主制经济下小农经济与市场联系的一种重要方式。历史上，农村集市起源很早，"日中为市，致天下之民，聚天下之货，交易而退，各得其所"（《周易·系辞（下）》）。这种小生产者之间的贸易至少可上溯到战国时代。据考证，汉代的农村集市包括乡市、聚市、亭市以及"野市"等不同类型，农民是农村集市交易的主体，除了作为个体生产者的农民和手工业者外，参与农村集市交易活动的还有小商小贩、商人和地主等[②]。

地主、商人参与农村集市活动比较明显的证据是东汉崔寔的《四民月令》，它被称为地主田庄的经营手册，其中记录了各个月的购销活动，购销的东西绝大多数是农副产品，其特点是收获后贱价买进，青黄不接和播种时卖出。有条件进行这些购销活动的主要是地主和商人，其对象则是广大小农。地主和商人的这些购销活动，主要应该在农村集市中进行。

农民的生产、生活需求层次低，但需求的产品种类比较多，农户需求表现为量少、价低、样多的特点，这也决定了集市交易的特点。由于传统中国社会向市场运送农产品总是

---

① 耿昇. 2001 年海上丝路研究在中国（上）［J］. 南洋问题研究，2003（1）：70-79，93.
② 李根蟠. 封建地主制形成时期小农与市场的若干问题［J］. 中国经济史研究，1996（2）：3-6.

存在问题，因此以分散的集市类型为主，一个集市中心与附近步行可达范围内的乡村组成一个单元，这个单元遇上水灾、旱灾这类自然灾害时可能被毁灭，但只要自然条件良好，差不多就能自给自足地生存。传统的集市中心和乡村经济小型分散的性质，使之不受战争、入侵以及城市和行政中心发生的巨大社会变化等方面的影响，能以极大的惰性或是原有途径的稳定性生存下来①。

唐宋以后，随着社会经济的发展和坊市制度的废弛，草市、墟集贸易日渐活跃。草市也叫墟市，是进行交换活动的最为古老的形式，草市之名初见于东晋南朝，草市都在乡村建立。宋以来农村地区商品经济的发展，使其得到了长足的进步，如夔州路的梁山军，北宋元丰年间尚无一市，但到了南宋时，即设有永安军市、桂溪市、峡石市、扬市等四个草市。最为突出的莫过于梓州路的泸州，北宋神宗熙宁十年（1078 年），官府准许"兴置草市"，至南宋末年，全州草市达 67 个之多。以这些草市与人口及村庄的比例看，泸州县（今泸州市）户 22 480，村 71，草市 37，平均 607 户、2 个村即有一个草市；合江县 12 370，村庄 48，草市 18，平均 687 户、3 个村有一个草市；江安县户 11 986，村庄 186，草市 12，平均 998 户、15 个村庄即有一个草市。这里，两三个村庄就拥有一个草市，可见草市的发展呈现一种蓬勃发展的景象②。

当时还有一些草市、墟集更因交通便利、贸易繁盛，逐渐发展为镇市。小镇本身是农村商品经济发展的结果，一般在城市周围发展起来，作为城市的卫星镇，既为城市人口提供生活、生产和享乐用品，还极大地刺激了城市商业的发展。有的镇市，其商业繁荣程度不亚于城市，如南宋临安所属 2 县有 15 个市镇，诸镇"户口蕃盛，商贾买卖者十倍于昔，往来辐辏，非他郡比也"（《绍熙云间志》卷上《镇戍》）。某些小城镇的商税额甚至超过所属的县城，如京东路莱州的海仓镇商税额为 12 921 贯，是同属莱州胶水县商税额的 2 倍以上，密州所属诸县中，以安丘县（今安丘市）城商税额最高，为 6 474 贯，但同属密州的信阳镇商税额为 10 576 贯，远远超过安丘县城③。

宋代还出现了专业的粮食批发市场，如史料记载：杭州"细民所食（米），每日城内外不下一二千余石，皆需之铺家"，而铺家所卖米就是从米市中批发来的，"每户凭行头于米市做价，径发米到各铺出粜"④。

不过，农村集市的大规模发展是在明中叶以后，它是随着商品经济的发展而兴盛的，同时也受人口对土地压力的影响：人口快速增长，人均耕地减少，农民不得不更多地从事副业生产和小商小贩经营，从而使交换活跃。据珠江三角洲地区番禺、顺德等十余州县统计，永乐年间共有墟市 33 个，嘉靖时增至 95 个，万历时更发展到 176 个。据估计，明代全国主要省区合计集市数量在 1 万个上下，清代中叶全国集市总数至少可达 2.2 万至 2.5 万个，清末当会超过 3 万个⑤。

随着集市数量的大幅度增长，集市分布密度也大大提高了。清代中叶，全国大多数省区已形成具有相当密度的农村集市网，集市密度大体在每百平方千米 1～2 集，平均交易

① ［美］费正清，赖肖尔. 中国传统与变革［M］. 南京：江苏人民出版社，2012.
② 吴擎华. 试论宋代四川市场［J］. 中华文化论坛，2005（4）：6.
③ 徐红. 小城镇在宋代商品经济中的作用［J］. 云南师范大学学报：哲学社会科学版，2002，34（2）：5.
④ 吴自牧. 梦粱录：二十卷［M］. 杭州：浙江人民出版社，1980.
⑤ 许檀. 明清时期农村集市的发展［J］. 中国经济史研究，1997（2）：21.

面积在 60~90 平方千米。其中平原多在 40~60 平方千米，山区多在 100 平方千米以上；至于每集交易半径，平原多为 3~5 千米，山区多为 5~7 千米，平均在 4~6 千米。也就是说，小农赴集贸易一般只需 1~2 小时的路程，步行半日即可往返；山区距离稍远，一日也可从容往返；河网区由于水路交通之便，实际耗时则要少得多。

农村集市的功能和作用，最基本的就是满足农民的生产和生活需求。农村集市不仅是生活资料市场，也是生产资料市场；不仅为满足农民衣食日用方面的各种需要服务，同时也担负着保证农民经济生产与再生产正常运转的职能。集市的时间、空间分布都明显地反映出它与农民的生产与生活的密切联系。

四、农产品贸易的作用与特点

农产品贸易在农业经济的发展中起着十分重要的作用，农产品贸易尤其是粮食贸易的发展甚至可以改变土地价格。清朝乾隆时期黄炎在《限田说》中记载："考明代正、嘉极盛之际，田价不过亩一金。至本朝康熙以来迄于今，则亩十金或数十金。偶遇岁祲，谷价腾涌。富者积粟居奇，坐拥重资，有田之利而无田之害，是以不爱重值以收膏腴。邻近之业而中人不能与之争，故相竞而田益贵。"

农产品贸易可以增进地区间的交流，古代茶叶贸易中出现的茶马互市，把唐宋明清等朝代的茶叶等物资与周边地区少数民族交换马匹，这在中国封建社会后期促进了各民族之间经济的联系和交流。

除此之外，丝绸之路等农产品国际贸易对中国社会的影响也是多方面的，海上丝绸之路促使江南丝织手工业生产规模的扩大和生产分工细化；同时为商品性农业、货币经济和城市的发展提供了条件，也进一步促使海外移民潮的出现和海外华侨对所在国的作用增大；在某种程度上也促进了中西文化的交流和发展。

中国农产品贸易是随着农业商品化程度的提高而逐渐发展起来的。千百年以来，我国封建社会工商业主要是服务城市，产品流向城市以满足城市消费。"依附于城市，是我国封建社会工商业经济结构的特点。它造成了工商业与农村商品交换关系的疏远，这是造成城乡对立的原因之一。"[①] 吴承明先生也指出中国明中叶以后长途贩运贸易才转以民生日用品为主，即在一定程度上建立在地区生产分工基础上。但直到鸦片战争前，我国国内市场仍然是一种以粮食为基础、以布和盐为主要对象的小生产者之间交换的市场结构[②]。

第二节　中国农产品价格的演变

一、古代农产品价格的起源

价格是个历史范畴，是商品生产和交换发展到一定阶段的产物。开始，只是偶然的、个别的行为，而且采取的是物物交换的形式。随着商品交换的发展，交换的日益频繁，物物交换越来越不适应生产的需要。于是从商品世界中逐渐分化出充当一般等价物的商品。

① 齐涛. 中国古代经济史［M］. 济南：山东大学出版社，1999.
② 吴承明. 市场·近代化·经济史理论［M］. 昆明：云南大学出版社，1996.

这种一般等价物，从牲畜、皮毛、贝壳、布帛等，转到天然适合充当一般等价物的贵重金属——金银身上。

中国农产品价格的产生，同货币的产生一样，可以追溯到很久远的时代。尧舜时代，价格概念可能已处在萌芽时期，如《管子》记载，"顿邱买贵，于是贩于顿邱，传虚卖贱，于是债于传虚"，就是说，在父系氏族的部落之间进行商品交换时，人们开始考虑到交换的比例，这就是萌芽的价格意识。根据价格同货币的关系而论，中国古代价格的产生，当于货币的产生处在同一时期，即产生于殷商时代。

到西周，《礼记·王制》记载："天子五年一巡守……命市纳贾，以观民之所好恶，志淫好辟。"说明价格已经成为受帝王关注的重要指标。西周还设置司市、胥师、司稽、质人等作为管理市场交易和物价的专职官吏。

二、主要农产品的价格演变

（一）粮食价格

农产品价格，是价格体系中的基础价格，粮食价格则是基础的基础，在以农业为主的封建社会中，粮食价格的特点则显得更为突出，其他各种物价都必须也必然要以谷价为准绳并与谷价保持一定比例。因此，中国历代谷价的变动趋势，基本上可以代表全社会物价变动的趋势。

在中国古代典籍中，对物价的记载十分稀少，唯独对谷价则是有变必书，这不能不说这是古人留给我们的一条研究历代物价变动的宝贵线索。秦汉史籍中，关于物价虽有零星记载，但不够全面系统，大多是记述他事时连带涉及，很难从中看出全貌，但如果把各条价格史料排比起来，结合当时的历史背景进行分析观察，仍可以寻找出其变动的趋势。秦汉时代的物价主要经历了三次巨大的波动：一是发生在战国末年至秦汉之交；二是发生在西汉末年，特别是新莽时期；三是发生在东汉末年至三国初年。值得指出的是，秦汉以后的历次物价波动，尽管情况不尽相同，但问题的性质基本一致。

战国年间由于战祸的惨烈和荒灾的频繁，日益衰退凋敝之中的社会经济到了秦汉之交而陷入全面崩溃。秦承战国长期混乱之后统一了全国，建立了中央集权的封建制度，拥有一个强大无比的国家机器，随着政治统一而来的是经济统一。但是由于在秦王朝时期，不仅人祸为患，而且灾荒饥馑也纷至沓来，例如《史记》记载：始皇三年（前244年）"岁大饥"，十二年（前235年）"天下大旱"，十七年（前230年）"民大饥"，十九年（前228年）"大饥"。物价腾贵是天灾人祸的必然产物。史载："始皇三十一年……关中大索二十日，米石千六百。"

秦王朝颠覆后，全国陷入了争夺政权的大混战之中，所谓"诸侯并起"，都想夺取起义的胜利果实，特别是刘项之争，使战火弥漫，广大人民非死于屠戮，则死于饥馑，幸存者亦转徙流亡，使当时的主要经济区内的整个社会经济几乎被破坏到荡然无存。此时，粮食价格已上涨到惊人的程度，"楚汉相距荥阳也，民不得耕种，米石至万"（《史记·货殖列传》）。汉初之时，社会经济仍是满目荒凉、凋敝如故，物价飞涨的局面仍然持续着。多部古籍记载："二年六月，关中大饥，米斛万钱，人相食。令民就食蜀汉。"（《汉书·高帝纪上》）"汉兴，接秦之敝，诸侯并起，民失作业，而大饥馑。凡米石五千，人相食，死者过半"（《汉书·食货志》）。

秦汉之间米价的剧烈波动，也是中国价格史上有文可考的第一次价格剧烈波动，前后持续了 30 年之久。经过汉初政府若干年的努力，直到汉文帝时，价格才逐步趋向平稳。汉初治理价格环境，使之趋向稳定的措施主要有两个方面：一是大力发展农业生产；二是实行通货紧缩。大力发展农业生产是一项十分正确的决策，其正确性在于当时的政府已充分认识到民以食为天、农业为国民经济之根本。典籍记载："二年春正月丁亥，诏曰：夫农，天下之本也，其开籍田，朕亲率耕，以给宗庙粢盛，民谪作县官及贷种食未入、入未备者，皆赦之"（《汉书·文帝纪》）。"后元三年春正月，诏曰：农，天下之本也。黄金珠玉，饥不可食，寒不可衣，以为币用，不识其始终。间岁或不登，意为末者众，农民寡也。其令郡国务劝农桑，益种树，可得衣食物"（《汉书·景帝纪》）。到汉武帝时，农业产出已经非常丰富了，"太仓之粟陈陈相因，充溢露积于外，至腐败不可食"（《史记·平准书》）。汉宣帝的时候，粮食价格相比汉初已有大幅下降，"比年丰，谷石五钱"（《汉书·汉宣帝本纪》）。

王莽时期，由于自然灾害造成粮食价格大幅上涨，"天下旱蝗，黄金一斤，易粟一斛"（《后汉书·光武帝纪》）。东汉明帝时天下太平，又出现粮食价格下降的局面，"天下安平，人无徭役，岁比登稔，百姓殷富，粟斛三十，牛羊被野"（《资治通鉴·汉纪三十七》）。然而，到了东汉末年，由于政治腐败，经济衰退，加之灾荒，物价日趋上涨，"（董卓）更铸为小钱……于是货轻而物贵，谷一斛至数十万"（《魏书·董二袁刘传》）。"兴平元年，秋七月三辅大旱……是时谷一斛五十万，豆麦一斛五十万，人相食啖，白骨委积"（《后汉书·孝献帝纪》）。到南北朝时期，情况并未好转。南朝（梁）天监元年（502 年），"蜀中丧乱已二年矣，城中食尽，升米三千，亦无所籴，饿死者相枕"（《梁书·刘季连传》）。

隋朝统一后粮食价格分为两个时期，隋文帝时期由于杨坚采取通货紧缩政策，并在各地设常平仓调剂粮食供给，粮食价格较稳定；但在隋炀帝时期，由于隋炀帝大兴土木，生活奢侈，对外又发动战争，导致粮食价格波动较大。《资治通鉴》记载："炀帝大业七年（611 年）……帝自去岁征高丽，诏山东置府，令养马以供军役，又发民夫运米，积于卢河、怀远二镇，车牛往者皆不返，士卒死亡过半，耕稼失时，田畴多荒。加之饥馑，谷价踊贵，东北道尤甚，斗米直数百钱。""隋炀帝大业十四年（618 年）秋七月，东都大饥，私铸滥恶，大半杂以锡环，其细如线，米斛值钱八九万。"隋王朝后期，横征暴敛，连年用兵、大兴土木，导致物价腾贵，庐舍为墟，民有怒色，路有饥殍，以致隋末民变蜂起，隋王朝被农民起义推翻。

唐朝建立后，由于受到隋朝物价混乱的波及，土地荒芜、米谷供应不足的问题仍然存在，粮食价格居高不下。据史料记载，高祖武德四年（621 年）"三月，唐兵围洛阳，掘堑筑垒而守之。城中乏食，绢一匹直粟三升，布十四直盐一升，服饰珍玩，贱如土芥"（《资治通鉴》卷一八九）。但是这种物价腾贵的局面出现的时间并不长，前后仅 10 余年，到唐太宗时期粮食价格出现转机，这主要得益于唐太宗的治国理念，唐太宗常说："为君之道，必须心存百姓，若损百姓以奉其身，犹割股以啖腹，腹饱而身毙。""天子之道，有道则人推为主，无道则人弃而不用，诚可畏也！"（《贞观政要》卷一）他还反复指出"君者，舟也；庶人者，水也。水则载舟，水则覆舟"。可见唐太宗深刻地认识到，农业是国民经济的基础，发展农业生产要以不误农时为原则，他常对大臣说："凡事皆须务本。国以人为本，人以食为本。凡营衣食以不失时为本。"基于以上认识和主张，当时的农业生产得以迅速恢复和进一步发展，粮食价格也趋于稳定。

由于唐政府采取了一系列优惠政策，使农业得到恢复，到贞观三年（629 年）后，隋末遗留下来的物价剧烈波动得到消除，米价乃至其他物价水平都趋于下降。至贞观三年"关中丰熟……改革旧弊，兴复制度……深恶官吏贪浊，有枉法受财者，必无赦免。……制驭王公、妃主之家，大姓豪猾之伍，皆畏威屏迹，无敢侵欺细人。商旅野次，无复盗贼。……牛马布野，外户不闭。又频致丰稔，斗米三四钱。行旅自京师至于岭表，自山东至于沧海，皆不贵粮，取给于路，入山东村落，行旅经过者，必厚加供待，或发时有赠遗，此皆古昔未有也。"（《贞观政要》卷一）自贞观以后，"太宗励精为理，至八年、九年，频致丰稔，米斗四五钱，马牛布野，外户动辄数月不闭"（《通典》卷七，《食货七·历代盛衰户口》）。

安史之乱是唐王朝由盛转衰的重大事件，毁灭了唐朝的社会根基。安史之乱后，粮价仍然飞涨，"及两京平，又于关辅诸州，纳钱度道士僧尼万人。而百姓残于兵盗，米斗至钱七千"（《新唐书·食货志》）。到了肃宗、代宗、德宗时期，王朝虽然有短暂恢复，但统治地位已危如累卵，兵祸连年加上自然灾害频发，导致农业生产停顿，民废耕桑，粮食歉收，各地粮价扶摇直上，直到唐朝灭亡。

宋初，社会较为安定，物价水平较低，但是由于钱制不一（铁钱和铜钱），各地物价水平差异较大。"自平广南，江南听权用旧钱，勿得过本路之境。铁钱者川陕福州承旧制用之。开宝三年（970 年）今雅州百丈县置铁钱监，禁铜钱入四川。后令兼行铜钱，一当铁钱十"（《文献通考·钱币考二》）。太宗时米斗一钱，淳化二年（991 年）岭南米价只要四五钱。真宗时，米斗十钱左右。仁宗时，因西北战事，物价有所升高，一般年景下，米每石六七百文。神宗熙宁、元丰时期是宋代较为繁荣的时期，米价每斗高不过百文，低则二三十文。南宋时期偏安，米价波动较大，年景不好时达到二千文以上。绍兴五年（1135 年），"潼川路饥，米斗二千，人食糟糠"（《宋史·卷六十七 志第二十》）。

元代初期，发行中统钞，统一各地货币，保持了物价基本稳定，江南米价每石四五百文至一贯左右。大德十年（1306 年）以前，十贯一石是正常的米价。大德十年间，江浙饥荒，每石米涨到三十贯以上。至正新钞发行以后，江南米价为旧钞六七十贯，比元初涨了六七十倍。至正十九年（1359 年）冬，杭州米价卖到二十五贯一斗。在京师，十锭钞票买不到一斗粟，比元初涨了一千倍以上。

明朝除谷米之外货币流通中主要是银两，在交换中谷米价格比较混乱。明初，米石值钱一贯，到宣德八年（1433 年）涨到十五贯，钱值下降明显。宣德八年礼部尚书胡荣奏："支钞愈多，钞法愈滞。请将七年分俸粮每石减旧数折钞十五贯，以十分为率，七分折与官绢，每匹准钞四百贯，三分折与官棉布，每匹折钞二百贯，文武官俸米每石见折钞二十五贯，旗军月粮见有十贯或五贯者，请自今官每石减作十五贯……从之。"（《宣德实录》卷一〇〇）景泰三年（1452 年）谷石值银四钱，到成化年间涨到一两到二两。弘治年间，时而石谷二钱二分，时而二两二钱。到明晚期，价格更乱。

清初顺治年间粮价上涨剧烈，一般米价达三两纹银，个别年份、地区每斗达二三十两。清朝统治稳定后，米价普遍下跌。据叶梦珠《阅世篇》记载，康熙元年（1662 年）七月早米石价一两二钱，八年（1669 年）新米石价六至五钱，十七年（1678 年）早新米石价七钱三分，二十一年（1682 年）冬白米石价九钱上下。另据余季雅《续汉阳县志》记载，自康熙三十九年（1700 年）至雍正十一年（1733 年）湖北省汉阳县大米价格每石一直保持五钱五分左右。乾隆十几年后，粮价逐渐不稳。《高县志》记载，乾隆二十一年大旱，米价腾贵，每仓斗二钱。乾隆中叶以后，粮价普遍每石四两上下，相当于康熙、雍正年间十多倍。鸦片战争之后，米价有增无减。《叙州府志》记载，道光四年（1824年），斗米千钱。同治年间粮价上涨更猛。"同治元年（1862年），斗米值钱二百。二年春夏饥。三年春夏米大贵，斗米值钱一千八百"。同治之后，帝国主义侵略日益加深，物价涨幅日益增大。"光绪甲申（1884年）乙酉连岁不收，而米斗值钱千五百。甲午冬，涨至四两二、四两六、四两八，以至五两八。"

（二）其他农产品价格

米谷外的价格一般随米谷价格变化而变化，所谓民以食为天，粮价带百价。故历代史官记载粮价的多，记米谷外价格少。主要有布帛价、器用价、马价、盐价、奴价等。例如，《史记·平准书》载，"汉兴，接秦之弊……马一匹则百金"。《九章算术》对西汉时期米谷外部分价格记载如下：布帛："布一匹二百四十四……丝一斤六七钱到两三百数十钱"；牲畜："马一匹五千四百五十四""牛一头三千七百五十""豕一头九百""羊一头五百""犬一头一百""鸡一只七十"。

唐代茶、糖等农副产品逐年增产，关于这些农产品的价格也偶有记载。例如，《唐会要》记载"茶为食物，无异米盐"，名茶"龙凤石乳"每斤价格黄金二两。

明代百物价格除少数通过银两、钞、钱反映外，大部分通过与粮食的交换比例反映其价值。沈榜的《宛署杂记》记载了宛平县署购买货物的价格：猪肉斤二十厘，牛肉斤十五厘，羊肉斤十五厘，棉花斤六十厘，生绢尺十厘。清代，食盐、猪肉、白糖、食油等副食品也成为必不可少的消费品，其价格也颇受重视。

三、古代有关农产品价格的思想

（一）西周价格思想萌芽

西周初年，农业发展远超殷商时代，农业工具和农业生产技术都较以前有了较大改进和提高。西周的手工业生产种类繁多，某些生产技术相当精巧。在农业和手工业发展的基础上，商品交换的品种和范围有了扩大。西周时期并没有系统的价格理论，其价格思想主要是通过西周统治者对价格的一些零星议论和所实行的政策体现出来，主要表现在以下几个方面：

第一，对商品轻重贵贱的肤浅认识。西周时期，官府对外来商人实行优惠政策。周文王及其以后的一段时期还曾有过一些具体规定方便外来的商人，达到"四方来集，远乡皆至，则财不匮，上无乏用，百事乃遂"（《礼记·月令》）。"是月也（中秋之月），易关市，来（徕）商旅，纳货贿，以便民事"（《吕氏春秋·仲秋纪》）。周文王在《告四方游旅》中说："四方游旅，旁生忻通。津济道宿，所至如归。币租轻，乃作母以行其子。易资贵贱，以均游旅，使无滞。无粥熟，无室市，权内外，以立均。"（《逸周书·大匡解第十一》）

第二，价格定民风的观点。古代统治者认为不同种类商品的价格动态，会反映社会风俗习惯的好坏。《礼记·王制》记载"天子五年一巡守……命市纳贾，以观民之所好恶，志淫好辟"，意即通过调查市场价格变化的动态，可以推测民间对各种商品的好恶倾向并进而表明社会风气的好坏。

第三，价格影响生产、生活的观点。西周统治者认识到市场价格平稳对促进商品流通、满足人们生活需要具有保证作用，同时还认识到商品的正常流通对于生产也具有反作用。《逸周书·大聚》载：周武王克商之后，向周公姬旦询问为政之道，周文提出"德教""和德""仁德""正德""归德"五条政治、经济主张，认为"五德既明，民乃知常"，国家才可治平。为此，周公提出"远旅来至，关人易资，舍有委。市有五均，早暮如一"（《逸周书·大聚》）。

第四，严格控制价格的观点。西周统治者特别重视市场商品价格的管理，要求商品价格稳定在一个习惯的水平。《周礼》记载："贾师，各掌其次之货贿之治。辨其物而均平之，展其成而奠其贾，然后令市。凡天患，禁贵债者，使有恒贾。四时之珍异，亦如之。"（《地官司徒第二》）

（二）子贡的"物以稀为贵"论

子贡以商人的资格把商人阶级的地位提高到能与贵族统治者"分庭抗礼"。作为商人阶级的代表，子贡对价格现象十分关注，《论语·子罕》记载："子贡曰：有美玉于斯，韫椟而藏诸？求善贾而沽诸？"他关于价值、价格的观点记载于《荀子·法行》中："君子之所以贵玉而贱珉者，何也？为夫玉之少而珉之多邪？"子贡认为，玉和珉的价值有高低贵贱之分，是由财货的稀少性决定的。玉之所以贵，是因为其稀少；珉之所以贱，是因为其很多。子贡的"物以稀为贵"的价值论也就是供求关系决定商品价格论。

（三）范蠡的价格思想与平粜论

范蠡是中国古代著名的政治家，也是一名出色的经济思想家。范蠡特别重视谷价和商业问题。他以新兴商人阶级的锐利眼光，观察和分析了市场价格运行的现象。他在分析价格运动规律时，首先提出了农业经济循环学说："知斗则修备，时用则知物，二者形则万货之情可得而观已，故岁在金，穰；水，毁；木，饥；火，旱。……六岁穰，六岁旱，十二岁一大饥。"（《史记·货殖列传》），即是说，农业生产决定于天时，天时变化是有规律的，于是农业收成的好坏也呈一定的规律性。其次，他指出农产品价格除受农业经济循环规律影响外，年成的丰歉也会影响到农产品的产量，导致谷物的收获有多又少，因而谷物价格必然会随天时的变化而沉浮。所以，"八谷亦一贱一贵，极而复返"（《越绝书外传·枕中第十六》），作物的收获量既然三年一个小循环，那么，谷价以三年一个周期而波动，由于谷物价格的变动，进而影响到其他产品的价格，所以，不过三年，万物的价格、行情都可由此发生一次变化。掌握这个规律，就能"万货之情可得而观"，就能预测农产品价格的变化以及万物价格变动的趋势。最后，他指出价格变动的轨迹是"贵上极则反贱，贱下极则反贵"。提倡经商要进行价格预测，要掌握并动用供求规律。所谓"旱能资舟，水则资车"，就是进行价格预测，运用供求规律的具体体现。

范蠡的价格思想中对后世影响最大的还是他的"平粜论"。平粜论是针对粮食价格问题提出来的，最早记载于《史记·货殖列传》："夫粜，二十病农，九十病末。末病则财不出，农病则草不辟矣。上不过八十，下不减三十，则农末俱利。平粜齐物，关市不乏，治国之道也。"这里，范蠡最早提出了中国历史上著名的平粜理论，即政府通过对粮食的收购（籴）或抛售（粜）以稳定粮食价格，在谷价过高时以低于市场价格出售粮食，谷价太低时以略高于市场价格收购粮食，这样，市场物价就会稳定，货物就不会断档脱销。可以说，他是最早提出"谷贱伤农"这一观点的，这一观点是制定农产品价格考虑的一个

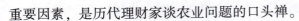

重要因素，是历代理财家谈农业问题的口头禅。

（四）李悝的平籴论

李悝是战国前期著名的政治家、法家的奠基人。有关李悝的经济言论，在《汉书·食货志》有比较详细的记载："籴甚贵伤民，甚贱伤农；民伤则离散，农伤则国贫，故甚贵与甚贱，其伤一也。"可见，李悝对稳定粮食价格的重要性、价格与生产和社会消费的关系都有很明确的认识。

李悝指出，农产品价格太贱，对农业生产者不利，太贵对一般消费者不利，主要原因是农产品价格太贱会挫伤农民从事农业生产的积极性而导致国家贫穷，太贵会促使广大人民逃离国土导致国家人口减少，这对封建国家的统治都不是有利的。因此，确定农产品价格，必须既要有利于农业生产者，又要利于一般消费者。李悝的这种生产与消费并重、生产者与消费者兼顾的观点，对我国古代历代政府制定农产品价格有重大影响。为了达到既要国家富强，又要农民"治田勤谨"，而且粮食价格不能太贵，致使"农夫常困"，李悝提出了历史上著名的平籴政策："是故善平籴者，必谨观岁有上、中、下孰。上孰其收自四，余四百石；中孰自三，余三百石；下孰自倍，余百石。小饥则收百石，中饥七十石，大饥三十石。故大孰则上籴三而舍一，中孰则籴二，下孰则籴一，使民适足，贾平则止。小饥则发小孰之所敛，中饥则发中孰之所敛，大饥则发大孰之所敛而粜之。故虽遇饥馑、水旱，籴不贵而民不散，取有余以补不足也。"（《汉书·食货志》）

（五）许行的"市贾不贰"主张

许行是战国时农家学派的主要代表人物，他的价格观点是通过他的弟子陈相的转述而知的，《孟子·滕文公上》记载："从许子之道，则市贾不贰，国中无伪；虽使五尺之童适市，莫之或欺。布帛长短同，则贾相若；麻缕丝絮轻重同，则贾相若；五谷多寡同，则贾相若；屦大小同，则贾相若。"这里，许行明确地提出了"市贾不贰"的主张，他认为这就可以使"国中无伪"，童叟无欺。"伪"，即在价格上作弊；"欺"，用欺诈手段、不等价交换进行中间盘剥。

所谓"市贾不贰"，就是借助政权的强制力量，规定凡是同种品种商品，只要数量相等，价格亦应相同；凡是以长短计量的，比如丝麻等，一律同重同价；凡是以斗升计量的，比如粟、菽等，一律同量同价；凡是以大小计量的，比如鞋，一律同大同价；余者类推。许行提出的"市贾不贰"的主张所要解决的问题，是商品市场上对价格的作伪与欺诈，亦即与当时的商人资本的欺诈做斗争。因为在我国春秋以前，商人一般还只是从属于领主贵族的奴隶。到了战国时期，他们逐渐摆脱了领主统治，成为自由经营的商人，商业也相继成为重要的社会经济部门。这些商人或长途贩运往返于各诸侯国，或坐地经商长期盘踞一地，此为"蓄贾"，这些"蓄贾"主要从事农工产品的囤积并时常利用政治气候和年景节令变化，投机牟利，盘剥农民甚至操作供求，扰乱市场。而农民作为小商品生产者，正是遭受剥削、受欺诈的对象，提倡君民"并耕而食"自食其力的农家许行，当然也会深受其害而感触尤深。所以他"市贾不贰"的价格论，实际上是为反对商人资本的欺诈，作为独立小农阶层利益的代言人而提出的经济要求。然而，许行这一要求是不切实际的，因为从商品交换开始，价值规律这只看不见的手就支配着市场，自发地决定价格，因而，许行的"市贾不贰"价格论以及他提倡的童叟无欺的市场状态只能是一种理想，在人们生活中是不会有的。

第三节 中国农产品贸易及价格发展演变的规律

一、农产品贸易的发展演变规律

通过前面对农产品贸易史的阐述，可以把中国农产品贸易发展演变的规律总结为以下两个方面：

第一，农产品贸易的范围和规模从根本上受生产力发展水平制约。中国封建时代农民农业生产主要自给自足，随着商品经济的发展，农民必须拿出一部分农产品和手工业品到市场上去售卖，再换取自己所需的生产、生活资料，而农民耕种的作物主要是粮食作物，所以古代农产品贸易的范围和规模都受到农民生产力水平的限制。唐代以前由于生产力水平的限制，农产品商品化的趋势并不明显，而唐宋以后随着经济作物的种植，刺激了农产品贸易规模的增长。经济作物的种植和多种经营的发展是建立在生产力水平发展的基础上的，当生产力水平发展受到制约时，农产品贸易的范围和规模都会受到影响。

第二，农产品贸易对农业社会的影响随着社会发展而不断增强。战国时期，由于铁器的出现，生产力水平迅速发展，小农经济成为中国农业经济结构中的重要构成部分，农产品贸易主要是粮食买卖与农民购买生产、生活必需品。随着社会的发展，茶叶等大宗农产品贸易在唐代以后逐渐兴起，并出现茶马交易。茶马互市对维护宋朝在西南地区的安全和稳定起到重要作用，是两宋时期具有重要战略意义的治边政策。通过茶马互市贸易，还满足了封建王朝对战马的需求，还解决了朝廷军费之需。除此之外，农产品的国际贸易随着社会的发展对农业社会的影响也逐渐加强，比如陆上丝绸之路和海上丝绸之路起于秦汉，盛于宋元，明初达到顶峰，随着社会经济的发展，丝绸之路对商品性农产品、农业生产分工等的作用都在不断增强。

二、农产品价格的发展演变规律

中国历史上的农产品价格波动尤其是粮食价格的波动不仅频繁，而且剧烈。总结中国农产品价格发展演变规律，主要表现在以下几个方面：

第一，农产品价格在不同朝代，甚至在同一朝代的不同阶段都有很大的差异。早在秦汉时期农产品价格就经历了三次巨大的波动：第一次是发生在战国末年至秦汉之交，由于战祸和灾荒的发生导致物价腾贵；第二次是发生在西汉末年，主要是在新莽时期，由于天灾、人祸和内忧，物价在短时期内剧烈波动；第三次是东汉末年至三国初年，主要是自然灾害和货币贬值双重影响所致。隋唐时期农产品价格有所差异，但总体上有相似之处，即在朝代初期价格较稳定，在朝代末期价格波动剧烈。隋朝隋文帝统治时期由于采取了通货紧缩和常平仓等政策，农产品尤其是粮食价格波动不大，但在隋炀帝时期由于频频发动战争、加上通货膨胀等原因物价剧烈波动；唐朝初期尽管受隋朝后期的影响物价波动较大，但通过贞观之治加上多年丰稔物价又趋于下降，但安史之乱后社会经济每况愈下，在灾荒频频发生的情况下，粮食价格一直在上涨，直到唐朝灭亡。

第二，农产品价格在社会安定时期趋于稳定，可能出现价格低落的情形，而在社会动荡时期，价格可能会飞涨。纵观中国农产品价格史，促成农产品价格波动的原因除了内在因素外，更多的是受天灾人祸的影响。"凶年饥馑""民失作业""灾害连年""岁比不登"，就会引起粮食价格腾跃，或米石数万，或黄金一斤易粟一斗。人祸主要是战乱，这是破坏农业生产的主要因素，烽火遍地，"城郭皆为丘墟，生人转于沟壑"，即使不是战祸区，也会出现"重之以大军，疲之以远戍，农功消于转运，资财竭于征发，田畴不得垦辟，禾稼不得收入，搏手困穷，无望来秋"的局面，一旦出现灾荒和社会动荡就会导致农产品价格飞涨，而在社会稳定时期又会恢复正常状态。

第三，供给成为农产品价格的决定性因素，供给不仅包括生产，也包括贸易。古代农产品价格往往伴随战祸、灾荒和内忧等产生波动，其实质是因为战祸、灾荒和内忧导致农业生产受到限制，农产品出现歉收导致供给出现问题，使得需求大于供给，因而价格上涨。农产品供给不仅受生产影响，还受农产品贸易的影响，《左传·僖公十五年》："晋饥，秦输之粟；秦饥，晋闭之籴。"可见，某种程度上国家之间的开放和控制会影响农产品的供给，进而影响物价。

 **思考题**

> 1. 农产品贸易对中国传统农业发展有何影响？
> 2. 简述中国古代农产品价格演变的主要内容。
> 3. 简述中国古代主要的农产品价格思想。
> 4. 农产品贸易和价格的发展演变有何规律？

第六章 中国农业灾荒与救济史

📖 **学习目标**

1. 了解中国农业灾荒的历史；
2. 了解中国农业灾荒预防制度的历史；
3. 了解中国农业灾荒救济制度的演变；
4. 理解农业灾荒及其预防救济措施的作用。

第一节　中国农业灾荒的历史

一、中国古代农业灾荒的概述

人类从历史的黎明开始，不断遭受自然灾害袭击。如何防御和应对自然灾害，是人们普遍关切的大事。中国是文明古国，中华民族是世界上最古老的伟大民族之一，早在250万年以前，我们的祖先就在中华大地上劳动、生息、繁衍，有文字可考的历史已达5 000多年之久①。我国土地辽阔，人口众多，地理环境复杂，自然变异强烈，自古以来就是个多灾的国家，历史上发生的自然灾害不计其数。中华民族就是在抗御和战胜自然灾害的斗争中发展起来的，在一定意义上说，整个一部中华文明史就是中国人民同自然灾害斗争的历史②。

自然灾害不仅会给人民生命财产造成损失，破坏和延缓生产力的发展，也是影响社会安定的重要因素。中国作为一个农业大国，经济实力较弱，防御和承受自然灾害的能力不强。防灾、抗灾、救灾、减灾直接关系国计民生和民族的兴旺发达，因此了解和研究中国灾荒历史，总结中华民族与自然灾害斗争的辉煌成就和经验教训，对推动中华民族伟大复兴具有非常重要的意义③。

---

① 孟昭华. 中国灾荒史记［M］. 北京：中国社会出版社，1999.
② 尹万东. 中国古代赈济研究［D］. 南京：河海大学，2006.
③ 张晓静. 明代凤阳府的灾荒研究［D］. 厦门：厦门大学，2008.

（一）中国古代农业灾荒的主要类型

"灾"字古作烖，亦作災、烖、甾、巛。《说文解字》说"天火曰烖，从火弐声"，或从宀火为灾。宀音丸，"交覆深屋也"，火在宀下意为"交覆深屋"着火。又"古文从才"，亦作災。"籀文从巛"而为甾。《尔雅·释地》解释"田一岁曰菑［zī］"，即刚刚垦出一年的土地①。五代宋初，徐锴在《说文解字系传》中说：菑"从巛从田，田不耕种则草塞之故"②。开垦一年的生荒地极易草荒，如果草塞田沟流水不畅，势必成灾。从而可见，这些同音异体文字，都各自表示了灾的一定内容③。《春秋左传》宣公十五年（前594年）记载："天反时为灾。"宣公十六年（前593年）又记载，"凡火，人火曰火，天火曰灾。"《国语·周语》记载，"古者天降灾戾"，谓灾戾是天降的，凡火旱虫螟之类均可为灾。《尚书·舜典》中也有"眚［shěng］灾肆赦"之语，谓灾即是害④。

"荒"是荒芜之意。《说文解字》说，"荒，芜也。从艸巟声，一曰艸淹地也"。《尚书·商书·盘庚中》有"无荒失朕命"之语，其中的"荒"是废的意思。《尚书·商书·微子》有"天毒降灾荒殷邦"一言，此中的"荒"又是亡的意思。《周礼·大司马》有云，"野荒民散则削之"。《周礼·大司徒》中有"大荒大札"之语。"荒"在农业上表示五谷歉收之意，所谓"大荒"，意即大凶年。《韩诗外传》认为，"四谷不升谓之荒"。《尔雅·释天》解释说："谷不熟为饥，蔬不熟为馑，果不熟为荒。"由此可见，"荒"主要是由于自然灾害而致的土地荒芜与谷蔬瓜果失收减收的民不聊生状态，"大札"则指因疫病流行导致人口大量死亡。

中国历史上，通常都是依据自然灾害所致的悲惨景象，把"灾"与"荒"连用而称为"灾荒"。灾害有自然灾害和人为灾害两大类别，通常把以自然变异为主因产生的灾害称为自然灾害，如地震、风暴潮等，这是对农业生产影响最大的一类灾害。人类对于自然灾害的逐步认识过程，与人类社会的发展、科学文化技术的进步很有关系。中国古代以农立国，人们最为关心的是与农业生产及同广大民众生活最为关切的一些自然灾害，如水灾、旱灾、风灾、霜灾、雹灾、雪灾、地震、虫灾、火灾等。

1. 水灾

水灾又称"水患"，是因久遭暴雨、山洪暴发或河水泛滥等，使人民生命财产、农作物等遭受破坏或损失的灾害。在现代气象学中，将雨、霰、雪、霜、冰丸、米雪、冰雹、雨夹雪、雨凇、雾凇等统称为降水。降水多寡对水灾、旱灾的形成很有关系。从降雨持续的时间来说，连阴雨即连续降雨或降雨强度一致时为害尤甚。作物生育期间，如遇持续的阴雨天气，土壤和空气长期过湿，日照不足，其正常生理过程和产量均要遭受严重影响⑤。水灾的危害程度更因发生季节、持续天数、气温高低及作物种类、生育期等而有不同⑥。在古籍中，大禹治理的大水通常被称为洪水，《孟子·滕文公下》就说"昔者禹抑洪水而

---

① 孟昭华. 中国灾荒史记［M］. 北京：中国社会出版社，1999.

② 尹万东. 中国古代赈济研究［D］. 南京：河海大学，2006.

③ 左玉莲. 论施粥与乾隆朝的赈灾政策［D］. 哈尔滨：哈尔滨师范大学，2009.

④ 冯利兵. 中国古代农业减灾救荒思想研究［D］. 西安：西北农林科技大学，2008.

⑤ 王二虎. 开封市主要雨涝灾害发生规律及其对花生影响浅析——以1991—2020年为例［J］. 农业与技术，2023，43（12）：80-82.

⑥ 张崇旺. 明清时期自然灾害与江淮地区社会经济的互动研究［D］. 厦门：厦门大学，2004.

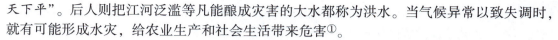

天下平"。后人则把江河泛滥等凡能酿成灾害的大水都称为洪水。当气候异常以致失调时，就有可能形成水灾，给农业生产和社会生活带来危害①。

2. 旱灾

旱灾是久晴不雨，植物体内水分大量亏缺，导致植物生长发育不良而减产甚至绝收的灾害。这种灾害有土壤干旱与大气干旱两种情形。土壤干旱是土壤水分不能满足植物需要的干旱现象。久晴不雨，长期大气干旱是土壤干旱的主要原因。长期的大气干旱会引起土壤干旱和沙化。如果土壤干旱与大气干旱同时发生，则为害更甚。旱害可使植株生长缓滞、叶色变黄、萎蔫卷叶、根系早衰以至整株枯死，严重威胁农业生产。从旱灾出现的季节看，中国的旱害有春旱、夏旱（亦称伏旱）、秋旱和冬旱。春旱以黄淮流域及以北地区最为常见，西北和长江上游也有出现。夏旱多在长江中下游梅雨过后最常发生。秋旱在华中、华北和华南许多地区发生。在华南南部，因作物仍在生长，冬旱也有出现。有时干旱持续很久，或春旱、夏旱相连，这种连旱对于农业生产危害最重②。

3. 风灾

风灾是大风对农作物等造成的各种严重危害。风的危害包括机械损伤和生理危害两种情况，常因台风、龙卷风、雷暴和寒潮等天气系统入侵而引起。大风对植株的机械损伤可有折枝损叶、落花落果、授粉不良、倒伏和落粒等③。生理危害主要是水分代谢失调，有时亦可加剧其他不利条件和盐分、沙尘等危害。受害程度因风力、株高、株型、密度、行向和生育期及气象条件等而异④。其中，台风是发生在北太平洋西部和南海的强烈的热带气旋，12级或以上称台风。热带低压、热带风暴、强热带风暴和台风均伴有狂风、暴雨、巨浪和风暴潮，活动范围很广，具有强大的破坏力。而龙卷风是范围小、生消迅速，有时伴随大雨、雷电或冰雹的猛烈涡旋，是一种破坏力最强的小尺度风暴。由于气流的旋转力很强，常将地面的水、尘土、泥沙挟卷而上。其破坏力相差很大，弱者仅能卷起稻草和农作物，强者可拔树倒屋，经过水面时，可吸水上升如柱。台风和龙卷风均可造成较为严重的破坏性事故，对农业生产和人民生命、财产的威胁很大，是一种灾害性天气。

4. 霜灾

霜是贴近地面的空气受地面辐射冷却的影响而降温到霜点以下，所含水汽的过饱和部分在地面上传热性能不好的物体上凝华而成的冰晶。霜是水汽的凝华物，结构疏松，大多在冷季夜间到清晨的一段时间内形成⑤。霜与霜冻是有区别的，霜冻是作物受冻致害现象，作物表面出现霜时，不一定会发生霜冻之害。霜冻是农业气象灾害之一，是春秋转换季节，白天气温高于摄氏零度，夜晚气温短时间降到零度以下的低温危害现象⑥。在农业气象学中，它是指土壤表面或者植物株冠附近的气温短时降至零摄氏度以下并使作物受害的降温现象。作物遭受霜冻危害的原因，主要是冻结使细胞脱水引起危害，作物的代谢过程

---

① 孟祥晓. 水患与漳卫河流域城镇的变迁——以清代魏县城为例 [J]. 农业考古, 2011 (1)：309-314.

② 孟昭华. 中国灾荒史记 [M]. 北京：中国社会出版社, 1999.

③ 张宁. 乐陵市农业气象灾害种类及防御措施 [J]. 乡村科技, 2020 (15)：116-117.

④ 朱凤祥. 清代风灾的时空分布情态及危害——以《清史稿》为参照 [J]. 商丘师范学院学报, 2011, 27 (8)：40-43.

⑤ 陆巍，张秀芝，吴宝鲁. 唐九成宫夏季气温的重建 [J]. 考古, 1998 (1)：82-86.

⑥ 刘英. 初秋季节防霜冻 [N]. 陇东报, 2007-09-13 (3).

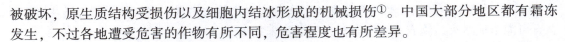

被破坏，原生质结构受损伤以及细胞内结冰形成的机械损伤①。中国大部分地区都有霜冻发生，不过各地遭受危害的作物有所不同，危害程度也有所差异。

5. 雹灾

雹是球形、圆锥形或形体不规则的冰块，常自升降气流特别强烈的积雨云中降落。雹一般是由霰在积雨云中随风流多次升降，不断与沿途雪花、小水滴等合并，形成具有透明、不透明交替层次的冰块。当其增大到一定程度时，上升气流无法支持即降落到地面。雹的直径大小不一，常见的为 5～50 mm。降雹的持续时间虽然不长，但降落大雹块时，常打坏农作物或击伤人畜等，有很大的破坏性②。

6. 雪灾

雪是在云中形成且大体呈多种形状的六角形的白色固体降水物，主要在冬季下降。降雪后往往掩蔽地面或山头，形成地面积雪或高山戴雪。但降雪过大，有时会掩没道路影响交通，积雪过厚也会使树枝或建筑物受压过大而遭破坏。山地大面积雪突然崩落即由积雪本身的重量、大风、新旧积雪而摩擦力减小、积雪底部融解、气温骤升等原因引起。雪崩时，常挟带成千吨的岩石，折断树木，阻塞交通，有时甚至压埋树、屋，造成严重灾害。

7. 虫灾

农业生产是有生命物质的再生产，受多种因素的制约，虫害就是其中之一。我国幅员辽阔，农作物种类繁多，气候复杂，害虫的种类多、为害大。据不完全统计，全世界约有 1 万余种害虫，我国有 300 余种，都是重要的农业害虫。几千年来，威胁我国农业生产最大的莫过于蝗虫。史书中关于蝗灾的记载屡见不鲜：例如："（46 年）春三月，蝗螟大起，被害者九十郡国；二十八年（52 年），大蝗，被害者八十郡国。"（《后汉书·五行志》）"（785 年）夏，蝗，东自海，西尽河陇，群飞蔽天，旬日不息；所至，草木叶及畜毛靡有孑遗，饿殍枕道。"（《旧唐书·五行志》）"嘉靖三十九年（1560 年）蝗食禾苗殆尽；万历十四年（1586 年）飞蝗蔽空；清朝康熙三十四年（1695 年）蝗起宝武界，饥民相食。"（《宝坻县志》）

8. 震灾

地震是地面的震动，地震灾害是由地震产生的强烈地面震动、地震断层以及海啸等造成的各种灾害。这种灾害具有突发性、区域性、多重复杂性及连锁性的特点③。地震可分为天然地震和人工地震两大类。由地下岩石的构造活动产生的地震叫作"构造地震"，这种地震的破坏性很大，影响范围也可能很广；由于火山爆发产生的地震叫作"火山地震"，一般强度较小，波及面也不大。我国地处前两个地震带之间，是个多地震的国家。主要分布在台湾、西南、西北和华北地区，历史上记录的较大地震很多，小而弱的地震则不计其数。地震引起的山崩、泥石流、岸堤和山坡滑坡、塌方和水患、火灾等，导致发生河流堵塞和改道、道路中断、淹没和烧毁房屋等次生灾害。地震灾害是严重的，它不仅在一瞬间造成人们生命、财产、生产和生活的损失，而且会对一个地区，甚至一个国家的经济发展、政治局势、社会活动产生重要影响，是严重的自然灾害之一。

---

① 马永明，宋文章. 酿酒葡萄栽培与管理 [M]. 银川：宁夏人民出版社，2009.
② 张崇旺. 明清时期自然灾害与江淮地区社会经济的互动研究 [D]. 厦门：厦门大学，2004.
③ 宏久. 卫星助你预报地震 [J]. 航空知识，1998（5）：22-24.

9. 火灾

火灾是指由于物体燃烧现象而引起的灾害，即失火造成的灾害。发生火灾的原因通常可有三种：由于自然界的变故，如地震的次生灾害、雷击的大量放电等都能引起火灾；由于意外事故，如不慎失火、电器走火等原因引起的火灾；由于人为的原因，如故意纵火或玩忽职守等引起的火灾。山火灾害对自然界和农作物生产会产生严重影响，是重要的灾害之一。

（二）灾荒的成因

1. 自然条件

有史以来，中国发生过无数次种类不同的自然灾害。在奴隶主和封建帝王的统治下，灾与荒通常是并行备至的，人民遭受灾荒而流离失所的情况不计其数。**考究起来，灾荒之所以不断出现，最基本的原因乃是自然环境的某些具体条件的影响。**

所谓自然条件，是指那些客观上存在于人类生活之外并存在于人类周围，而对人类生活具有相当的便利与不便利的各种地形、地质、气温、雨量（如气候变迁、地理环境等）等自然力而言的[1]。对于人类社会来说，自然条件固然是客观存在的外在力量，但它对人类的影响并非完全绝对。自然条件与人类社会所具备的内在结构条件很有关系，能否构成灾荒与灾荒的为害程度通常取决于两个方面：首先是社会生产力或科学技术的发展水平。一般来说，自然的支配作用在社会生产力低的国度里十分明显，在社会生产力比较落后、科学技术水平不高、人类不能控制自然而受自然控制的状况下，自然条件对于自然灾害发生的影响尤其突出。约公元前16—前11世纪的殷商时期，由于生产力低下，对自然的控制能力极为薄弱，在农业生产领域里感到自然的支配力量特别强大，因而推想在整个自然界中亦必存在一个支配自然的最高主宰，人世一切吉凶祸福莫不视为天帝所决定，从而认为自然灾害是天帝有意降于人世的处罚，如《卜辞殷墟书契前编》说"庚戌卜贞，帝其降堇"。《殷商贞卜文字考》说："帝令雨足年？""帝令雨弗其足年？"《尚书·商书·微子》说"天毒降灾荒殷邦"，等等，以为人类对于自然灾害是无能为力的，想要免除自然灾害，非向天帝祷禳以求宽恕不可[2]。

随着历史的发展，社会生产力有了提高，科学技术迅猛进步，现代人类对于自然规律有了一定认识，能按人们的意志改造自然，修建水利工程预防水旱灾害，研究气候规律，进行短期、中期、长期的天气预报以防不测风云，对有害农业作物的蝗螟虫害、病变等进行综合治理。从而可见，当生产力水平低下、科学文化技术不发达时，克服或避免自然灾害的能力必然薄弱。反之，在社会生产力有了发展，科学技术有了一定进步，对客观的自然界有了更多的认识以后，有了利用自然和控制自然的能力，克服或避免自然灾害的能力即有所增大，在一定程度上就可以减轻灾荒的危害。其次，取决于人类社会的协调。如果人类本身能够正确认识自然，正确对待灾荒，从而在灾前进行科学预防，灾后采取正确对策积极抗灾救灾，亦可适当减轻或抵消灾荒的危害。几千年来，中国遭遇过无数次天灾，每因当时社会生产力备受生产关系的束缚而矛盾重重，以致当时虽有某些避免灾害的方法和防止灾害的设备而不能充分使用，一任自然灾害肆虐。

---

① 刘洪洋．嘉道时期皖北地区灾荒研究［D］. 呼和浩特：内蒙古大学，2010.
② 孟昭华. 中国灾荒史记［M］. 北京：中国社会出版社，1999.

2. 社会因素

灾荒固然是对自然条件失控导致的社会物质生产和生活上的损害和破坏，但在数千年来的阶级社会里，人剥削人的社会关系则是引起灾荒的重要原因。**综观我国历代发生的严重灾荒，固然与自然条件有很大关系，但是深入探索灾荒的最终成因或促发严重灾荒的因素，可知在自然条件以外，人为的社会条件也起着相当重要的作用**。自然气候变迁与地理环境虽然可能随时发生灾害，然而它之所以能够成为灾害甚至成为严重灾害，则与社会内部政治经济条件有很大关系，自然环境的外部条件，通过社会政治经济结构才能发生影响，如历史上黄河的淤塞泛滥固然与自然的土质、雨量及地形之坡度等有关，但在封建统治下，人工治理的废弛，当权统治阶级的侵吞剥削，往往成为决定的因素。如果没有剥削制度或者剥削的程度略微减轻，农民生产得以保持其小康状态，可有余力从事防止自然灾害的设备建设，则"天"必然难于"降灾"，从而可免于凶荒，即使突然爆发，亦可为祸稍轻，减少灾害的损失①。

从中国历史的长期发展考察，战争也是造成灾荒的人为条件之一。通常人们习惯将天灾和人祸并列，其中的人祸主要是指包括战争在内的人为因素。就战争与灾荒的关系而言，战争是促进灾荒发展的一个重要因素，而灾荒的不断扩大与深入，又可在一定程度上助长战争的蔓延。然而由灾荒引发的战争与招致灾荒的战争，两者又截然不同。历史上由灾荒引发的战争主要是农民暴动，是农民不堪忍受统治者的压迫剥削起而造反的行为，是正义的战争。而招致灾荒的战争，主要是封建统治阶级的掠夺战争，是非正义的战争。中国历史上，掠夺战争相当频繁，破坏很大，史书上多有记载②。《孟子》说："汤始征，自亳始，十一征而有天下。"罗振玉《殷墟书契考释》谓《卜辞》中纪征伐者凡61次。据统计，春秋242年间战争达448次；战国时期，战火频仍，仅大规模的战争即达222次。秦汉时期，战事繁多，危害社会经济惨重，如墨子所说："庶人数千，信徒四万，久者数岁，速者数月。上不暇听治，士不暇治其官府，农夫不暇治其稼穑，妇人不暇纺绩织纤。"③

历史上的无数次战争，在很大程度上直接起到摧毁社会生产力的作用。中国一向是个农业国家，总人口的80%~90%为农业人口，战争中的征役几乎全部来自农民。战事起，征发须由农民负担。军队所过的地方，苛索粮饷，抓兵拉夫。大军过后往往疫疠丛生。在大规模的军事破坏过程中，农业衰竭，但官府的科索从不稍宽，农民愈益困乏。因而一旦遭遇自然灾害，必然无力抵御。加以战争中往往河决堤毁，人为地制造灾害，常致大灾大难，更加难以忍受。几千年来，由于封建统治和地主阶级残酷剥削，广大农民在重赋徭役、战争破坏、掠夺剥削之下艰难维持，生活困窘，既无力改进农业生产技术，也无力兴办先进的减灾抗灾事业。在农业生产技术落后、生产率不高、粮食产量低和防灾抗灾减灾手段不足的状态下，一遇自然灾害即无力应付，即使是轻微的灾害，也往往遭致重大的打击。

（三）灾荒的后果

在封建阶级统治的古代中国，防灾设施和人民的抗灾能力十分薄弱，灾与荒的确有十

① 刘继宪. 20世纪以来魏晋南北朝灾害史研究综述［J］. 和田师范专科学校学报，2006（1）：177-178.
② 唐春生. 翰林学士与北宋熙宁变法［J］. 重庆师范大学学报（哲学社会科学版），2004（3）：90-95.
③ 孟昭华. 中国灾荒史记［M］. 北京：中国社会出版社，1999.

分密切的关系，通常有灾就有荒，而荒重的结果，则又影响甚至摧毁社会生产力，使灾荒愈加频繁，从而导致两者恶性循环。中国历史上灾多、荒多，灾荒景象是相当悲惨的，统治阶级往往置人民的疾苦于不顾，少量的救济无异于隔靴搔痒，难奏雪中送炭之效。平日生活在水深火热中的人民，生活本即难以维持，一遇严重灾荒，自然无力抵御，因而被迫逃荒，流离失所，甚者人相饥食，严重者索性铤而走险，起义造反，推翻封建阶级的统治。如明朝万历年间（1537—1620 年）发生了 25 年的灾荒。到了崇祯朝，灾荒更为严重，从崇祯元年（1628 年）到崇祯六年（1633 年）一直持续了 6 年灾荒。崇祯元年，全陕发生旱灾、霜灾，北部更为严重，人食蓬蒿。二年（1629 年），陕北大旱，延安府各州县人相食。三年（1630 年），全陕旱灾，米脂县夏秋无收获，米贵民饥。四年，夏灾区域北起榆林、延安，南至西安。五年，陕北大饥，人相食，僵尸遍野。六年（1633 年），全陕旱、蝗，耀州、澄州一带，民死过半，赤地千里。明代全国农民大起义，就在陕北揭开了序幕，终于导致明政权的覆灭。灾荒后果的严重性是不言而喻的，在"赤地千里""道馑相望""十室九空""哀鸿遍野"的状况下，后果必将更为严重，难怪古今中外，人们言及灾荒，便要"谈虎变色"。

二、不同历史时期的灾荒

（一）原始时期的灾荒

四五千年以前，我国古代社会已经进入原始公社末期，传说中的部落联盟首领"黄帝"在世。约 4 000 年以前，传说中的部落联盟首领尧、舜、禹相继在位。原始社会的自然条件基本上与现代相同，寒来暑往、风雷雨水等并无二致，但原始社会的生产力水平低下，人类抵御自然的能力有限，以致自然力对人类的威胁相对很大，避免不了自然灾害的袭击[1]。原始社会没有文字，自然没有文字记载，许多重要事项只能口口相传，后世依据传说所作的文字记载，亦是寥寥无几。《淮南子》："往古之时，四极废，九州裂。天不兼覆，地不固载。火爁焱而不灭，水浩洋而不息""禹之时，天下大水，禹令民聚土积薪，择丘陵而处之"。《史记·夏本纪》载，"当帝尧之时，鸿水滔天，浩浩怀山襄陵"[2]。《竹书纪年》"黄帝一百年地裂"。从这些简短的文字记载中可以看出，原始社会曾经发生过水灾、旱灾、地震等自然灾害。然而应当实事求是地说，原始社会若干万年中发生的自然灾害远远不止这些，这仅是原始社会发生过的自然灾害中最为严重或最有代表性的灾害。

原始社会末期，我国农业已进入锄耕阶段。人们逐渐在黄河下游两岸附近定居下来开荒种地。人们认识到在黄河下游平原地区从事农业和生活，最重要的是防止洪水的危害。相传公元前 21 世纪左右，尧、舜、禹的时候，黄河流域连续发生特大洪水，《尚书·尧典》说："汤汤洪水方割，荡荡怀山襄陵，浩浩滔天，下民其咨。"大水终年不退，不能从事农业生产，人民饥寒交迫，陷入严重的灾难之中[3]。这时，尧忧心如焚，他聚集有关部落的首领，开部落联盟会议，商讨治理水患的办法。尧采纳四岳推荐，会议决定由鲧负责主持治水。鲧接受任务后，率领群众努力工作。《国语·鲁语上》说"鲧障洪水"，《吕氏春秋·君守》说"夏鲧作城"。他从上游开始施工，以堤防障水，与水争地，仍然沿用

---

① 高莹. 秦汉魏晋时期荒政思想研究 [D]. 太原：山西财经大学，2009.
② 刘同亭. 中国灾难医学发展简史初步研究 [J]. 中国医药导报，2018，15（12）：121-124.
③ 胡火金. 中国古代岁星纪年与旱涝周期试探 [J]. 中国农史，1999（1）：78-85.

共工氏筑堤埝（土围子）把主要居住区和临近的田地保护起来的老办法，墨守成规，一味水来土挡，结果水越堵越高，洪水冲垮了堤埝，下游反而更加受害，治水 9 年未能成功，以失败告终。后来，禹从鲧治水的失败中汲取教训，改变了"堵"的办法，对洪水进行疏导，治水 13 年"三过家门而不入"，耗尽心血与体力，终于完成了治水大业。大禹治水传说的源远流长，说明中国人民深切崇敬大禹带领先民创造的丰功伟绩。以禹为代表的先民的伟大精神鼓舞着中华民族同洪水等自然灾害做斗争[1]。

（二）夏商时期的灾荒

人类进入农业社会以后，水灾和旱灾是危害农业的两大灾害。凡江河泛滥，雨水过多，山水下泄过多、过猛等形成的灾害，以及农作物遭受水浸的涝灾、山洪下泄的洪灾等均属于水灾，而气候干旱引起供水缺乏或不足形成的灾害是为旱灾。两种灾害对于农业生产都有严重的危害。夏商期间水患不断，商朝初年还遭受了连续 7 年的特大旱灾，使得人们对于水旱灾害至为关注。夏商之际，文字史料很少，有关自然灾害的详细情况很难确切知悉。《竹书纪年》记载："帝发七年（前 1831 年）陟，泰山震。""帝癸（即桀）十五年（前 1774 年），夜，中星陨如雨，地震，伊洛竭。"金履祥《通鉴前编》说：商汤十八年（前 1766 年）"十有八祀，伐夏桀，放之于南巢。三月，商王践天子位，是岁大旱"。从上述简要记载可知夏代末期曾经发生过三次大的地震[2]。商朝以后传说渐多，各家典籍盛传商汤之际自成汤十八年至二十四年（前 1766—前 1760 年）曾连续 7 年发生严重的旱灾。商朝水患频繁，为避严重的水灾，凡五度迁都殷，商末年即公元前 1112 年也有一次大的地震灾害。

（三）西周时期的灾荒

在西周厉王（姬胡，前 858—前 842 年）末年，发生连续 6 年的大旱灾。这次连年大旱，导致农业歉收，演变成特大饥馑，引起农民逃亡、耕地荒芜的严重现象，使西周农业生产遭遇空前的破坏和衰落。《诗·大雅·桑柔》描写当时的灾情说："天降丧乱，灭我立王。降此蟊贼，稼穑卒痒。哀恫中国，具赘卒荒。"《诗·小雅·雨无正》说："浩浩昊天，不骏其德、降丧饥馑，斩伐四国。旻天疾威，弗虑弗图，舍彼有罪，既伏其辜。若此无罪，沦胥以铺。"西周末年，发生了严重的大地震。《史记·周本纪》记载："幽王二年（前 780 年），西州（镐京）三川（泾、渭、洛水）皆震。伯阳父曰：周将亡矣……昔伊洛竭而夏亡，河竭而商亡。今周德若二代之季矣，其川原又塞，塞必竭。夫国必依山川，山崩川竭。亡国之征也。川竭，必山崩。"

从文献的记录看，西周时期的自然灾害，以旱灾和震灾最为严重，其他灾害鲜有记载。然而，古代在司马迁《史记》问世以前，包括自然灾害在内的我国历史记载不详。古代生产力水平低下，抵御自然的能力十分有限，自然灾害对人类的袭击不以人们的意志为转移，而是经常发生的。从这个意义说，西周在长达 270 余年间，自然灾害远远不止记载的那些内容。

（四）春秋战国时期的灾荒

春秋战国时期是中国历史上大动荡、大分化、大改组时期。这一时期虽说生产力水平

---

① 吴存浩. 中国农业史 [M]. 北京：警官教育出版社，1996.
② 高莹. 秦汉魏晋时期荒政思想研究 [D]. 太原：山西财经大学，2009.

有了很大提高，但仍不足以抵御自然灾害的袭击，各种自然灾害仍然层出不穷，给人民的生命财产带来了很大损失。仅见于《春秋左传》中有关灾害的不完全、不具体的记载就有：(1) 水灾：有记载的大水灾就达到 22 次。周平王四十一年（前 730 年）"大雨雪"；鲁隐公九年（前 714 年）二月癸酉"大雨霖""大雨雪"，等等①。(2) 旱灾：有记载的大大小小的旱灾大约有 27 次。鲁桓公五年（前 707 年）秋"大雩"；鲁庄公三十一年（前 663 年）"不雨"；鲁僖公三年（前 657 年）"春正月不雨""夏四月不雨"，十一年（前 649 年）秋八月"大雩"，十三年（前 647 年）秋九月"大雩"，十九年（前 641 年）"卫大旱"，二十一年（前 639 年）"夏大旱"。(3) 蝗灾：记载大约发生了 18 次。鲁隐公五年（前 718 年）"秋九月，螟"；八年（前 715 年）"九月，螟"；鲁恒公五年（前 707 年）秋，"螽"；鲁凡公八年（前 688 年）秋，"螟"，十八年（前 676 年），"有蜮，为灾"；二十九年（前 665 年）秋，"有蜚，为灾"。(4) 雹灾，鲁僖公三十年（前 631 年）秋，"大雨雹"；鲁昭公三年（公元前 539 年）"大雨雹"，四年（公元前 538 年）正月，"大雨雹"。

春秋战国时期，除了天灾以外，战争频繁，据《春秋》记载，242 年间发生的战争多达 448 次，其中书侵（潜师掠境）的有 60 次，书伐（声罪致讨）的有 213 次，书围（环其城邑）的有 44 次，书人（造其国都）的有 27 次，书败师（诡道而胜之）的有 16 次，书取师（悉虏而俘之）的有 3 次，书取国邑（以力收夺其国）的有 16 次，书袭（轻行而袭之）的有 1 次，书追（已去而蹑之）的有 2 次，书戍（聚兵而守之）的有 3 次，书战（两兵相接）的有 23 次，书迁（驱徒其市朝）的有 10 次，书灭（毁其宗庙社稷）的有 30 次。经过春秋的兼并战争到战国时期七国争雄，战争从未间断，兵连祸结，国无宁日。生活在自然灾害和兵战祸害旋涡当中的人民群众，无时不在水深火热之中，痛苦不堪，正如墨子所说"百姓饥寒冻馁而死者，不可胜数""百姓之道疾病而死者，不可胜数"②。

（五）秦汉时期的灾荒

秦（前 221—前 206 年）汉（前 206—220 年）两代历时 440 年，自然灾害屡见而史不绝书。汉代灾害尤为严重。邓云特《中国救荒史》根据《史记·秦始皇本纪》、《汉书》、《后汉书》诸帝《本纪》、《列传》、《五行志》及《古今注》等书记载统计，秦汉时期自然灾害达 375 次之多，其中旱灾 81 次、水灾 76 次、地震灾 68 次、蝗灾 50 次、雨雹之灾 35 次、风灾 29 次、大歉致饥 14 次、疫灾 13 次、霜雪为灾 9 次③。

自然灾害对于人类是无情的祸害，其频数程度越高，对社会生活和社会经济的危害越严重。以旱灾言之，往往都是大面积受害，动辄殃及数十郡国。《汉书·武帝本纪》载元鼎三年（公元前 114 年）"四月……关东郡国十余饥，人相食"。以蝗灾言之，它是古代难以抵御的灾害，为害甚重。

频繁的自然灾害，导致了诸多严重的社会后果：灾害使人民生活困窘，痛苦不堪；灾害使人民大量流离失所，无家可归；灾害加剧了民族纠纷，以致发生民族战乱；严重的灾荒逼使农民造反起义，动摇封建统治。自然灾害对于人类无疑是一种消极的破坏力量，当统治阶级的残酷剥削压迫达到极点，灾荒使农民的穷困和饥饿达到不可忍受的时候，流徙

---

① 刘铁丽 . 先秦时期黄河水患述论 [D]. 哈尔滨：哈尔滨师范大学，2010.

② 吴存浩 . 中国农业史 [M]. 北京：警官教育出版社，1996.

③ 高汝东 . 汉代救灾思想研究 [D]. 济南：山东大学，2005.

死亡现象必然继续扩大。西汉末年的新莽时期，灾荒严重而大爆发，饥民遍全国，社会动荡不宁。《汉书·王莽传》记载："连年久旱，百姓饥穷，故为盗窃。"实际上，西汉末年王莽改制引起了极大的混乱，已经不可收拾。王莽复加重赋役征发，更使农民饥饿丧失生路。严重的自然灾害不断侵袭农村，米价高达五千钱、万钱一石，甚至一斤黄金也只能易豆五升，逼得农民无法生活，因而农民不断暴动以求活命[1]。东汉期间，自安帝永初以后，自然灾害不断，水旱饥馑交相煎迫，百姓穷困，人民生活日益艰难，各州郡流民为了活命生存蜂起反叛，在全国范围内，东起山东之琅琊，西至甘肃之凉州，南达交趾，北抵幽冀，此起彼伏如火燎原，自安帝永初三年至献帝建安十四年（109—209 年）的 100 年间屡有发生，未尝间断。

（六）三国两晋南北朝时期的灾荒

三国两晋南北朝时期，自然灾害有增无减。两晋期间荒乱更甚，以致终三国两晋之世，黄河长江流域间，数岁凶荒，几无一年或断。200 年中总计遭遇自然灾害 304 次，频度之密远远超过前代。这一期间，各种天灾如地震、水、旱、风、雹、蝗、霜、雪、疾疫等无所不有，甚或一时俱见。其中见于历史记载的旱灾有 600 次、水灾 56 次、风灾 54 次、地震 53 次、雨雹 35 次、疫灾 17 次、蝗灾 14 次、歉饥 13 次。受害程度之深也不亚于前代，甚至有过之而无不及[2]。

东晋之后，继有南北朝之割据，其间 169 年祸乱不断，遭遇的自然灾害更多，各种自然灾害共有 315 次。其中，水旱灾害各为 77 次，频数最高；其次是地震 40 次；再次为风灾 33 次；此外还有霜雪灾 20 次、雨雹灾 18 次、蝗灾 17 次、疫灾 17 次、歉饥 16 次。各种灾害烈度均较以前为甚。

这一时期，严重的自然灾害后果相当严重。首先，导致了人口的大量死亡。其次，三国两晋南北朝纷争割据的形势旷日持久，政治废弛，屡发的自然灾害既使人民生活困苦，又导致社会动荡不安，民饥为寇之事屡见不鲜。

（七）隋唐五代时期的灾荒

隋唐继兴以后，自然灾害仍无或减之势。代唐而立的五代十国，自然灾害尤频仍不断。隋朝立国时间虽然短暂，但就文献之可考者而言，则自统一至衰亡的 29 年间，共计遭受自然灾害 22 次。其中旱灾 9 次，水灾 5 次，地震 3 次，风灾 2 次，蝗、疫、歉饥各 1 次。如《隋书高祖纪》记载：开皇四年（584 年）正月，"齐州水"；开皇六年（586 年），"二月乙酉，山南荆、浙七州水""八月辛卯，关内七州旱"；开皇八年（588 年）秋八月丁未，"河北诸州饥"；开皇十四年（594 年）"五月辛酉、京师地震。关内诸州旱……八月辛未，关中大旱，人饥，上率户口就食于洛阳"[3]。

继隋而立的唐朝，享国 289 年，总共发生自然灾害 493 次。其中，旱灾 125 次、水灾 115 次、风灾 63 次、地震 52 次、雹灾 37 次、蝗灾 34 次、霜雪 27 次、歉饥 24 次、疫灾 16 次[4]。以旱灾而言，《新唐书·五行志》记载：武德三年（620 年）"夏旱，至于八月乃

① 高汝东．儒学与汉代救灾思想理论的发展［J］．人民论坛，2010（20）：234-235.
② 卜风贤．周秦汉晋时期农业灾害和农业减灾方略研究［D］．咸阳：西北农林科技大学，2001.
③ 高汝东．汉代救灾思想研究［D］．济南：山东大学，2005.
④ 李福定，司家龙．唐代城市社区的社会保障［J］．安康学院学报，2008（3）：81-83.

雨。四年自春不雨至于七月"；贞观元年（627 年）"夏，山东大旱，二年春旱。三年春夏旱。四年春旱"。以水灾而言，《新唐书·五行志》记载：贞观三年（629 年）"秋，贝、谯、郓、泗、沂、徐、濠、苏、陇九州水"；四年"秋，许、戴、集三州水"；七年（633 年）"八月，山东、河南州四十大水"。以风灾而言，《新唐书·五行志》记载：武德二年（619 年）"十二月壬子，大风拔木"；贞观十四年（640 年）"六月乙酉，大风拔木"。以地震灾害而言，《新唐书·五行志》记载：武德二年"十月乙未，京师地震"；七年（624 年）"七月，巂州地震，山摧壅江，水曀流"；贞观七年"十月乙丑，京师地震"。以蝗灾而言，《新唐书·五行志》记载：贞观二年（628 年）"六月，京畿旱，蝗。太宗在苑中摄蝗祝之曰：人以谷为命，百姓有过在予一人，但当蚀我，无害百姓。将吞之，侍臣惧帝致疾，遂以为谏。帝曰：所冀移灾朕躬，何疾之避？遂吞之"①。

（八）两宋辽金时期的灾荒

两宋自 960 年至 1279 年前后 319 年中，遭受各种自然灾害 874 次。其中，以水灾 193 次为最多，旱灾 183 次为次多，其他依次为雹灾 101 次、风灾 93 次、蝗灾 90 次、歉饥 87 次、地震 77 次、疫灾 32 次、霜雪灾 18 次。两宋自然灾害频度之密，与唐代相若，而其强度与广度则更有过之。

以水灾言之，《宋史·五行志》记载：太祖建隆元年（960 年）"十月，棣州河决，坏厌次、商河二县居民庐舍田畴。二年，宋州汴河益，孟州坏堤，襄州汉水涨溢数涨"；乾德二年（964 年）"四月，广陵、扬子等县潮水害民田。七月，泰山水坏民庐舍数百区，牛畜死者甚众"；三年（965 年）"二月，全州大雨水"。以旱灾言之，两宋时期旱灾频繁不断。《宋史·五行志》记载：建隆二年（961 年）"京师夏旱，冬又旱"；咸淳六年（1270 年），"江南大旱"；十年（1274 年）"庐州旱。长乐、福清二县大旱"。以雹灾言之，两宋时期，雹灾较重。《宋史·五行志》记载：建隆元年"十月，临清县雨雹伤稼"；乾德二年"四月，阳武县雨雹，宋州宁陵县风雨雹伤民田。六月，洺州风雹。七月，同州郃阳县雨雹害稼。八月，肤施县雹霜害民田"。以风灾言之，两宋期间，风灾亦重。《宋史·五行志》记载：乾德二年"五月，扬州暴风，坏军营舍百区"；天禧二年（1018 年）"正月，永州大风，发屋拔木，数日止。三年五月，徐州利国监大风起西南，坏庐舍二百余区，压死十二人"。以蝗灾言之，两宋时期，蝗害相当可观。《宋史·五行志》记载：建隆元年"七月，澶州蝗。二年五月，范县蝗，三年七月，深蛹虫生"；乾德二年"四月，相州蛹虫食桑。五月，昭庆县有蝗，东西四十里，南北二十里。是时，河北、河南、陕西诸州有蝗"。

北宋时期黄河灾害尤为突出，两岸人民饱受灾难。北宋政府虽然大力治河，但成效不大，致使黄河灾害日益加重。自建隆元年黄河首次决口至宣和三年（1121 年）末次决口止，167 年中有决溢记载的年份多达 73 个，其中黄河决口年份有 55 个，平均 2 年多就有一次决溢，黄河灾害空前频繁，民众灾深难重②。面对严重的河患和给两岸人民带来的深重灾难，北宋政府倾注了大量人力物力从事河防工作，大力进行治河。治河措施主要是防御下游河患，抗御水灾，其中兴役最大的是筑堤、堵口和开引河、减河等项工程。北宋立

---

① 孟昭华. 中国灾荒史记［M］. 北京：中国社会出版社，1999.
② 杜伟. 略述两宋社会保障制度［J］. 沙洋师范高等专科学校学报，2004（1）：54-56.

国之初，在整治汴京四渠的同时，就积极修缮了黄河河堤。北宋时期防河堵口通常是民、兵共用，多则数十万，少则数万，规模、声势都较大。

（九）元朝时期的灾荒

元朝自然灾害颇为频繁，各族群众除了必须忍受蒙古统治者的野蛮统治和残酷压迫以外，生命财产也经常饱受威胁，常常为饥饿所迫而分粮度荒，灾荒甚至成为大大小小农民起义的重要原因之一，威胁着元朝的统治。据邓云特《中国救荒史》统计，元朝时期共有自然灾害513次，其中水灾92次、旱灾86次、蝗灾61次、雹灾69次、风灾42次、疫灾20次、地震56次、霜雪28次、歉饥59次，尤以水、旱、蝗灾为甚。

以水灾言之，《元史·五行志》记载了许多灾情，较为严重的如：至元九年（1272年）"九月，南阳、怀、孟、卫、辉、顺天等郡，洛、磁、泰安、通、滦等州淫雨，河水并溢，圮田庐，害稼"；十四年（1277年）"六月，济宁路雨水平地丈余，损稼。曹州定陶、武清二县，濮州堂邑县雨水没禾稼。十二月，冠州永年县水"；二十年（1283年）"六月，太原、怀、孟、河南等路北河涌溢，坏民田一千六百七十余顷。卫、辉路清河溢，损稼。南阳府唐、邓、裕、嵩州河水溢，损稼。十月，涿州巨马河溢"。以旱灾言之，元朝发旱的年头多，发旱地区也广。《元史·五行志》记载：至元八年（1271年）"四月，蔚州灵仙、广灵二县旱"；十八年（1281年）"二月，广宁、北京、定州旱"；二十三年（1286年）"五月，汴梁旱，京畿旱"；二十四年（1287年）"春，平阳旱，二麦枯死"。元朝时期，蝗害较重，《元史·五行志》记载：至元八年（1271年）"六月，上都、中都、大名、河间、益州、顺天、怀孟、彰德、济南、真定、卫辉、平阳、归德等路，淄、莱、治、磁等州蝗"；十六年（1279年）"四月，大都十六路蝗"；十七年（1280年）"五月，忻州及旌、海、郅、宿等州蝗"。雹灾为害较重，《元史·五行志》记载：至元十五年（1278年）"闰十一月，海州赣榆县雨雹伤稼"；十九年（1282年）"八月，雨雹大如鸡卵"；二十年（1283年）"四月，河南风雷雨雹害稼。五月，安西路风雷雨雹。八月，真定、元氏县大风雹，禾尽损"[1]。

（十）明朝时期的灾荒

邓云特《中国救灾史》按其常规统计，明代在自1368年至1644年的276年中，共计发生1 011次自然灾害，其中水灾196次、旱灾174次、地震165次、雹灾112次、风灾97次、蝗灾94次、歉饥93次、疫灾64次、霜雪灾16次[2]。灾害频数之高，旷古未有，远远超过此前的任何朝代，各种灾害往往交织发生，为害程度复杂深重，亦属前所未有。

这一时期，史籍中有关自然灾害的记录，较之前代远为详尽，无论灾害的种类和频率都不止上述，根据《明史·五行志》记载，明代繁多的灾害和灾害性现象有如下列：（1）水潦：洪武元年（1368年）"六月戊辰，江西水，新州大风雨，蛟出，江水入城高八尺，人多溺死，事闻使赈之"；三年（1370年）"六月，溧水县江溢，漂民居"；四年（1371年）"七月，南宁府江溢，坏城垣。衢州府龙游县大雨水，漂民庐，男女溺死"；五年（1372年）"八月，嵊县、义乌、余杭山谷水涌，人民溺死者众"[3]。（2）恒雨：洪武

---

① 季旭.中国古代灾荒文献研究［D］.西安：陕西师范大学，2018.

② 李福定，司家龙.唐代城市社区的社会保障［J］.安康学院学报，2008，（03）：81-83.

③ 杨玉明.明代公罪制度研究［D］.重庆：西南政法大学，2012.

十三年（1308 年）"七月，海康大雨，坏县治"；二十三年（1390 年）"十一月，山东二十九州县久雨伤麦禾"；建文元年（1399 年）"三月乙卯夜，燕王营于苏家桥大雨，平地水三尺及王卧榻"；永乐元年（1403 年）"三月，京师霪雨，坏城西南隅五十余丈。七月，建宁卫霪雨，坏城"；二年"七月，新安卫霪雨，坏城。八月，霪雨坏北京城五千余丈"；六年（1408 年）"七月，思明霪雨坏城"。（3）恒阴：正德十年（1515 年）"四月，钜野阴雾六月，杀谷"；十四年（1519 年）"三月戊午阴晦"；嘉靖元年（1522 年）"正月丁卯，日午昏雾四塞"；三年（1524 年），"江北昏雾，其气如药"；天启六年（1626 年）"闰五月丙戌，雾重如雨。六月己未如之"[①]。（4）恒旱：洪武三年（1370 年）"夏，旱"；四年，"陕西、河南、山西及直隶、常州、临濠、北平、河间、永平旱"；五年"夏，山东旱"；七年（1374 年）"夏，北平旱"；二十三年"山东旱"；二十六年（1393 年）"大旱，诏求直言"。（5）地震：崇祯十四年（1641 年）"三月戊寅，福建地震。四月丙寅，湖广地震。五月戊子，甘肃地震。六月丙午，福建地震。九月甲午，四川地震"；十五年（1642 年）"五月丙戌，两广地震。七月甲申，山西地震"；十六年"九月，凤阳地震。十一月丙申，山东地震"。

（十一）清朝时期的灾荒

清代各种自然灾害屡见不鲜，较之明代有过之而无不及。邓云特《中国救荒史》统计，清代灾害的频数共为 1 121 次、其中旱灾 201 次、水灾 192 次、地震 169 次、雹灾 131 次、风灾 97 次、蝗灾 93 次、歉饥 90 次、疫灾 74 次、霜雪灾 74 次。而《清史稿·灾异志》对顺治以后的灾害和灾害现象记载尤详。晚清是中国历史上第四大灾害群发期，加之清朝的日趋腐败，灾荒更频繁，灾情更严重。1870 年，长江中上游发生罕见的大洪水，合川、洛陵、万县、宜昌等沿江城市均遭灭顶之灾。1877—1878 年，山西、河南、陕西、河北、山东等北方五省，发生特大旱灾，饿死 1 000 万人以上，时人称之为"丁戊奇荒""晋豫大饥"。1910 年，还发生了中国近代史上最严重的鼠疫，死亡五六万人[②]。

纵观秦汉以来的中国历史，几乎年年有灾、处处有灾，灾荒的发生频率和为害程度，有随时间的推移而呈加快加剧的趋势[③]。其中，水、旱灾最多，为害最大，在时间分布上还具有准周期的特点，频发和少发年代交替出现，有多次百年尺度的变化。在空间分布上，既有普遍性，又呈现南北东西地域上的差异性。

灾荒给中国古代社会带来的直接后果是生命财产的巨大损失。有学者曾对中国历史上死亡万人以上的重大气候灾害，包括旱、涝、飓风、严寒、饥、疫灾等做过统计，仅西汉初年至鸦片战争前就有 144 次，如果加上死亡万人以上的地震灾害，在 160 次以上。其中，导致 10 万、数十万乃至上百万人死亡的大灾荒有 20 次以上。对明清时期死亡千人以上灾害所做的统计旱、涝、风雹、冻害、潮灾、山崩、地震等灾害，明代共有 370 次，共死亡 627.45 万人，清代 413 次，共死亡 5 135.15 万人，合计明清两代死亡千人以上灾害共 783 次，共死亡 5 762.60 万人。至于灾害所造成的财产损失，更是无法计算[④]。自然灾

①　王冰冰.《明史·五行志》考论［D］. 新乡：河南师范大学，2014.

②　宫大伟. 论清朝的荒政制度［D］. 济南：山东大学，2009.

③　李军，黄玉玺. 救灾与救政：中国古代社会救灾制度反思［J］. 南京农业大学学报（社会科学版），2018，18（3）：142-151，156.

④　曾凡清. 略论清政府防灾救灾举措及对后世的影响［J］. 农业考古，2010（3）：12-15.

害还直接造成农作物特别是粮食作物减产，甚至绝收，耕牛死亡，摧毁农田水利基本设施，严重破坏传统农业经济，使社会再生产不能正常进行。不仅如此，严重灾荒还直接引发社会动乱，甚至加速封建王朝的灭亡①。

三、灾荒的经济社会影响

灾荒对人类社会有巨大危害，最主要的是人员的伤亡和财产的损失。自然灾害的破坏是多方面的，或压杀人畜，或倒塌房屋，或农业歉收无收，或商业停滞，或吞噬村庄，或毁灭城市等不一而足。**从长期的历史观察，自然灾害所及的范围往往超出自然灾害本身，对于整个社会的政治、经济、文化、科学等各个方面都有巨大影响，严重地影响社会生活、社会生产和社会进步**②。然而人类"吃一堑，长一智"，严酷的自然灾害经验教训又促进了人类头脑的清醒，使人类加强防御，改进措施，研求对策，因而自然灾害在一定程度上又促进了社会的发展与进步。人们从无数事例中间可以看出，自然灾害对人类社会最直接的危害和影响有以下几个方面：

(一) 导致人员流亡，社会动荡

历史上因灾伤亡之事，常有大量发生③。《汉书·高后纪》记载：高后二年（前186年）"春正月，地震，羌道、武都道山崩，杀七百六十人"。《汉书·王莽传》记载："连年久旱，亡有平岁……北边及青徐地，人相食……饥民死者十七八"。《后汉书·钟离意传》记载：建武十四年（38年）"会稽大疫，死者以万数"。《后汉书·桓帝纪》记载：延熹九年（166年），"司隶豫州饥死者什四五，至有灭户者"。《晋书·食货志》记载："晋末……生民涂尽……或毙于饥谨，其幸而自存者，盖十五焉"。《魏书·宣武帝本纪》记载：景明二年（501年），"齐、青、徐、兖四州大饥。民死二十万余口"。《隋书·炀帝本纪》记载：大业八年（612年）"岁大旱，又大疫，人多死，山东尤甚"。《唐书·五行志》记载，"永淳元年冬大疫，两京死者相枕于路"。《宋史·仁宗本纪》记载：景祐四年（1038年）"十二月……并、代、忻州并言地震，吏民压死者三万二千三百六人，伤五千六百人"。《元史·五行志》记载：至大元年（1308年）"春，绍兴、庆元、台州疫，死者二万六千人"。清嘉庆十五年（1810年）山东春夏大旱，河北七州县大水大饥，浙江地震，湖北雨雹，共约死亡900万人。道光二十九年（1849年），直隶地震大水，浙江湖北亦大水，又浙江大疫，甘肃大旱，死亡共约1 500万人④。光绪二年至四年（1876—1878年），江苏、浙江、山东、山西、陕西、江西、湖北等省大水，安徽，陕西、山东又大旱，死亡共约1 000万人，民国十七年至十九年（1928—1983年）因灾死亡人数达1 000万人。民国二十四年（1935年）因灾死亡的有300万人。以上所列举的因灾死亡人数，虽然只是一些具有代表性的数字，不够全面，但是也不难看出，历史上每次灾荒对人口死亡的确有很大影响。

中国历史上因灾而致人口流徙的事，屡见不鲜，如《汉书·武帝纪》记载：元狩四年（前119年）"冬，有司言关东贫民流陇西、北地、西河、上郡、会稽，凡七十二万五千

---

① 李军. 西方经济思想的中国渊源——基于文献的初步回顾与总结 [J]. 古今农业，2008 (1)：1–12.
② 王娟. 中国古代灾后政区调整研究 [D]. 咸阳：西北农林科技大学，2010.
③ 见《南齐书》卷二六《王敬则传》，第484页.
④ 同③.

口"。《宋史·孝宗本纪》记载：乾道二年（1166年）"两浙、江东大饥，平民流徙江南者数十万"。《名山藏记》记明宪宗时："成化二十年（1484年）九月，巡抚左佥都御史叶琪奏：山西连年灾害，平阳一府逃移者五万七千八百余户，内西邑县饥饿死男妇六千七百余口，蒲鲜等州，临晋等县，饿莩盈途，不可数计"①。《东华续》载：清朝光绪二年（1876年）"十一月，江北旱灾较重，饥民四出，兼以山东、安徽灾黎纷纷渡江，前赴苏常就食者千万"。1931年长江大水，鄂、湘、赣、皖、苏各省农村人口流离失所者每千人中就有125人之多，约占灾区总人口的40%，其中31%为全家迁徙，9%属单身流徙②。民国以后，黄河流域各省灾民"闯关东"徙往东北的历年都有并逐年增加，民国十六年（1927年）以后，每年达百万人以上，以致"闯关东"一语成了口头禅。

自然灾害造成的人员伤亡和流徙，必然要破坏社会和家庭结构③。一个家庭的主要成员在自然灾害中死亡，则意味着这一家庭的劳动与经济来源中断，很有可能导致该家庭的进一步不幸。

自然灾害造成的社会动荡、政权更迭之事屡见不鲜。中国历史上屡次发生的农民起义，无论范围大小或时间久暂，实际上无一不以灾荒为背景④。隋炀帝大业七年（611年）准备大举东侵高句丽时，各地被征发前方运送军需的民夫常数十万往返在道，昼夜不绝，死者相枕。是以农稼失时，田畴多荒，统治者又不修水利，大业七年（611年）的大水，使山东、河南淹没30余郡，人民卖为奴婢，再加官吏贪残，人民只有被迫群集起义，以反抗隋王朝。大业十二年（616年），官吏横征苛敛，又加饥馑，人民始则采树皮叶，或持藻为末，或煮土为食，各物皆尽，乃自相食。各地人民纷纷揭竿而起，形成了声势浩大的全国性农民起义。元朝蒙古统治者不重视农田水利，兼以年年破坏，从中叶以后，各地经常发生严重的水旱灾害，造成大批饥民，迫使种官田的农民卖儿鬻女以偿租赋，再加黄河屡次决口，人民颠沛流离、饥饿贫乏。由于黄河屡次决口，统治者不得不加以修治。1315年（元顺帝至正十一年）4月，征发民夫15万、戍军2万，派贾鲁主持治河。治河成了人民群众聚集起来的好机会，爆发了起义。136年，农民起义军在朱元璋的领导下推翻了元朝统治。明朝崇祯年间，全国大旱，加以蝗灾和瘟疫，很多地方农民被迫啃树皮吃草根，没有树皮或草根便吃泥土，饿死的人很多。然而地方官却照样催租逼税，天灾加以人祸逼使农民起义，明王朝因而灭亡。

（二）导致财产损失，经济衰落

自然灾害导致的财产损失是全方位的，对于国民经济各部类，城市、农村等各个方面都无例外。

从农业方面说，一方面，几千年来中国封建社会以小农经济为基础，故劳动力的盛衰，直接影响农业经营所得之多寡，间接关系到农村各种事业的兴废⑤。我国历史上各种自然灾害连绵不断，每逢凶荒丧乱，人口必然锐减，劳动力亦必锐减。清嘉庆十五年至光

① 刘壮壮. 农耕、技术与环境："黄河轴心"时代政治经济中心之离合［J］. 中国农史，2018，37（4）：46-60.
② 于文善，吴海涛. 晚清淮河流域灾荒成因及其影响——以皖北、豫东为中心的考察［J］. 淮北煤炭师范学院学报（哲学社会科学版），2007（3）：9-13.
③ 徐保风. 论灾害的伦理二重性［J］. 重庆社会科学，2005（2）：55-58.
④ 于文善，吴海涛. 晚清淮河流域灾荒成因及其影响——以皖北、豫东为中心的考察［J］. 淮北煤炭师范学院学报（哲学社会科学版），2007（3）：9-13.
⑤ 张高臣. 光绪朝（1875—1908）灾荒研究［D］. 济南：山东大学，2010.

绪十四年（1810—1888 年）的 78 年间，农村人口因灾死亡 6 200 余万，民国九年至二十五年（1920—1936 年）的 16 年中，因灾死亡的人为 1 800 余万，致使耕种农田的劳动力减少，土地荒芜废弃。另一方面，自然灾害往往直接破坏农田土质，如被水淹过的土地，所含大部分碱性化合物遭到分解后在地面上留有白色沉淀，土质不易恢复原状，影响农作物的生长，时间越久受害越深。有时水中含沙，地面大量沙碛也不利于耕种。因而，灾害不仅使农田在受灾之时不能利用，而且每经一次巨灾之后，荒地面积势必增加，以致耕地面积缩小，粮食产量减少，影响国家税收。《三国志·吴书·孙休传》记载"良田渐废，米谷渐少"。《通鉴》述北齐永明时事说"耕者日少，田有荒芜"。《宋史·食货志》记载，"京畿周环二三十州，幅员数千里，地之垦者十才二三，税之入者又十无五六""力不能耕，则废为荒地"，甚而"弥亘数千里，无人可耕"[①]。

由于水灾破坏了土质，常常增加荒地，缩小耕地面积，灾后并因缺乏种子肥料，难于进行扩大再生产，甚至迫使全部生产陷于停滞状态。从而不仅造成农业暂时减产，而且能够形成长期的经济衰落。

灾害、灾难对森林也有破坏作用，尤以森林火灾危害最大。草原沙化、恶性杂草传播、干旱、雪灾、冻灾等对牧业是严重的威胁。而连年干旱，水资源因趋减少使河湖干枯，则妨碍了渔业的发展，水质污染更是对渔业造成灭绝性的威胁。灾害、灾难的损失有直接、间接之分。所谓直接经济损失，是指同一灾害、灾难的成灾过程中，原生灾害和紧密伴随的次生灾害所造成的经济损失总和[②]。

第二节　中国农业灾荒预防制度

一、气候与农业生产情况监测制度

秦朝把上报农作物生长期的雨泽及受灾程度作为一项法令，要求各地严格执行。汉朝建有"自立春至立夏尽立秋，郡国上雨泽"制度[③]。金朝《河防令》规定，沿河州县在汛期随时奏报水情、险情。明朝开始建立黄河飞马报汛制度。清代沿袭这一做法，并加大实施力度。如康熙四十八年（1709 年）起，延长报汛河道长度，从宁夏开始报汛，并用皮混沌传递水情。

《资治通鉴》记载唐代刘晏于诸道置知院官，"每旬月，具州县雨雪丰歉之状白使司，丰则贵籴，歉则贱粜，或以谷易杂货供官用，及于丰处卖之。知院官始见不稔之端，先申，至某月须若干蠲免，某月须若干救助，及期，晏不俟州县申请，即奏行之，应民之急，未尝失时，不待其困弊、流亡、饿殍，然后赈之也。由是民得安其居业，户口蕃息"。通过设官巡检，定期预报气候状况及各地收成，政府有时间早做救荒准备[④]。

清代建立了雨雪、收成、粮价奏报制度和晴雨录。晴雨录是一些地方逐日天气现象的

---

①　刘双怡. 农业自然灾害与宋代粮食安全 [D]. 成都：四川师范大学，2011.

②　孔圆圆，徐刚. 重庆市自然灾害对农业经济发展的影响与对策 [J]. 安徽农业科学，2007（11）：3412-3413.

③　赫治清. 我国古代救灾防灾的经验教训 [J]. 求是，2008（13）：55-58.

④　毛阳光. 唐代灾害奏报与监察制度略论 [J]. 唐都学刊，2006（6）：13-18.

记载，内容包括晴、阴、雷、雨、雪雾和风向。最早开始于康熙十一年（1672年）的京城，后来清廷将晴雨录和奏报制度推广到全国各省。每逢雨雪或缺少雨雪，地方官都要向皇帝报告雨水入土深度和积雪厚度及起讫日期。这类奏折称为"雨雪分寸"[1]。清廷还要求奏报雨雪分寸时，要报告当时当地粮价。建立雨雪分寸并粮价奏报制度的一个目的，是预为筹划以调剂粮食。清朝通过建立全国各省气象观测及晴雨录与雨雪粮价奏报制度，及时掌握全国天气变化和粮价走势，对预测可能发生的农业气象灾害并采取相应措施发挥了重要作用[2]。

二、粮食仓储制度

粮食仓储虽然不能直接预防灾害的发生，但是对灾害发生后可能产生的不良后果却有很重要的预防作用。 古人对于储备粮食，以丰年之有余补荒年之不足，早已有清醒的认识。通过仓储形式来积储备荒，成为历朝都积极推行的备荒制度。

《礼记》最早揭示了积储的重大意义，"国无三年之蓄，曰不足；无六年之蓄，曰急；无九年之蓄，曰国非其国也"。当时设有廪人、仓人等管理仓储。魏文侯时期（前445—前396年）的李悝鉴于谷贵伤民、谷贱伤农的矛盾，创常平之法，调节贵贱，"使民无伤而农益劝"。其实质是运用已有的轻重敛散平粜等手段，将中国固有的"取丰年之有余，补凶年之不足"的民食调节原则具体化、制度化。具体办法是：将年成分为上熟、中熟、下熟、平、大饥、中饥、小饥等七种情况，相应以大饥之年的不足取上熟之年所余补之，中饥之年的不足取中熟之年所余补之，小饥之年的不足取下熟之年所余补之。这样"故虽遇饥馑、水旱，籴不贵而民不散，取有余以补不足也。行之魏国，国以富强"（《汉书·食货志》）。这种做法并非简单地取予，而是通过市场的平粜以"籴不贵"来完成的[3]。

汉代通过入粟补官，倡导位置消费的方法积储粮食，出现了汉武盛世局面。宣帝五凤四年（54年），大司农中丞耿寿昌针对当时社会连年丰稔，谷价甚贱伤农的局面，建议设立常平仓制度，"以谷贱时增其贾而籴，以利农，谷贵时减贾而粜，名曰常平仓。民便之"（《汉书·食货志》）。此后，常平仓作为储粮备荒的一种最基本的仓储形式，一直为后代所沿袭[4]。

隋唐是我国仓储制度发展史上的又一个高峰，最重要的成就是义仓的设立。隋开皇五年（585年），工部尚书长孙平上奏设立义仓。《隋书·食货志》记载："令诸州百姓及军人劝课当社，共立义仓。收获之日，随其所得，劝课出粟及麦，于当社造仓窖贮之。即委社司，执帐检校，每年收积，勿使损败。若时或不熟，当社有饥馑者，即以此谷赈给。自是诸州储峙委积。其后关中连年大旱，而青、兖、汴、许、曹、亳、陈、仁、谯、豫、郑、洛、伊、颍、邳等州大水，百姓饥馑。高祖乃命苏威等，分道开仓赈给。又命司农丞王禀，发广通之粟三百余万石，以拯关中。又发故城中周代旧粟，贱粜与人。"

① 王洲平，肖常贵. 总结历史经验加强地质灾害报告统计——我国古代的灾情报告统计制度的借鉴意义 [J]. 浙江国土资源，2007（11）：53-54.
② 高原. 我国古代救灾防灾的经验教训 [J]. 现代职业安全，2009（12）：88-90.
③ 曹贯一. 中国农业经济史 [M]. 北京：中国社会科学出版社，1989.
④ 赫治清. 我国古代救灾防灾的经验教训 [J]. 求是，2008（13）：55-58.

这段记载将义仓设立的目的、作用做了很好的解释，反映了它在救济水旱灾害中的重要作用①。但是它的性质却逐渐由自愿性的、不定额的转变为半自愿的、强制性的定额缴纳。

唐朝贞观二年（628年）设立义仓。义仓仓谷来自按亩纳税，"亩纳二升"，交纳品种粟、麦、稻均可。商人无田，按户等交纳，五斗至五石不等，下下户及少数族不征。贮存州县仓库，以备荒年。高宗永徽年间，一度改为按户征收。玄宗时恢复亩税二升旧制。唐在各州建有常平仓，并规定了米、粟储藏时限和仓本钱标准②。

隋唐时期的常平仓，主要功能仍是调节价格。隋于开皇三年（583年）设立，唐代承袭，根据不同的州的等级设立常平仓本钱，上州三千贯，中州二千贯，下州一千贯，由常平监管理，仍是朝廷荒政中不可缺少的重要措施之一。

宋元时期用于备荒的仓储，有义仓、常平仓、惠民仓、广惠仓、社仓、预备仓等。北宋建隆四年（963年）诏令诸州在各县立义仓以备荒。惠民仓创设于后周显德年间，平时以杂配钱折粟积储，待岁歉时减价出粜以惠民生，故曰惠民仓。宋淳化五年（994年）始置。广惠仓是宋代特有的救济性仓储，由枢密使韩琦倡设于嘉祐二年（1057年）。其粮食来源于本州县没官绝户田地上的租入。

南宋乾道四年（1168年），朱熹在家乡福建建宁府崇安县开耀乡创立社仓，借本府常平仓米为谷本，夏季听民借贷，入冬征还，每石取息2斗，遇荒年只收息二分抑或不收息。淳熙八年（1181年），朝廷批准朱熹建议，将社仓推广各地。

元代的仓储制度颇为完备，大概以在京诸仓、河西务诸仓、上都诸仓、宣德府仓、御河诸仓、各路常平、各地社仓等最为重要。

明代专为赈济灾荒而设的影响较大的是预备仓。明朝建立之初，令天下州县设东西南北四所粮仓，官出宋本收贮，以备荒赈，由当地年高笃实乡民掌管，岁歉贷给百姓，即为预备仓。其粮食来源有官地租米、无碍官前来入、赃罚银钱折纳、立功赎罪折纳、民间捐纳，等等。预备仓之外又有义仓的设立，百姓二三十家组为一社，选举富裕而有义行的人为社首，处事公平而能书算者为社副，社内人户区分为上、中、下三等，分别出米储积。另外，宣德七年（1432年），周忱还在江南推行济农仓等。

清代所置仓储种类主要有常平仓、预备仓、社仓、义仓、营仓等，都有赈灾的功用。一般规定常平仓为本州县备赈，义仓、社仓为本村镇备赈。常平仓的粮食主要来源于罚缓银两籴入、绅民捐输、按亩摊征、官府捐谷、官款籴入、盐商报效、截留漕米等。清代义仓与社仓平行，社仓设于乡村，义仓设于市镇，目的相同，一本就近、就便以利赈救的原则。

历代作为备荒措施的仓储制度，本身存在一些不完善之处，而在实施过程中又发生诸多流弊。诸如灾年借贷，至期难还，仓本亏空；弄虚作假，谎报仓储虚数；挪作他用，甚至监守自盗、侵吞仓粮等，不一而足，大大减弱了仓储制度的防灾备荒功能和作用③。而对各种类的仓储制度的重视程度也不一致，义仓、社仓在王朝末期往往湮废，导致大量饥

① 么振华. 政治视角下的隋代救灾研究［J］. 兰州学刊，2015（8）：35-45.
② 曹贯一. 中国农业经济史［M］. 北京：中国社会科学出版社，1989.
③ 赫治清. 我国古代救灾防灾的经验教训［J］. 求是，2008（13）：55-58.

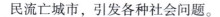

民流亡城市，引发各种社会问题。

三、兴修农田水利

水利兴修在古代中国是一项非常重要的活动，也是灾害预防的重要手段。中国是个有着悠久水利兴修传统的国度，有学者将古代中国称为"水帝国"，认为由于水利兴修的需要而诞生了中央集权的国家。还有学者指出，不同时期的水利工程形成了不同的经济区。

早在春秋战国时期，各诸侯国就兴修了芍陂（què bēi）、漳水渠、都江堰、郑国渠等一批著名水利工程来预防、减轻水旱灾害。《华阳国志·蜀志》记载，都江堰修成后，成都平原因此"沃野千里，号为陆海。旱则引水浸润，雨则杜塞水门""水旱从人，不知饥馑，时无荒年，天下谓之天府"[1]。《史记·河渠书》称郑国渠成，"于是关中为沃野，无凶年，秦以富强，卒并诸侯"[2]。

秦汉政府在中央和地方都设有主管水利工程的机构和职官。汉武帝专门颁发水利诏，称："农，天下之本也，泉流灌浸，所以育五谷""通沟渎，畜陂泽，所以备旱也"（《汉书·志·沟洫志》）。在他的支持下，西汉政府在关中地区兴建了六辅渠、白渠等一大批水利工程。东汉永和年间，会稽太守马臻主持修建溉田9 000余顷的鉴湖，使得"浙以无凶年"，造福绍兴地区七八百年。汉朝还在汉水、淮河流域和华北、河套、河西走廊及新疆等地修建了一些农田水利设施[3]。

两汉政府还把整理黄河作为重要任务。西汉时期，黄河决溢日趋频繁，政府设有河堤都尉、河堤谒者等官职，每年拨出大量经费治河[4]。汉武帝时黄河在瓠子（今河南濮阳西南）决口，大片土地被淹20多年。元封二年（前109年），武帝派汲黯等率数万军卒抢堵瓠子决口，他亲临现场，命令随从百官自将军以下皆参加搬运柴草。西汉末，河患更严重，治河成为国家当务之急。成帝、哀帝间，朝廷公开征求治河方案，待诏贾让曾上治河三策。东汉永平十二年（69年），明帝鉴于河决魏郡60年，黄河及支流汴水、齐水乱流，年年泛滥，任命王景主持治河。王景从荥阳东至千乘出海口，修筑千里大堤，将黄河第二次大改道的新河线固定，同时整治汴渠，使河、汴分流，在汴渠引黄段修建引水闸和调控闸。工程完成后，东汉政府恢复西汉旧制，在滨河地方设置管理河堤官员，建立岁修制度，加强维修管理。从此之后，黄河下游河道出现了800年的相对安流局面，河患大大减少[5]。

唐代中央掌管天下河渠堤防的是尚书省，其下属工部的水部郎中和水部员外郎"掌天下川渎陂池之政令，以导达沟洫，堰决河渠，凡舟楫灌溉之利，咸总而举之"（《旧唐书·志第二十三职官二》）。同时，掌管河渠水利事务的，还有都水监。唐朝共兴建农田水利工程253处，其中灌溉面积在千顷以上的就有33处。唐朝还制定了相关水法——《水部式》。

① 王洲平，肖常贵. 总结历史经验加强地质灾害报告统计——我国古代的灾情报告统计制度的借鉴意义 [J]. 浙江国土资源，2007（11）：53-54.

② 乔焕玉. 洪山源神庙里的古代治水英雄谱 [J]. 文史月刊，2020（8）：58-65.

③ 赫治清. 我国古代的荒政（下）[J]. 中国减灾，2009（3）：52-53.

④ 梁俊艳. 中国历代自然灾害与对策学术研讨会召开 [N]. 中国社会报，2006-06-22（3）.

⑤ 徐潇宇. 三峡库区地质灾害防治系统运行机制研究 [D]. 北京：中国地质大学，2013.

北宋王安石颁布《农田水利约束》，在全国掀起农田水利建设热潮，其时"四方争言农田水利，古陂废堰，悉务兴复"（《宋史·列传卷八十六》）。据《宋史·食货志》记载，1070—1076年间，京畿及各路兴修水利工程10 739处，溉田36万余顷。宋代在前朝基础上，着力发展圩田，成绩突出。但圩田面积盲目扩大，又带来新问题。南宋政府三令五申禁止盲目围湖造田，加强对圩田建设管理。由于豪强与贪官污吏相勾结，政府屡禁不止。

元朝工部尚书贾鲁治河，取得了巨大成就，在中国减灾史上留下了光辉的一页。明朝开国之初，太祖朱元璋就给地方官下诏，凡民间有关水利工程修筑事宜，必须迅速呈报，及时办理。进京觐见的官吏，他都要询问农田水利之事。他除让工部都水清吏司专掌全国农田水利外，还派国子监生分赴各地，督促吏民兴修水利。明朝著名水利专家潘季驯先后四次出任河道总督，主持治理河患，倡"束水攻沙"法，借淮河之清以刷黄河之浊，筑高堰，建遥堤、塞决口，治河取得了突出成就，黄河河道因此基本稳定了200多年，在很大程度上扭转了黄河长期分流的混乱局面[1]。潘季驯的《河防一览》为我国古代水利学的经典之作，对后世防洪治河产生了深远影响。清朝把兴修农田水利作为防灾减灾对策，实施有方，成绩明显。清朝康熙皇帝亲政后，将"三藩"、河务、漕运列为三大政事，平定"三藩"之乱后，他把治河放在最重要位置，六次南巡，调查研究，听取汇报，制定治河方略，亲理河工。康熙皇帝认为，"水利一兴，田苗不忧旱涝，岁必有秋，其利无穷"。他还说："朕为民生，再三图画，非修治水利，建立闸座，使蓄水以灌田畴，无以为农业缓急之备"（《皇朝政典类纂》卷二三）。康熙和乾隆年间，黄淮海平原受灾程度明显减轻，与治河有直接关系[2]。

历代水利工程数量如表6-1所示。

表6-1 历代水利工程数量

省份	春秋	战国	秦	汉	三国	晋	南北朝	隋	唐	五代	宋	金	元	明	清
陕西			1	18	2			9	32	4	20	4	12	48	38
河南	1	3		19	10			4	11		11	2	4	24	843
山西	1			4	1	1	1	3	32		25	14	29	97	156
河北				5	1	2	3	1	24		20	4	11	228	542
甘肃				1	1				4		2		2	19	19
四川		1			1				15	1	5		1	5	19
江苏	3	2		1	3	2	8	1	18		117		28	234	62
安徽	1			1	3		4	1	12		16		2	30	41
浙江		2		4	2	3	2	2	44	1	302		87	480	175
江西				1		1	1		20	1	56		13	287	222

---

① 梁俊艳. 中国历代自然灾害与对策学术研讨会召开 [N]. 中国社会报，2006-06-22（3）.
② 贾伟. 明清时期河湟地区民族人口研究 [D]. 兰州：兰州大学，2012.

省份	春秋	战国	秦	汉	三国	晋	南北朝	隋	唐	五代	宋	金	元	明	清
福建						2		4	29		402		24	212	219
广东											44		35	302	165
湖北							1		4	4	21		6	143	528
湖南				1				2	7	2	5		3	151	183
云南				1					1		1		7	110	292
合计	6	8	1	56	24	16	20	27	254	13	1110	24	309	2270	3234

资料来源：［美］冀朝鼎. 中国历史上的基本经济区与水利事业的发展［M］. 北京：中国社会科学出版社，1981：36.

四、地区间的粮食调运

调粟政策源于古代调粟之议，历代相延，其具体内容大要有三，即移民就粟、移粟就民和平粜等三项措施。数千年来在施行中虽有盛衰繁简和方法步骤之殊，但大体相仍，未曾废断，延至清代例亦施行。《筹济篇》说：康熙二十一年（1682 年），"议准直隶、河南两处乏食穷黎，移家觅食"[1]；顺治十七年（1660 年），"议准常平仓谷春夏粜出，秋冬籴还，平价生息，务期便民，如遇凶荒，即按数给散灾户贫民"；康熙四十年（1701 年），"截留楚省漕粮四万五千石分发淮安等处，平粜"[2]；四十二年（1703 年），"将山东附近州县漕粮截留二万石，运送被灾州县，减价平粜"。为贯彻平粜政策，防止奸商囤积图利，乾隆七年（1742 年），发布上谕禁止将官谷贱籴贵粜，杜绝奸商垄断居奇，致妨民食。

五、其他制度

中国古代提倡深耕农作，注意搜集刊印官私编撰的农书，推广防治农业灾害的技术和知识。著名的《氾胜之书》《齐民要术》《农政全书》等，都提出了许多抗旱，保墒，防御低温、病虫害、盐碱化等灾害及治蝗对策。宋、辽、金、元、明、清政府还制定了捕治蝗蛹的制度、政策。康熙皇帝亲自到蝗区做调查研究，总结前人治蝗经验和蝗虫生存危害的规律，提出新的捕蝗对策，撰写了著名的《捕蝗说》[3]。

与此同时，历代封建王朝还把植树造林、禁止乱伐森林、发展抗旱涝高产粮食作物，作为防灾备荒措施。宋真宗曾推广耐旱的占城稻。此外，具有高产、耐旱涝、对土质要求不高等优点的玉米、番薯相继传入我国后，明清政府大力推广种植，在备荒中发挥了重要作用。

---

①　鲁仪，宋耀. 清代黄泛区荒政措施研究［J］. 改革与开放，2015（10）：49-50.

②　岑大利. 清代的救灾政策述论［J］. 中共中央党校学报，2010，14（3）：101-104.

③　李军. 中国古代备荒救灾的历史经验［J］. 人民论坛，2020（8）：142-144.

第三节　中国农业灾荒救济制度

灾荒救济制度也称荒政，是古代国家有关救济灾荒的法令、制度与政策措施。荒政一词，最早见诸成书于战国时代的《周礼·地官·大司徒》。书中提出救灾之法，"以荒政十有二聚万民：一曰散利，二曰薄征，三曰缓刑，四曰弛力，五曰舍禁，六曰去几，七曰眚礼，八曰杀哀，九曰蕃乐，十曰多昏，十有一曰索鬼神，十有二曰除盗贼"[①]。此十二法构成中国古代救灾制度的基本形式。

一、灾荒奏报与勘察制度

秦朝田律规定，如遇到旱灾、暴风雨、水潦或虫灾损伤了禾稼，地方官要及时如实上报。宋初规定，夏灾上报限四月底，秋灾限七月底；荆湖、江、淮、浙、川、岭南秋灾上报不迟于八月底。县官接报后分行检视，然后上报州官。州官复检后上报三司，确定受灾分数及蠲免比例。特别严重的灾害免复检。真宗天禧（1017—1021 年）间，诏令各路及时报灾，免去复检。元朝报灾时限稍向后延，江南秋灾时限为九月。明初报灾不拘时限。弘治十年（1498 年）始定夏、秋灾上报时限各为六、九月底。万历九年（1581 年）改为内地分别为五、六月份，沿边各为七、十月份。清代夏、秋灾上报时限各不出六、九月份，拖沓或者谎报者均要受到处罚。清代还有定期上报雨水粮价的制度，从康熙朝开始，皇帝要求省一级的地方官，每年必须有两次向朝廷汇报当地的雨水粮价，这是一个最基本的制度。时间一般是夏、秋两季，比如降雨量多少，粮食价格多少，收成多少。皇帝据此判断国家的基本经济状况。这种变化更加科学，有利于减少信息不对称问题[②]。

在地方奏报后，要进行勘查，即地方官吏查勘核实田亩受灾程度，确定成灾分数。例如清代勘灾有一套严格程序：受灾人户要填写简明申报表；经核对后，申报表作为勘灾底册，交勘灾人员一一核查；勘灾之后，州县官将结果汇总造册，然后上报。清初规定，歉收地方五分以下不成灾。乾隆初年起，凡受灾五分之处也算成灾上报。户部接到各地报灾题请后，还要派员复勘，复查属实，勘灾结果便可作为蠲免的依据。若需要赈济的人户，还加审户程序，划分极贫、次贫各个等级[③]。

二、灾害赈济制度

（一）灾害赈济

赈济是灾荒之后由政府发放钱粮等进行灾民救济的制度，主要有谷赈、银赈、工赈、粥赈、布帛赈等几种形式。如《汉书·文帝纪》记载，后元六年（前 158）"夏四月大旱、蝗……发仓庾以振民。"《册府元龟》卷一〇五《帝王部·惠民一》记载，唐天宝十二载（753 年）正月丁卯诏曰："河东及河淮间诸郡，去载微有涝损，至于乏绝，已令给粮。"

①　唐帼丽.《周礼》惠民制度思想的当代认识价值 [J]. 甘肃理论学刊，2013（5）：183-186.

②　阳敏. 古今救灾制度的差距与变迁——专访中国人民大学清史研究所副所长夏明方教授 [J]. 南风窗，2006（19）：48-50.

③　胡美函. 由今日抗旱话史上旱灾 [N]. 中国县域经济报，2009-02-12.

粥赈即施粥，历代都行此法。除政府行为外，民间亦多有此举。清代京师每年十月初一至次年三月二十日，五城按城设厂煮粥赈济，每城日给米 2 石，柴薪银 1 两。各直省省会也照京师五城之例，于每年冬月煮粥赈济饥民[①]。

工赈，即以工代赈，指官府利用赈济银、粮兴办公共工程，让灾民参加劳作获得相应的赈济钱物[②]。春秋时期的晏子即推行过此法。唐代有宣州刺史卢坦以工代赈之事，宋代开始多起来。欧阳修在颍州做官时，就曾募饥民修陂塘。神宗熙宁六年（1073 年），北宋政府以诏令形式将以工代赈作为救灾重要措施加以推行。以工代赈也是清朝经常实施的一种赈济形式。嘉庆皇帝就说过，"救荒之策，莫善于以工代赈"。由于工赈所兴工程大多属于农田水利建设和治理河患，因而是一举多得的积极救灾对策措施[③]。

赈济还有一种方式，即借贷。借贷需要在一定期限内归还，但一般是无息或低息的，也属于一种常用的赈济方式。借贷内容除粮、钱外，也包括种子、耕牛等。《康济录》卷三《临事之政》载，北宋曾巩任越州通判时，逢岁饥，出粟 5 万石，贷民为种粮。明初对灾情不重的缺粮户借贷曾规定，一口之家准借 1 斗；2~5 口之家借 2 斗；6~8 口之家借 3 斗；9 口以上之家借 4 斗；家中有人淹死者借 2 石，房屋或牲畜被洪水冲走者减半。借贷于秋后如数还官，一般年息 3 分以下，最高 7 分。清代最初借贷也于秋后征还，每石加息 1 斗。乾隆初开始，因灾借贷免息。十七年（1752 年）进一步规定，夏灾、秋灾借贷种食，分别于当年秋后和次年麦收后免息还仓[④]。

（二）赋税蠲免

赋税蠲免是指在灾荒之年，或免除灾区全部租赋，或减征租赋数额，或延缓征收时间，以减轻灾民负担，缓解灾民压力[⑤]。《汉书·昭帝本纪》记载，始元二年（公元前 85 年）皇帝下诏："往年灾害多，今年蚕麦伤，所振贷种、食勿收责，毋令民出今年田租。"《文献通考·国用考》称，"宋以仁立国，蠲租已责之事，视前代为过之，而中兴后尤多"。对于赋税蠲免的额度，唐以前并没有固定的标准，只是根据当时的情况颁布诏令。这种滞后的制度对于及时开展救荒活动是不利的。到唐以后，随着社会各项制度的日益完备，赋税蠲免也日趋制度化，规定也更加详细。在中国制度史上具有象征意义并奠定以后王朝制度基础的《大唐六典》中明确规定："凡水、旱、虫、霜为灾害，则有分数：十分损四以上免租，损六以上免租赋，损七以上课役俱免。若桑麻损尽者，各免调，若已役已输者，听免其来年"[⑥]。其后又做了进一步修改，"诸田有水旱虫霜为灾处，据见营田州县检实，具账申省，十分损四分已上免租，损六分已上免租调，七已上课役具免，若桑麻损尽者，各免调，若已役已输者，听折来年，经两年后，不在折限。应免者，通计麦田为分数。"

在此基础上，至明清时期规定更加详尽。明弘治三年（1490 年）形成固定的比例，即受灾十分，免七分税粮，以此类推至四免一为止。清朝大体类似，但有了一定的弹性。

① 岑大利. 清代的救灾政策述论 [J]. 中共中央党校学报, 2010, 14 (3): 101-104.
② 尧水根. 中国农业自然灾害与古今救助 [J]. 农业考古, 2012 (4): 211-218.
③ 毛阳光. 唐代灾害奏报与监察制度略论 [J]. 唐都学刊, 2006 (6): 13-18.
④ 吴存浩. 中国农业史 [M]. 北京：警官教育出版社, 1996.
⑤ 耿长林, 田家怡, 潘怀剑, 等. 我国古代灾害问题研究面面观 [J]. 滨州教育学院学报, 2000 (3): 63-67.
⑥ 毛阳光. 唐代灾害奏报与监察制度略论 [J]. 唐都学刊, 2006 (6): 13-18.

顺治十年（1653年）规定州县受灾八至十分，免三分；五至七分，免二分；四分，免一分。其后几经变革。在制度上规定更加具体，并赋予适当的弹性区间。这种制度的创新可以节约救灾的成本，更有利于国家的统治。

（三）移民就食

移民就食即将灾民转移到粮食丰裕的地方使饥民获得生存机会。由于古代粮食储备和运输条件差，一旦发生严重灾荒，大批饥民往往转徙求食。如果政府不出面组织，就可能出现灾民乞食四方的流民潮。灾民自发流动乞食，盲目性大，难免沿途抢劫，滋生事端。国家颁布相关政策法令，组织灾民有序流动，不失为一项应急对策。中国古代封建国家历来都有这方面举措。如《汉书·高帝纪》载，高祖二年（公元前205年），"关中大饥，米斛万钱，人相食，令民就食蜀汉"。甚至有时皇帝也参与其中，唐代的高宗、武则天、玄宗就曾多次因为关中饥荒而率领百姓与大臣到洛阳"就食"。

（四）平粜与禁遏粜

平粜是仓储制度建立后常用的救济制度。唐开元十二年（724年），蒲、同等州旱，朝廷令太原、永丰二仓各出15万石米，按低于市价10钱卖与蒲、同二州百姓。清朝主要采用截留漕米平粜。据《光绪漕运全书》载，乾隆朝平粜20次，共计米麦62万余石。嘉庆、道光朝各5次、2次，共计米麦分别为8.1万石、10万石。清朝粜米，每石比市价便宜100~300文不等，即比市价低10%~20%①。封建国家除动用仓储粮平粜外，还鼓励商贩运粮到灾区发售，以增加灾区粮源。但有的地方担心粮食外流会导致本地粮价上涨，对粮食流通设置障碍，以致出现"遏粜""闭粜"现象。唐贞元元年（785年）正月，德宗诏令"诸州府不得辄有闭粜"。九年（793年）正月，又诏："分灾救患，法有常规；通商惠人，国之令典。自今宜令州府不得辄有闭粜，仍委盐铁使及观察使访察闻奏。"②自此，历代封建政府都把遏粜、闭粜看作妨碍荒政而加以禁止。

（五）度牒与劝分

度牒是封建国家对于已经得到公度成为僧尼者所发放的证明文件。它主要是为便于僧籍管理。因为持有度牒的僧尼，不但有了明确的身份，可以取得政府保护，而且获得免除租税徭役的特权，因此具有极强的诱惑力。唐中宗时始有买卖度牒的记载，宋代则在救荒中得以运用。宋英宗治平四年（1067年），"庚戌，给陕西转运司度僧牒。令粜谷振霜旱"（《宋史 卷十三·英宗本纪》）。神宗熙宁元年（1068年），"广南东路转运使王靖乞请祠部给度牒，付经略司出卖，以雇民工筑城，诏给五百道"（《宋会要辑稿·方城九》）。神宗熙宁七年（1074年），"赐环庆安抚司度僧牒，以募粟振汉番饥民"（《宋史 卷十五·神宗本纪》）。哲宗元祐四年（1089年），苏轼守杭州，"大旱，饥疫并作。轼请于朝，免本路上供米三之一，复得赐度僧牒，易米以救饥者"（《宋史·苏轼传》）。为摆脱财政困境而发度牒，只能应一时之急，不可能从根本上改变贫弱局面。事实上，因度牒持有者数目的激增，大量课税户口消失，反而进一步导致财政恶化，加上豪富们操纵度牒市场，从中渔利，致使宋王朝经济日趋疲弊③。

① 鲁仪，宋耀．清代黄泛区荒政措施研究［J］．改革与开放，2015（10）：49-50.
② 杨雪云，陈金凤．唐代江西粮食生产与贸易述论［J］．农业考古，2005（3）：168-175.
③ 李军，辛贤．中国古代社会救荒中的寻租行为［J］．中国农村观察，2007（1）：62-70，79.

劝分也是我国古代荒政措施之一，《左传·闵公二十一年》有"务穑劝分"之语。所谓劝分，"盖以豪家富室储积既多，因而劝之赈贷，以惠穷民，以济乡里"（《救荒活民书》），它表达的是一种"有无相济"之意，每当灾荒或兵患而财政困难时，国家设立赏格，劝谕官民富裕之家，以捐、借钱谷之多寡给予奖赏。汉代以还多行"入粟补官"之法，赏以爵位，使"无位者入仕，有位者迁官"。宋乾道七年（1171年）八月，湖南、江西旱灾，劝谕积粟之家赈济，朝廷明确区分此类行为"系敦尚义风，即与进纳事体不同"（《宋会要辑稿·食货五八》）。宋元以后也开始用旌表制度，给予输财赈济之人以道德名望的表扬与奖赏。相对于以前各朝明代的劝分有根本性的变化，即奖劝措施由汉代以来的"入粟补官"为主演变成"义民旌表"为主[1]。

三、其他制度

（一）灾害祈祷

灾害祈祷是被广泛视为迷信的一种灾害救济制度。它产生于人们对自然界不可预测之事理解的缺乏。在古人眼中，灾害是上天对人间的谴责与惩罚，故遇有灾害，直接向上天祈祷、检讨就成为应有之事。中国主要的灾害是水旱，这衍生出两种基本的灾害祈祷行为，即旱时祈雨，水时祈晴。祈祷的对象有上天、龙王、土地神等。祈祷被认为是人与自然达成博弈正和的最佳方式。早在商代，商汤王在桑林中祈雨，并且以剪发、割手来表达为民祈福的决心，遂成为后世的模范。其后历代帝王多有祈雨的行为，如北魏高祖、唐武宗、宋仁宗、明太祖等[2]。

（二）反省"六事"

据记载，商汤在桑林中祈雨时曾说的"六事"，要求帝王在灾害发生后，要及时地对政道、民生、俭奢、宫政、官员收受贿赂、谗言盛行等有关吏治民生的情况进行检讨。其后，"六事"不断演化，或为"五事"或为"七事"。后世的许多救灾行为就是由此演变而来，其目的无外乎是祈求上天宽恕所犯的罪恶，达到天地人之间的和谐，达到农业经济的复苏[3]。

1. 君主自谴制度

汉儒及阴阳家的观点，以为灾害之临，由于帝王过失所致，如果帝王悔过从义，自然复至泰来。自秦汉以来，自谴成为一种常见的救灾制度。有统计认为，两汉君主灾后下达的自谴诏书计有30余次。其后诸朝多有发展，粗略统计，唐代涉及自谴内容的诏令有130次之多。宋以后虽有所减少，但是灾后自谴制度成为一种潜意识中的制度形式长久存在，到清圣祖康熙时期依旧因为天旱而自责不已，据记载，康熙曾亲自参加祈雨的"常雩之礼"42次，而嘉庆参加6次[4]。

2. 改元制度

中国古代的纪年，在汉代以前，并无特殊的名称，一般只记某王某地某年而已。至西

---

① 赵克生. 义民旌表：明代荒政中的奖劝之法［J］. 史学月刊，2005（3）：47-52.

② 李军. 灾害危机与唐代政治［D］. 北京：首都师范大学，2004.

③ 李军. 自然灾害的政治应对——论唐代的禳弭制度［J］. 唐史论丛，2014（1）：47-60.

④ 冯开文，李军. 中国农业经济史纲要［M］. 北京：中国农业大学出版社，2014.

汉文景时，始有"后""中""前"诸名。武帝即位，立"建元"之名，年号之设，遂为定制。年号的设置，不仅反映了君主专制自尊之意，而且也与天时、人事的发展变化密切相关。因灾改元制度肇始于此。史书记载，武帝时灾害较多，年号"天汉"就是在频繁旱灾的历史背景下出现的。在汉代诸帝建元、改元的 76 次之中，因灾害而改者有 35 次之多，几占总数的一半。但这种毫无规律的制度给政事处理制造了许多麻烦，而且改元并不能真正阻止灾害的降临，故自两汉以后，因灾改元制度日渐减少，唐代仅仅在高宗时期出现过"咸亨"和"通乾"两次。明清以后，基本沿用一个年号。

3. 策免三公（宰相）制度

先秦时，三公作为宰相辅佐君主、总领百官，地位崇高，被君主视为移过的首选。西汉初年，阴阳灾异观大行其道，宰相被赋予燮理人间阴阳之气的政治功能，开始与"阴阳"挂上钩。自汉成帝永始二年（前 17 年）策免宰相薛宣时，将"变异数见"写入诏书，君主移过臣下公开化。作为宰相的三公，开始承担不同的灾害责任。此后，凡遇到水旱灾害、星变等灾异，君王就要策免宰相中的一人或几人，遂成为惯例。据统计，在东汉安帝（107—113 年）到献帝兴平二年（195 年）中，因灾异被策免的三公中太尉 21～24 人次，占同期太尉数的 34.4%～9.3%；司徒 5～10 人次，占 12.2%～24.4%；司空 15～17 人次，占 25.2%～31.4%。其中因水、旱、地震、蝗、疾疫、风、雹、寒冻等灾而被削职的三公司徒有 8 人次、司空 23 人次、太尉 18 人次[1]。

伴随宰相构成机制的变化，因灾策免三公制度不断发生变化。三国曹魏时期，三公权力式微，策免三公以推卸灾异责任逐渐废止。唐代延续了这一局面，三公成为无具体职务的荣誉职衔。但作为宰相的其他官员，如中书、门下、尚书三省长官，同平章事、同三品衔的官员仍有灾时求免的潜意识，并一度成为唐宋宰相们争权夺利的工具。至明清以后，相权在与君权的斗争中权势渐丧，因灾策免制度也趋于消失。但仍旧有一些官员因为灾害的发生而丢官罢职。

4. 因灾求言制度

求言制度是古代帝王为了全局掌控国家动态，解决信息不对称的努力之一。西汉文帝时颁布过此类诏令，其后更成为历朝历代皇帝灾后的必修课。以唐代为例，求言诏令几乎贯穿于王朝始终。其中，太宗 5 次、高宗 6 次、武后 1 次、中宗 1 次、玄宗 2 次、德宗 2 次、文宗 2 次，共计 19 次。因灾求言制度也是灾后政府选拔官员、提举贤能的重要途径。两汉举士总数共 65 次，其中因灾举士者 25 次，约占 39%。这种制度到南北朝时期虽有所变化，但借着灾害选拔官员的制度仍长期存在，唐代马周的政治生涯就源于灾后太宗的赏识[2]。

5. 大赦制度

先秦时期大赦也成为禳灾的重要手段。汉朝的时候，赦免的次数更多、范围更广，灾异之赦几乎占了整个汉朝赦免总数的三分之一。灾异之赦的频繁实施与其所需国家临时成本不多，且能笼络人心、解放农业劳动力相关。但是，从长期看，对赦免范围的泛泛化，又极易使罪行严重者逃脱法网，成为社会治安的不稳定因素，也使一些人抓住大赦的漏洞

---

① 董念清. 论中国古代的赦免制度［J］. 兰州大学学报，1996（3）：93-99.

② 李军，马国英. 中国古代政府的政治救灾制度［J］. 山西大学学报（哲学社会科学版），2008（1）：39-43.

而实施犯罪。所以，以后的王朝，对大赦的范围有了更严格的界定。另外，由于它的实际效能并不如意，故次数也逐渐减少，如唐朝仅有 6 次，仅占总数 184 次的 3.26%。宋以后，逐渐成为与改元、上尊号或者节假日相附的一种制度，清朝仅有世祖因水旱、地震实行过一次。

6. 因灾录囚制度

录囚（或称虑囚）是我国古代司法制度史上的一项重要制度，它是指对监狱在押犯进行审录复核，对狱政管理状况进行监督检查，以纠正错案、督办淹狱、宥减轻系的制度。因灾录囚制度自汉代出现，直至清末仍在发挥作用。因灾录囚制度同样源于"灾异天谴"论。统治者认为政事不修是致灾的原因，而政事中刑狱杀人最为不祥，其中不免有冤枉不平之狱，其怨毒之气可以上达云霄，激起神的愤怒。基于这样的认识，统治者便须要则天顺时，调整自己的行为，或清理狱讼，或大赦天下。事实上，中国历史上的许多"德政"不但是以这样的名义，而且是在这样的信仰支配之下做出的①。因灾录囚制度在汉以后屡见不鲜。唐代共有 67 个年份 74 次录囚的记载，几乎每个皇帝都有录囚的记录②。即使在西方科学思想大量传入中国的清末时期，因灾录囚仍然存在。光绪二十六年（1900 年）三月"癸丑，以旱诏中外虑囚"（《清史稿》）。因灾录囚，虽然于消弭灾害无补益，但在因灾导致社会矛盾加剧的情况下，录囚可以清理冤狱、淹狱，改善狱政吏治，释放部分囚犯，从而有利于缓解社会矛盾、安定人心和社会秩序。

7. 减膳制度

因灾减膳制度是帝王在灾害造成经济困难时，令尚食局减少膳食或者降低膳食标准，显示自己的忏悔、对稼穑的关注以及与民同苦的决心。历代帝王饮食极其奢侈，减膳制度的采取只是一种做秀而已，但它凸显了帝王与民同甘苦的决心。例如《旧五代史·后唐·庄宗纪八》记载："诏以去岁因被灾沴，物价腾踊，自今月三日后避正殿，减膳撤乐，以答天谴。"这一制度唐宋记载最多，其后日趋减少，到清代仅有康熙因旱减膳一次记载。

思考题

> 1. 简述灾荒对古代经济社会产生的影响。
>
> 2. 简述中国古代形成了哪些防灾救灾制度。
>
> 3. 中国古代是如何构建和完善救荒体系的?

---

① 瞿同祖. 中国法律与中国社会 ［M］. 北京：商务印书馆，1981.

② 阎守诚，李军. 唐代的因灾虑囚 ［J］. 山西大学学报（哲学社会科学版），2004（1）：103-107.

第七章　中国农业经济思想与政策史

📖 **学习目标**

1. 了解中国古代主要的农业经济思想；
2. 了解中国古代主要的农学著作及其主要经济思想；
3. 了解中国农业政策的主要内容及其发展演变过程。

第一节　中国古代的农业经济思想

中国在数千年农业发展的过程中不仅积累了大量的农业经济实践经验，也产生了丰富的农业经济思想和理论，这些思想和理论不仅在过去指导了我国的农业经济实践，影响了农业政策的方向，对于当前和今后我国农业经济理论研究和政策的制定也具有重要参考价值。

一、以农为本的思想

我国具有非常悠久的农业起源与发展史，随着农业生产体系的不断发展和完善，重视农业的思想也日渐形成。**我国早在原始社会末期就已有了重视农业的思想萌芽，此后经过夏商，到西周初期形成比较明确的理念**。《国语·周语》里的相关记载表明西周时的统治阶层已经认识到农业的极端重要性。

> 宣王即位，不籍千亩。虢文公谏曰："不可。夫民之大事在农，上帝之粢盛于是乎出，民之蕃庶于是乎生，事之供给于是乎在，和协辑睦于是乎兴，财用蕃殖于是乎始，敦庬纯固于是乎成，是故稷为大官。古者，太史顺时顾土，阳瘅愤盈，土气震发，农祥晨正，日月底于天庙，土乃脉发。……
>
> "是时也，王事唯农是务，无有求利于其官，以干农功，三时务农而一时讲武，故征则有威，守则有财。若是，乃能媚于神而和于民矣，则享祀时至而布施优裕也。今天子欲修先王之绪而弃其大功，匮神之祀而困民之财，将何以求福用民？"
>
> 王不听。三十九年，战于千亩，王师败绩于姜氏之戎。（《国语·周语上》）

春秋时期著名的思想家计然指出："籴石二十则伤农，九十则病末。农伤则草木不辟，末病则货不出。故籴高不过八十，下不过三十。农末俱利矣。"（《越绝书·越绝计倪内经》）虽然没有明确提出"农本"，但是所提出的"农末俱利"表明他把农业跟其他末业看作是相对应的，实际上就蕴含着"以农为本"的思想。

战国时期，重农思想逐渐被统治者采用，进而转化为一种统治实践，形成了"以农为本"的立国之策。魏国李悝为魏文侯作"尽地利之教"，同时实行"平籴法"，采取重视农业发展的措施，成为魏国富强的重要原因。秦国商鞅吸收李悝变法的经验，在商鞅变法中参照李悝的一系列做法，大力发展秦国的农业，提出"农战"思想，"圣人知治国之要，故令民归心于农。归心于农，则民朴而可正也，纷纷则易使也，信可以守战也"（《商君书·农战》），使秦国成为最富强的国家。

随着农本思想成为统治国策，经过国家层面长期的制度性规范与宣传教化，到秦汉时期，作为一个群体的农民与定居农耕社会初步形成，反过来又进一步强化了"以农为本"的重农理念[①]。西汉文帝时，贾谊在《论积贮疏》中提出"驱民归农"的政策主张，"今殴民而归之农，皆著于本；使天下各食其力，末技游食之民，转而缘南亩，则畜积足而人乐其所矣。可以为富安天下，而直为此廪廪也"，其思想基础仍是"以农为本"。晁错在《论贵粟疏》中也提出，"粟者，王者大用，政之本务"。

唐初吸取隋末动乱与严重破坏小农经济的惨痛教训，统治阶层十分强调农本思想的积极作用。据《贞观政要》记载，贞观二年（628年），唐太宗在与大臣的对话中强调了"以农为本"的思想，"凡事皆须务本。国以人为本，人以衣食为本，凡营衣食以不失时为本。夫不失时者，在人君简静乃可致耳"（《贞观政要·卷八·论务农》）。对农业的极度重视，也为"贞观之治"奠定了坚实的基础。

宋代"以农为本"的思想在许多情况下通过劝农文来传达[②]，这些劝农文强调农业生产的重要性、宣传国家的重农政策与官吏的劝农职责、强调农民要勤劳、劝导广大农民要听从劝谕，体现了农本思想[③]。例如，《黄震·咸淳八年春劝农文》述："朝廷命郡太守劝农于郊，以民生性命在农，国家根本在农，天下事莫重于农，故切切然以此为第一事。"

明朝统治者沿袭传统的本末观，将农本商末作为重要国策。明太祖朱元璋反复强调农业的重要地位，指出"为国之道，以足食为本。大乱未平，民多转徙，失其本业，而军国之费所资不少，皆出于民。若使之不得尽力田亩，则国家资用何所赖焉？……若年谷丰登，衣食给足，则国富而民安，此为治之先务、立国之根本"（《明太祖实录·卷十九》）。明中叶以后，社会经济发生了一系列显著变化，随着商品经济的发展、商人及其群体的活跃，社会思潮中商业"本业"地位逐步确立，特别是黄宗羲"工商皆本"（黄宗羲《明夷待访录·财计三》）的提法被认为动摇了传统的"重农抑商""重本抑末"的观念，甚至超越了"农商并重"论[④]。不过，从统治阶层的角度来看，"以农为本"的思想并未被取代。

清开国之初，满族游牧民族统治者即意识到吸纳农耕文明是统治稳定的必要条件。顺

---

①　王加华. 中国古代重农、劝农传统的多样化表达 [J]. 民族艺术，2023（6）：76-89.
②　肖建新. 宋代劝农文的农政思想 [J]. 淮北师范大学学报（哲学社会科学版），2024，45（5）：12-16.
③　王加华. 中国古代重农、劝农传统的多样化表达 [J]. 民族艺术，2023（6）：76-89.
④　孙杰. 民生、国计与求道之方——明代"本业"观的多重内涵 [J]. 中国经济史研究，2016（3）：41-51.

治十一年（1654 年），延续明制开始举行耕耤礼，通过皇帝亲临先农坛致祭、行耕耤礼等形式，展现统治者亲农、重农形象①。此外，清朝统治者还通过在建筑景观题写诗文等方式表达重视农业的思想②。

总之，"以农为本"的思想贯穿我国农业社会发展的始终，成为我国古代农业思想的一条主线。

二、"三才相宜"的思想

中国古代农业思想的特色不仅体现为对农业地位的高度重视，还体现为对农业发展中人与自然相互协调的高度重视，即"三才相宜"的思想。从今天的观点来看，"三才相宜"蕴含着一种可持续发展的思想，也是中国传统农业能够长久保持旺盛的生命力并取得辉煌成就的重要思想基础。

所谓"三才"，即中国传统哲学中的天、地、人三种要素。"三才"理论把天、地、人作为宇宙间并列的三大要素，又把它们联结为一个整体，突出地体现了中国传统文化的"有机统一的自然观"，代表了中国古代人民对人与自然关系认识所达到的水平。农业中的"三才相宜"思想，就是在农业生产中要讲求天时、地利、人和。早在先秦时代，受中国传统哲学"天人合一"思想的影响，农业要兼顾天、地、人的思想体系就已初步形成了③。随着农业实践的不断发展，"三才"理论逐渐成为中国传统农学思想的核心，中国传统农书无不以"三才"理论为其立论的依据④。这种思想又反过来指导中国传统农业生产实践，推动中国传统农业不断向前发展。不过，在传统农业的发展过程中，人们对天、地、人三者各自作用的认识并不是一成不变的。在先秦时代，由于农业生产力水平低下，人们认为"天时"具有决定意义。如《尚书·尧典》说"食哉唯时"，春秋战国时普遍强调"勿夺农时"，说明了当时人们对农业生产中"天时"重要性的认识。为使人们对天时有个正确的认识，二十四节气、七十二物候等农业气象学知识也逐步得到发展。从秦汉以后直到唐宋时代，"地利"开始被认为是决定性因素，对耕作技术的研究得到高度重视。南宋之后，人们对江南地区的开发取得了很大成就，南方精耕细作体系逐渐形成，人的主观能动性也积极地表现了出来。明清时代，由于人多地少的矛盾更加突出，充分发挥人的能动作用就成为关键问题，"人和"的作用提高到前所未有的高度⑤。

在"三才相宜"思想指导下，中国传统农业强调顺应自然、尊重自然界的客观规律。早在西周时期，先民在劳动过程中逐渐认识到天时、地利、顺应风土、因地制宜对生产和生活的重要性，在《周礼》中系统表达了"时宜""土宜"和"物宜"的思想⑥，即所谓"三宜"。把天时、地利和作物三者作为一个统一的整体来加以考察，强调因时制宜、因地

① 闫瑾. 帝念民依重耕桑，肇新千耤考典章——从明清耕耤礼看中国古代重农思想 [J]. 今古文创，2021（2）：74-76.

② 侯文双. 生理农桑事，聚民至万家——避暑山庄中清帝重农思想解析 [J]. 河北民族师范学院学报，2014，34（3）：21-22.

③ 王振领. 中国古代农学中三才思想的发展轨迹 [J]. 中国历史地理论丛，1999（2）：188，192.

④ 李根蟠. "天人合一"与"三才"理论——为什么要讨论中国经济史上的"天人关系" [J]. 中国经济史研究，2 000（3）：5-15.

⑤ 同③。

⑥ 李映聪. 《周礼》农业伦理思想探析 [J]. 农业考古，2020（4）：119-124.

制宜、因物制宜，使农作物的种植栽培和生长达到最佳效果①，体现了对自然规律的尊重，也体现了中国传统农业合理利用自然资源的思想，为中国农业的可持续发展奠定了理论基础。

"三才相宜"思想在强调尊重自然规律的同时，还十分注重发挥人的主观能动性。中国古代思想家很早就认识到，农业生物的生长离不开自然环境，更离不开作为农业生产主导者的人。《管子·八观》指出："力地而动于时，则国必富矣。彼民非谷不食，谷非地不生，地非民不动，民非用力毋以致财。天下之所生，生于用力。"汉代晁错的《论贵粟疏》指出："粟米布帛生于地，长于时，聚于力，非可一日成也。"中国传统农学的"三才"理论包含着动态观，认为农业的环境条件不是固定不变的，农业生物的特性及其与周围环境的关系也不是固定不变的，这就为人们在农业生产领域内充分发挥其主观能动性展开了的广阔空间。土壤环境的改造、优良品种的选育，甚至人们无法左右的"天时"，都可以按照人类的需要进行某种程度的"改造"，从而部分地突破自然界的季节限制和地域限制，生产出各种"非时之物"来。此外，中国传统农业讲求的"精耕细作"，也是重视农业生产中人的作用的集中反映。所谓"精耕细作"，本质上就是充分发挥人的主观能动性，利用自然的有利方面，克服其不利方面。

总之，中国传统农业和传统农学之所以能够取得辉煌的历史成就，与"三才相宜"的思想密不可分。

三、农业多功能的思想

中国传统农业思想中不仅对农业的经济功能高度重视，而且对农业其他功能也非常重视。

中国古人很早就认识到农业的多功能性，前面《国语·周语》里虢文公对周宣王的那段谏可以说是我国对农业多功能的最早论述，它揭示了农业的经济、财政、社会、军事、政治等诸多功能是从农业的生产机能中衍生出来的，是建立在"民之蕃庶于是乎生"的基础之上的②。农业的这些功能集中在一起，也构成了"农本"思想的基础。到了战国时代，农业的发展和农业生产关系的调整，加速了奴隶制度的瓦解，促进了地主制经济的发展。在农业生产所提供的物质基础上，当时的思想家在追求各自学术和政治理想过程中，也进一步发掘农业的多重功能③。

在农业多重功能中，比较受古人重视的是农业的教化功能。《孟子》里的一段记载表明战国时思想家对农业的教化功能已有非常深刻的认识："后稷教民稼穑，树艺五谷，五谷熟而民人育。人之有道也，饱食暖衣，逸居而无教，则近于禽兽。圣人有忧之，使契为司徒，教以人伦：父子有亲，君臣有义，夫妇有别，长幼有叙，朋友有信。"（《孟子·滕文公上》）《吕氏春秋》也记载："王布农事，命田舍东郊，皆修封疆，审端经术，善相丘陵阪险原隰，土地所宜，五谷所殖，以教道民，必躬亲之。田事既饬，先定准直，农乃

---

① 张震国. 谈古代农业生产"三宜"理论 [J]. 河南农业科学，1992（6）：2-4.

② 李根蟠. 从生命逻辑看农业生产和生态所衍生的功能——农业生命逻辑丛谈之二 [J]. 中国农史，2017，36（3）：3-17.

③ 谭光万，樊志民. 战国秦汉农业功能的国家定位与制度强化 [J]. 西北农林科技大学学报（社会科学版），2013，13（1）：140-146. DOI：10.13968/j.cnki.1009-9107.2013.01.005.

不惑。"（《吕氏春秋·孟春纪》）南宋时期的农学家陈旉也指出："列圣相继，惟在务农桑，足衣食。此礼义之所以起，孝弟之所以生，教化之所以成，人情之所以固也。"（《陈旉农书》）清代农学家杨屾则从农业在保障人们基本的生理需求后，为追求高层次的精神需求提供了可能的角度进一步论述了农业教化功能，指出"粮贱则食足，桑多则衣备。衣食丰饶，教子弟读书，习礼让，岂非莫大之益"。他不仅提倡读书人关注农业（"案头须置农书"），并且要教育子弟"反复批阅，记诵诗歌论说，以明治生之本。达而在上，以此治国，国无不富；穷而在下，以此治家，家无不昌。进则有为，退则有守。将来学问浅深不等，总不失为孝弟力田之人"①。

除了国家对民众的教化之外，农业的教化功能还体现在家庭内部对后代的教化上。传统农业中，基于大量实践经验提炼的农业知识和技术的传递与家庭价值观的传递紧密结合起来，形成了耕读传家的传统。在耕读传家的过程中，农业不仅被看作是衣食住行等生活消费的来源，更被当作是培养人格、砥砺品行、颐养情趣的过程。例如，南北朝时期颜之推在《颜氏家训》中指出："古人欲知稼穑之艰难，斯盖贵谷务本之道也。夫食为民天，民非食不生矣。三日不粒，父子不能相存。耕种之，茠锄之，刈获之，载积之，打拂之，簸扬之，凡几涉手而入仓廪，安可轻农事而贵末业哉？"明清时期朱柏庐的《朱子治家格言》中也提出"一粥一饭，当思来处不易；半丝半缕，恒念物力维艰"。这些都表明了当时的思想家对于农业在耕读传家过程中重要性的认识。

传统农业的另一种受古人推崇的功能是休闲功能。传统农业讲求人与自然和谐相处，农业生产与乡村社会生活也形成了紧密的联系。对于久居城市的人群来说，和谐自然的乡村情趣和田园生活本身成为一种令人向往的生活方式。中国古代有许多文人墨客用文学作品来描绘乡村优美的田园风光、闲适的田园生活，强化了人们对传统农业休闲功能的认识。例如，晋代诗人陶渊明，为了追求田园生活，宁愿放弃仕途，写下《归园田居》系列诗作，对后世产生了巨大影响。

第二节　中国古代农书中的农业经济思想

中国古代丰富的农业经济思想不仅在一些经典文献中通过片段的形式体现出来，而且在专业的农学著作中得到系统阐释。据有学者研究，中国古代农学著作（又称农书）有书目可查的逾500种，其中流传至今的有250余种②，涉及农业的方方面面。这些农学著作是我们研究中国古代农业经济思想的重要资料。下面选择其中一些重要的农书，探究其中所蕴含的农业经济思想。

一、《吕氏春秋·上农》等四篇

《吕氏春秋》是战国时秦国丞相吕不韦组织编写的一部总结先秦诸子思想学说的著作，它虽然不是一部专门的农学著作，但是其中的《上农》《任地》《辨土》《审时》四篇（以下简称《上农》四篇）构成了一个完整系统的农业思想和理论体系，是对我国先秦时

---

① 许瑶. 杨屾农业多功能思想及其现代意义研究 [J]. 古今农业，2022（4）：59-68，85.
② 游修龄. 从大型农书体系的比较试论《农政全书》的特色和成就 [J]. 中国农史，1983（3）：9-18.

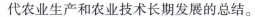

代农业生产和农业技术长期发展的总结。

1. 崇尚农业的思想

《上农》四篇最核心的思想就是崇尚农业，集中体现在《上农》篇中。"上农"就是尚农、重农之意①。《上农》开篇就清晰地指出了农业对国家政治、经济、军事、社会等各方面的重要性，而且表达了以农为"本"的思想。

"古先圣王之所以导其民者，先务于农。民农非徒为地利也，贵其志也。民农则朴，朴则易用，易用则边境安，主位尊。民农则重，重则少私义，少私义则公法立，力专一。民农则其产复，其产复则重徙，重徙则死其处而无二虑。民舍本而事末则不令，不令则不可以守，不可以战。民舍本而事末则其产约，其产约而轻迁徙，轻迁徙则国家有患皆有远志，无有居心。民舍本而事末则好智，好智则多诈，多诈则巧法令，以是为非，以非为是。"（《吕氏春秋·士容论第六》）

2. 合理利用土地的思想

在《任地》篇中，论述了有关合理利用农业土地的思想，提出农地是作物的基础，只有熟悉耕地的品性及与其匹配种植的作物、让土地适度休息、保持适宜的肥力和湿度、采用合理的畎亩结构并精耕细作，才能最大限度发挥土地的功效，提升农业生产的经济效益。"凡耕之大方：力者欲柔，柔者欲力；息者欲劳，劳者欲息；棘者欲肥，肥者欲棘；急者欲缓，缓者欲急；湿者欲燥，燥者欲湿。上田弃亩，下田弃畎。五耕五耨，必审以尽。其深殖之度，阴土必得。大草不生，又无螟蜮。今兹美禾，来兹美麦"（《吕氏春秋·士容论第六》）。

3. 尊重自然规律的思想

《上农》四篇也指出农业是典型的受自然规律制约和依赖气候条件的产业，强调掌握农时的重要性。《辨土》中指出要把握作物适宜的播种期与收获期，"所谓今之耕也营而无获者，其蚤者先时，晚者不及时，寒暑不节，稼乃多菑"；《审时》中从正反方面论证遵守农时的好处和延误农时的坏处，"斩木不时，不折必穗；稼就而不获，必遇天菑"。

4. 可持续发展的思想

此外，《上农》篇还提出了农业可持续发展的思想，"然后制四时之禁：山不敢伐材下木，泽（人）不敢灰僇，缳网罝罦不敢出于门，罛罟不敢入于渊，泽非舟虞不敢缘名"，意思是山中的树木不到规定之时不得砍伐；不得在规定时间之外在泽中割草烧灰；规定时间外禁止捕猎鸟兽；不得其时禁止到水域结网捕鱼等。这些都体现了当时的有识之士已经注意到要通过一定的政策来保护农业的生态环境，实现可持续发展。

二、《氾胜之书》

《氾胜之书》是西汉农学家氾胜之所著的农业专著，被认为是中国现存最早的由个人独立撰写的农书，也是研究中国农业技术发展历程及农学思想脉络必须被论及的典籍文献，在中国农业科学技术史和农学思想史上具有重要地位和深远影响②。

---

① 张喆. 《吕氏春秋·上农》等四篇与《农业志》的农学思想之比较 [J]. 中国农史，2012，31（3）：122-131.

② 付娟. 再论《氾胜之书》及其农学思想贡献与历史价值 [J]. 古今农业，2023（4）：69-79，17.

关于氾胜之的生平，在史籍中记载的不多。《汉书·艺文志》中提到他在汉成帝时为"议郎"，《晋书·食货志》中提到他是"轻车使者"。按《广韵》解释，"氾"是国名，又是姓，在敦煌和济北有两大分支。本姓凡氏，遭秦乱，避地于氾水，因此改为"氾"。因为汉代实行地方长吏任职籍贯回避制度，而其子氾辑曾任敦煌太守，所以史学家多据此认为氾胜之属于济北氾氏①。

《氾胜之书》的书名是在流传过程中形成的通用说法。最早有记载的是《汉书·艺文志》中所列"《氾胜之》十八篇"。东汉末年经学家郑玄在《周礼·地官·草人》注中提到"土化之法，化之使美，若氾胜之术也"，东汉崔寔的《四民月令》多处提到"劝农使者氾胜之法""氾胜之曰"。《隋书·经籍志》最早明确记载《氾胜之书》的书名，之后就通用这个书名。该书到北宋初期还流传于世，是《太平御览》编撰的参考书目，但不久后就失传，在官修书目中看不到该书的记载，书中具体的篇章内容也无法窥其全貌。现在所能见到的《氾胜之书》来自后世对《齐民要术》等书中所引内容的编辑整理。清代出现了该书的三个辑佚本。中华人民共和国成立之后，对《氾胜之书》的整理研究主要有石声汉的《氾胜之书今释》和万国鼎的《氾胜之书辑释》。这两本书将辑佚整理与研究相结合，对辑缀的《氾胜之书》进行了校勘，利用现代农业生产知识进行了注释，还进行了全文释读，向世人展示了汉代农业科学技术的丰厚与精湛，为后来的研究者提供了极大的方便②。

《氾胜之书》成书于西汉时期，当时农业生产工具和生产技术相比春秋战国时期有了较大的进步，铁制农具和牛耕进一步推广，北方精耕细作农业体系逐渐形成，农业生产力水平比以前有了很大的提高。在这种背景下，以《氾胜之书》为代表的农业著作蕴含了比以往的农业著作更为丰富的农业经济思想。

1. 崇尚农业的思想

《氾胜之书》继承和发展了中国古代的重农思想，进一步强调了农业生产是国民经济的基础和国家的命脉，指出"神农之教，虽有石城汤池，带甲百万，而无粟者，弗能守也。夫谷帛实天下之命。卫尉前上蚕法，今上农事，人所忽略，卫尉勤之，可谓忠国忧民之至"，意思是若手中没有粮食，即便有固若金汤的城池和上百万的军队也无法抵御敌人的进攻。

2. 充分利用资源的思想

《氾胜之书》体现了充分利用农业资源的思想。书中提出的"区田法"被认为是精耕细作农业的典型模式。这种方法是在地面上间隔划出条状或块状种植区，深耕整治后保持适当种植密度，保障水肥，加强人工管理，以达到作物高产丰收的目的。区田法对土地要求不高，主要依靠肥料促进作物生长（"以粪气为美，非必须良田也。诸山陵近邑，高危倾阪及丘城上，皆可为区田"），因此可以充分利用有限的土地资源。书中还记载了瓜和薤、瓜和小豆的间作套种技术（"又种薤十根，令周迥瓮，居瓜子外，至五月瓜熟，薤可拔卖之，与瓜相避。又可种小豆于瓜中，亩四五升，其藿可卖"）。这同样体现了充分利用土地资源、获得多样的生产收益、提高资源利用效率的思想。

---

① 王宝卿，马刚. 氾胜之其人其书及其影响研究 [J]. 中国农史，2019，38（5）：50-59.
② 李根蟠. 读《氾胜之书》札记 [J]. 中国农史，1998（4）：3-16.

3. 经济核算的思想

《氾胜之书》在强调农业生产技术的同时，也对农业发展中的经济问题给予了高度关注，提出了经济核算的思想。书中记载的区田法，不仅提供了操作技术，而且提供了量化的区田开垦方式、用工量、下种量、施肥量、收获量等，还包括对平均的土地收获量及人均粮食消费量的估算（"得时之和，适地之宜，田虽薄恶，收可亩十石""丁男长女治十亩，十亩收千石。岁食三十六石，支二十六年"），反映了对以农田投入与产出为主要指标的劳动生产率的关注。在"种瓠法"的相关记载中，还详细罗列了种瓠的产量、商品价值，及肥料、人工、畜力等成本，从而得出种植利润，这是关于农业生产成本及利润的最早记载，反映了当时已经开始萌芽的农业经济核算思想①。

4. 风险管理和防灾备荒的思想

《氾胜之书》也体现了对农业风险进行管理的思想。书中提倡适当种植大豆、穈子等备荒作物。（"大豆保岁易为，宜古之所以备凶年也。谨计家口数种大豆，率人五亩，此田之本也""穈既堪水旱，种无不熟之时。又特滋茂盛，易生芜秽。良田亩得二三十斛，宜种之以备凶年"）。大豆和穈子因抗旱易种，在种植计划中适当安排种植，能有效预防灾年的不利影响，反映了书中的备荒防灾及分散风险的经济思想。

三、《齐民要术》

《齐民要术》是南北朝时期北魏农学家贾思勰编著的一部农书，被认为是我国现存最早和最完整的农学著作，对中国乃至世界农业的发展产生了深远影响②。在《齐民要术》之前虽然也有一些农书，但是几乎都失传了，只有部分流传下来（比如前面的《氾胜之书》），而且也是通过《齐民要术》的引述而得以保留。因此，在利用古代农书来考证中国农业发展的历史时，该书具有特别重要的价值③。学界对《齐民要术》的评价颇高，认为它是中国古代"五大农书"之首④，其农学思想代表了中国传统农业迄南北朝时期的发展水平⑤。

关于贾思勰的生平，史书上记载也不详细，根据其为"后魏高阳太守"等记载，史学家推测其为今山东淄博人，其主要的活动范围在今山东一带。因此，其所编撰的《齐民要术》中所谈到的主要是淮河以北的农业生产和技术。

《齐民要术》全书共十卷十二篇，11万字左右。书中的字有大小字之分，大字相当于正文，约7万字；小字相当于注释，约4万字。该书的一个重要特点是从典籍、民间歌谣、有经验的老农等处获得有关农业的知识和技术，经验证后写入书中（"今采捃经传，爰及歌谣，询之老成，验之行事"）。一般来说，每篇的开头用小字引用一些古书做夹注，内容主要是名词的解释和产地品种等；接着是作者自己写的大字正文，内容主要是栽培法

---

① 付娟 . 再论《氾胜之书》及其农学思想贡献与历史价值 [J]. 古今农业，2023（4）：69-79+17.
② 惠富平，孙雁冰 .《齐民要术》农耕文化价值的再认识 [J]. 中国农史，2020，39（2）：50-57.
③ 万国鼎 . 论"齐民要术"——我国现存最早的完整农书 [J]. 历史研究，1956（1）：79-102.
④ 关于"五大农书"有不同的版本，有认为《齐民要术》《农桑辑要》《王祯农书》《农政全书》和《授时通考》为五大农书，也有人认为《氾胜之书》《齐民要术》《陈旉农书》《王祯农书》和《农政全书》为五大农书。不过，无论哪个版本，《齐民要术》均在其中。
⑤ 李兴军 .《齐民要术》农学思想内涵、价值与应用 [J]. 古今农业，2024（2）：124-136.

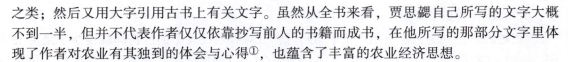

之类；然后又用大字引用古书上有关文字。虽然从全书来看，贾思勰自己所写的文字大概不到一半，但并不代表作者仅仅依靠抄写前人的书籍而成书，在他所写的那部分文字里体现了作者对农业有其独到的体会与心得①，也蕴含了丰富的农业经济思想。

1. 以农为本和重视实践的思想

《齐民要术》开篇即强调了农业的重要性，重申了我国自古以来以农为本的思想：

"盖神农为耒耜，以利天下；尧命四子，敬授民时；舜命后稷，食为政首；禹制土田，万国作乂；殷周之盛，诗书所述，要在安民，富而教之。"

"《管子》曰：一农不耕，民有饥者；一女不织，民有寒者。"

《齐民要术》对农业的重视不是停留在理论上，而是强调实践的重要性。前面讲过，该书的一个重要特点就是对于搜集到的农业技术知识，经过作者的验证才写入书中，由此可见作者对于实践的重视。

"神农、仓颉，圣人者也；其于事也，有所不能矣。故赵过始为牛耕，实胜耒耜之利；蔡伦立意造纸，岂方缣、牍之烦？且耿寿昌之常平仓，桑弘羊之均输法，益国利民，不朽之术也。谚曰：智如禹、汤，不如常耕。是以樊迟请学稼，孔子答曰：吾不如老农。然则圣贤之智，犹有所未达，而况于凡庸者乎？"

2. 富民思想

《齐民要术》不仅强调农业的重要作用，而且也强调富民的重要性，包含了丰富的富民思想。书中引用管子的话，"仓廪实，知礼节；衣食足，知荣辱"，说明民富的重要性。在如何摆脱贫困的问题上，该书强调勤劳的重要性："传曰：人生在勤，勤则不匮。古语曰：力能胜贫，谨能胜祸。盖言勤力可以不贫，谨身可以避祸。"

同时，该书也指出，国家通过教育民众、促进技术进步对于百姓致富的重要性②：

圣王在上，而民不冻不饥者，非能耕而食之，织而衣之，为开其资财之道也。

九真、庐江，不知牛耕，每致困乏。任延、王景，乃令铸作田器，教之垦辟，岁岁开广，百姓充给。燉煌不晓作耧犁；及种，人牛功力既费，而收谷更少。皇甫隆乃教作耧犁，所省庸力过半，得谷加五。……崔寔为作纺绩、织纴之具以教，民得以免寒苦。安在不教乎？

袭遂为渤海，劝民务农桑，令口种一树榆，百本薤，五十本葱，一畦韭，家二母彘，五鸡。民有带持刀剑者，使卖剑买牛，卖刀买犊……召信臣为南阳……躬劝农耕……时行视郡中水泉，开通沟渎，起水门提阏，凡数十处，以广灌溉……民得其利，蓄积有余。

该书在强调生产致富的同时，还指出节俭和蓄积对农家脱贫致富的重要意义：

夫财货之生，既艰难矣，用之又无节；凡人之性，好懒惰矣，率之又不笃；

---

① 万国鼎．论"齐民要术"——我国现存最早的完整农书［J］．历史研究，1956（1）：79-102．
② 路兆丰．《齐民要术》的经济思想［J］．江西社会科学，1990（2）：36-39．

加以政令失所，水旱为灾，一谷不登，胔腐相继。古今同患，所不能止也，嗟乎！且饥者有过甚之愿，渴者有兼量之情。既饱而后轻食，既暖而后轻衣。或由年谷丰穰，而忽于蓄积；或由布帛优赡，而轻于施与：穷窘之来，所由有渐。故《管子》曰："桀有天下而用不足，汤有七十二里而用有余，天非独为汤雨菽粟也。"盖言用之以节。

3. 经济核算的思想

《齐民要术》不仅继承了《氾胜之书》里的经济核算思想，而且对其做了发展。《齐民要术》指出要"顺天时，量地利，则用力少而成功多，任情反道，劳而无获"，不仅体现了对农业生产规律和自然规律的重视，也包含了经济核算的思想。

在具体的核算方法上，《齐民要术》对《氾胜之书》也有发展。《氾胜之书》里虽然记载了生产资料的投入、产出与余利核算，但是核算的项目不全，成本项目只计算了蚕矢、牛耕、功力等，种子、农具折旧等重要成本项并未计入，收入项目也只计算了货币收入，没有计入副产品实物收入。《齐民要术》的发展体现在以下几个方面：首先，扩大了经济核算的范围，将其应用到蔬菜、染料作物、林木、渔、畜等多种农业生产的经济收入方面；其次，增加了经济核算的内容，注意收入的累计计算、近期收入与远景收入，并突出了蔬菜、林木、染料作物等收入与谷田收入的比较，重视生产成本中的劳动费用开支，把销售运费作为商品生产成本加以核算。

经济核算为选择适当的农业经营模式提供了依据。例如种一顷花、植一顷榆或种三十亩葵，都有可观的收入，比种谷获利多，只要适当配备人力，使用雇佣劳动，即使"单夫只妇"之家，也能从种花一顷多获利①。

经济核算也为农业的适度规模经营提供了依据："凡人家营田，须量己力，宁可少好，不可多恶。假如一具牛，总营得小亩三顷——据齐地大亩，一顷三十五亩也。"

四、《陈旉农书》

《陈旉农书》是南宋时期陈旉所著的一部农学著作。宋代是我国农业生产快速发展时期，也是我国农学史上的兴盛时期，农学专著纷纷出现，据考证，整个宋代共出现农书141部②。但是由于各种历史原因，宋代的大部分农书都亡佚失传，《陈旉农书》是仅存的一部综合性农书③。《陈旉农书》继承了南宋以前的传统农学思想④，对后世也产生了深远的影响，元代的王祯在编著其农书时多次引用该书的内容，明代徐光启的《农政全书》也引用了该书的部分内容，对当代农业发展也有重要的借鉴意义⑤。因此该书在我国农学思想史上起了承上启下的作用，在农史中占有极其重要的地位⑥。此外，《陈旉农书》也是第一个对唐宋以来南方精耕细作农业技术体系进行系统总结的农学著作，因此对研究以水

---

① 路兆丰.《齐民要术》的经济思想（续）[J]. 江西社会科学，1990（3）：31-36.
② 袁名泽.《陈旉农书》之农史地位考 [J]. 农业考古，2013（3）：316-320.
③ 王永厚. 陈旉及其《农书》[J]. 图书馆学研究，1982（3）：121-125，128.
④ 刘铭. 论陈旉《农书》对《齐民要术》的继承和发展 [J]. 农业考古，2013（4）：291-297.
⑤ 慕亚芹，崔江浩，李群.《陈旉农书》的"宜"和"法"对现代农业的借鉴意义 [J]. 农业考古，2015（4）：11-14.
⑥ 袁名泽.《陈旉农书》之农史地位考 [J]. 农业考古，2013（3）：316-320.

田为中心的中国南方农法，特别是研究南方精耕细作农业技术体系的形成和发展，也具有独特的学术地位①。

关于陈旉的生平，在史书中并无相关记载，后世学者根据其农书中的序、跋等资料得知他生活于北宋末至南宋初年，自号"西山隐居全真子"，又号"如是庵全真子"，由于"全真子"是典型的全真教道士道号，所以推测他是一名全真道士，又因其所隐居的西山有两处，但均在江苏，由此推测其籍贯可能为江苏②。又据《农书·洪兴祖后序》记载，"平生读书，不求仕进""于六经、诸子、百家之书，释老氏、黄帝、神农氏之学，贯穿出入，往往成诵，如见其人，如指诸掌。下至术数小道，亦精其能，其尤精者易也"，可知他是喜读书、无意功名、学识渊博之人③。

《陈旉农书》共1万多字，为上、中、下三卷。上卷共十四篇，是全书的中心和主体，论述"农道"，即农业哲学和相关的农学思想，又论述"耕道"，即具体的农业技术、方法等，两者内容占全书的三分之二。中卷"牛说"共两篇，属于专业性农学部分，论述耕牛爱护、饲养管理和病牛医治等问题，说明耕牛在农耕中的经济地位；下卷"蚕桑"共五篇，也属专业性农学部分，论述养蚕收茧及桑树种植管理等内容。《陈旉农书》的内容大部分是陈旉对自己躬耕垄亩经验的总结，同时也是他对我国古代农学思想批判地继承的结果。该书从生产全局出发，以农业经营管理和生产技术二者并重，蕴含了深刻的农业经济思想④。

1. "因宜"的思想

《陈旉农书》对"宜"特别强调，在上卷的十二篇都是以"宜"为题，包括财力之宜、地势之宜、耕耨之宜、天时之宜等。其中，最主要的是两个方面：一是因时制宜，二是因地制宜。

陈旉在"天时之宜"篇中提出"盗天地之时利"的说法，"在耕稼盗天地之时利，可不知耶？……故农事必知天地时宜，则生之、蓄之、长之、育之、成之、熟之无不遂矣"。后世学者对此给予了高度的评价，认为陈旉这种说法比前人"顺天时、量地力"的提法更进一步，表达了更加积极进取的态度，反映出一种更充分利用自然界所赋予的光热资源和水土资源的要求，以这种态度和方式去和自然做斗争，才能取得美满的结果⑤⑥。

《陈旉农书》以江南经营水田为主的"泽农"为对象，认为发展"泽农"，更应当注重因地制宜，充分利用各种地势的特点。他在"地势之宜"篇中指出："夫山川原隰，江湖薮泽，其高下之势既异，则寒燠肥瘠各不同。大率高地多寒，泉冽而土冷，传所谓高山多冬，以言常风寒也；且易以旱干。下地多肥饶，易以浸。故治之各有宜也。"

2. 适度规模经营的思想

《陈旉农书》的"财力之宜"篇指出，做任何事情都要量力而为，从事农业尤其艰

① 李根蟠．《陈旉农书》与"三才"理论——与《齐民要术》比较 [J]．华南农业大学学报（社会科学版），2003（2）：101-108．

② 袁名泽．《陈旉农书》之农史地位考 [J]．农业考古，2013（3）：316-320．

③ 王永厚．陈旉及其《农书》[J]．图书馆学研究，1982（3）：121-125，128．

④ 颜玉怀，邹德秀．陈旉《农书》经营管理思想研究 [J]．西北大学学报（哲学社会科学版），2001（4）：38-42．

⑤ 李根蟠．中国古代农业 [M]．北京：中国国际广播出版社，2010．

⑥ 石声汉．以"盗天地之时利"为目标的农书——陈旉农书的总结分析 [J]．生物学通报，1957（5）：23-27．

难，因此在做农业经营决策时更应当量力而为，充分考虑自身的财力。这里的"量力而为"不仅指出农业经营规模要适度、不能盲目追求经营规模的扩大，而且指出了农业经营规模的两个重要的限制条件，即"财"和"力"。以下是书中的部分相关言论：

> 凡从事于务者，皆当量力而为之，不可苟且，贪多务得，以致终无成遂也。传曰："少则得，多则惑"，况稼穑在艰难之尤者，讵可不先度其财足以赡，力足以给，优游不迫，可以取必效，然后为之。倘或财不赡，力不给，而贪多务得，未免苟简灭裂之患，十不得一二，幸其成功，已不可必矣。虽多其田亩，是多其患害，未见其利益也。若深思熟计，既善其始，又善其中，终必有成遂之常矣，岂徒苟徼一时之幸哉。《易》曰："君子以作事谋始"，诚哉是言也。

> 农之治田，不在连阡跨陌之多，唯其财力相称，则丰穰可期也审矣。

> 多虚不如少实，广种不如狭收。

3. "地力常新壮"的思想

陈旉在农书"粪田之宜"篇中还提出"地力常新壮"的理论："或谓土敝则草木不长，气衰则生物不遂，凡田土种三五年，其力已乏。斯语殆不然也，是未深思也。若能时加新沃之土壤，以粪治之，则益精熟肥美，其力常新壮矣，抑何衰之有。"认为前人所说的"地力衰竭"是缺乏深入思考的。

为了保持地力常新壮，就需要用粪得理，用粪如用药（"皆相视其土之性类，以所宜粪而粪之，斯得其理矣。俚谚谓之粪药，以言用粪犹药也"），也就是要经济合理地施肥。

当代学者认为"地力常新壮"和"用粪得理"思想的提出，把我国古代土壤肥料学的知识推上了一个更高的水平，因此也认为这是《陈旉农书》在中国农学史上最重大的贡献①。

4. 多种经营和综合利用资源的思想

陈旉在农书"六种之宜"篇里提出："种莳之事，各有攸叙。能知时宜，不违先后之序，则相继以生成，相资以利用，种无虚日，收无虚月。一岁所资，绵绵相继，尚何匮乏之足患，冻馁之足忧哉！"

陈旉在农书"种桑之法"篇中指出，桑下种苎"因粪苎，即桑亦获肥益矣，是两得之也，桑根植深，苎根植浅，并不相妨，而利倍差"。他接着说，"作一事而两得，诚用力少而见功多也。仆每如此为之，比邻莫不叹异而胥效也"。

在"耕耨之宜"篇中提出，"早田获刈才毕，随即耕治晒暴，加粪壅培，而种豆麦蔬茹，因以熟土壤而肥沃之，以省来岁功役，且其收又足以助岁计也"。

在"地势之宜"篇中提出，高田筑堤蓄水，堤要筑得宽，这样"既能植桑柘，又能系牛，牛得凉荫而遂性，堤得牛践而坚实，桑得肥水而沃美，旱得决水以灌溉，潦即不致于弥漫而害稼"。

---

① 范楚玉．陈旉的农学思想［J］．自然科学史研究，1991（2）：169-176.

5. 勤俭节用的思想

陈旉在农书"念虑之宜"篇中指出，从事农业一定要勤劳而且专心，否则将会一事无成：

> 常人之情，多于闲裕之时，因循废事。惟志好之，行安之，乐言之，念念在是，不以须史忘废，料理缉治即日成一日，岁成一岁，何为而不充足备具也。

> 彼惑于多歧而不专一，溺于苟且而不精致，旋得旋失，乌知积小以成大，积微以至著，在吾志之不少忘哉！若夫闲暇之时，放逸委弃，临事之际，勉强应用，愚未知其可也。

> 大率常人之情，志骄于业泰，体逸于时安：有能沐浴膏泽，而歌咏勤苦，则众必指以为汩汩不适时者也，其亦不思之甚矣。

在"节用之宜"篇中还指出，对于农业生产经营者来说，天灾难料，意外之事难防。平时不注重节用，奢侈浪费，事到临头就难于应付："今岁计常用，与夫备仓卒非常之用，每每计置，万一非常之事出于意外，亦素有其备，不致侵过常用，以至阙乏，亦以此也。""今之为农者，见小近而不虑久远，一年丰稔，沛然自足，弃本逐末，侈费妄用，以快一日之适。其间有收刈甫毕，无以口者，其能给终岁之用乎？衣食不给，日用既乏，其能守常心而不取非义者乎？盖亦鲜矣。"这种节用备急的思想在今天仍有现实意义①。

五、《王祯农书》

《王祯农书》是元代著名农学家王祯所著的一部农学专著，它是元代三部重要农学著作之一②。《王祯农书》的独特之处体现在两个方面：其一，该书首次将北方旱作农业知识及技术体系与南方稻作农业知识及技术体系共同编入一本农学著作之中。此前有影响力的农学著作仅对部分地区的农业问题进行论述，例如《齐民要术》仅涉及北方的农业，《陈旉农书》仅讨论南方的农业。《王祯农书》不仅同时收录南北方农业技术知识，而且进行南北农业的比较，显示出放眼全国的襟怀③。其二，该书大量收录"农器图谱"，对研究我国传统农具发展史具有重要的参考价值。此部分不仅涵盖了各种农具的结构形态、使用方法及应用区域或范围，而且简明扼要介绍了农具的形制和特点，还配有韵文和诗歌进行描绘，为农业知识和技术的推广创造了条件，也为后世保留下来了许多宝贵的工具形式和文化记忆，具有不可替代的价值④。由于上述独特之处，该书在中国古代农学史中占有重要地位。

关于王祯的生平，史料记载很少，生卒年月和活动经历不详，仅知其籍贯为山东东平，做过两任县官。元成宗元贞元年（1295年）担任旌德县（今安徽境内）县尹，元成

① 莫铭. 陈旉的农学理论和营农思想 [J]. 古今农业，1994（3）：11-14.
② 另外两部是《农桑辑要》和《农桑衣食撮要》。
③ 缪启愉. 王祯的为人、政绩和《王祯农书》[J]. 农业考古，1990（2）：326-335.
④ 贺耀敏. 中国古代农业文明 [M]. 南京：江苏人民出版社，2018.

宗大德四年（1300 年）调任永丰县（今江西境内）县尹①。王祯为官清廉，勤政爱民，在任内不仅没有搜刮民财，而且捐出自己的薪俸办学校、修桥梁，为百姓做过不少好事。他还经常劝导百姓种好庄稼，他的农书也是在两任县官期间完成的。此外，王祯还是一位发明家，他在编写农书的时候，为了让自己的书早日出版，创造了木活字排印法，极大地提高了印刷效率。据说王祯用木活字印刷他主编的《旌德县志》，6 万多字的书仅用一个月就印成 100 部，比雕版印书时间大大缩短。《王祯农书》里还有许多工具图谱，也是王祯绘制的，充分显示了他的创造才能②。

《王祯农书》全书正文共计 37 集 370 目，约 13 万字，插图 300 余幅，分《农桑通诀》《百谷谱》和《农器图谱》三大部分。《农桑通诀》共 6 集 26 目，相当于农业总论，首先对农业、牛耕、养蚕的历史渊源做了概述；其次以"授时""地利"两篇来论述农业生产根本关键所在的时宜、地宜问题；再就是论述开垦、土壤、耕种、施肥、水利灌溉、田间管理和收获等农业操作的共同基本原则和措施。《百谷谱》共 11 集 83 目，具体就各种谷物、蔬菜瓜果、棉花、茶叶等农作物的栽培技术进行了详细论说，并把各种作物分成了若干属类。《农器图谱》共 20 集 261 目，绘制了 306 幅图画、105 种农具，占到全书篇幅的五分之四，介绍了各种农业生产工具的原理、构造和使用方法。

总体来看，《王祯农书》以技术知识为主，不过也有一些部分涉及经营管理，该书所体现的农业经济思想主要有以下几个方面。

1. "天地人物"和谐统一的思想

"天地人物"和谐统一是《王祯农书》的重要思想，强调人们的各项农事活动都要和自然规律相吻合，强调客观规律性和主观能动性的和谐与统一，指出人们在农业生产中只有遵循农业生物规律和环境条件，按照客观规律从事农事活动，才能夺取农业的高产丰收。

农书《农桑通诀》的开头部分接连写"授时篇""地利篇""孝弟力田篇"，阐发了"天地人"和谐与统一的思想。因为"天气有阴阳寒燠之异，地势有高下燥湿之别"，所以人们在农业生产中的主要任务，就是协调生物有机体同外界环境条件之间的关系（"顺天之时，因地之宜，存乎其人"），做到"人与天合，物乘气至"，才能夺取农业的高产丰收。《农桑通诀》所记载的"播种""锄治""粪壤""灌溉""垦耕""耙劳""收获"等各项农业技术措施都是人们在农业生产中采取的促使"天地人物"和谐统一的措施。

为了实现"天地人物"的和谐与统一，首先就要重视"天时"或"农时"（"四时各有其务，十二月各有其宜，先时而种，则失之太早而不生；后时而艺，则失之太晚而不成。故曰：虽有智者，不能冬种而春收"）。为了实现"天地人物"的和谐与统一，还要做到"因地之宜"。王祯在《农桑通诀》中提出了"风土"观念，"风行地上，各有方位，土性所宜，因随气化，所以远近彼此之间风土各有别也"。风土观念中的"风"代表气候条件，"土"代表土壤条件。由于不同地区气候条件和土壤条件各不相同，即有不同的"风土"条件，因此适宜生长的物种也就存在差异。于是"天地人物"的和谐与统一又表现为天地和物种的统一。在不同的环境条件下，种植适宜的物种，才能取得理想的结果：

---

① 此系根据万国鼎的说法，其他文献有不同说法，比如缪启愉的说法是大德八年（1304 年）调任信州永丰（今江西广丰）。

② 万国鼎. 王祯和《农书》[M]. 北京：北京人民出版社，2019.

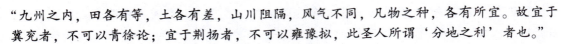

"九州之内，田各有等，土各有差，山川阻隔，风气不同，凡物之种，各有所宜。故宜于冀兖者，不可以青徐论；宜于荆扬者，不可以雍豫拟，此圣人所谓'分地之利'者也。"

2. "方物器"协调一致的思想

"方物器"协调一致和综合运用，是实现"天地人物"和谐统一的重要条件。"方物器"协调一致的思想体现在《王祯农书》的结构安排上，该书由《农桑通诀》《百谷谱》和《农器图谱》三大部分组成，元明时代一些学者把《农桑通诀》中所阐述的内容概括为一个"方"字，把《农器图谱》所阐述的内容概括为一个"器"字，把《百谷谱》中所阐述的内容概括为一个"物"字，因而《王祯农书》从结构上就体现了"方物器"的综合运用。从现代的观点来看，所谓"方"，就是各项农业技术，而各种农业技术都是人们为协调农作物与环境条件的关系所采取的措施；所谓"物"，指的是根据各地的"风土"条件选种适宜的作物和优良的品种，充分发挥农作物内在的增产潜力；所谓的"器"，则指的是完成各项农业技术措施时所应用的劳动手段或农业机具。这三者的协调一致和综合运用，是最大限度地提高农业生产力的关键。在农业生产中采取适宜的农业技术措施以协调农作物与环境条件的关系，使用恰当的农器以提高效率和技术水平，选种适宜的作物和品种以充分挖掘农作物的增产潜力，这是夺取农业高产丰收的必由之路①。

3. 农林牧综合经营的思想

农林牧综合经营也是《王祯农书》中一个重要的思想。在《农桑通诀》总论的框架结构中就充分体现了农林牧副渔综合经营的思想，除了重点阐述种植业的技术以外，也用相当的篇幅阐述了林业、牧业、副业的技术。"种植篇"专论植树造林的重要性和林业技术，"畜养篇"专论畜牧技术和养殖技术，包括养马、养牛、养羊、养猪、养鸡、养鹅鸭、养鱼和养蜜蜂，"蚕缫篇"则专论养蚕缫丝技术。

书中大力推崇农林牧副渔综合经营的好处：在"种植篇"中引用司马迁的话，"安邑千树枣，燕秦千树栗，蜀汉江陵千树橘，齐鲁千树桑，此其人皆与千户侯等"，用以证明"种植之利博"；在"畜养篇"中提出，养好牛就不用怕"田畴之荒芜，衣食之不继"。养羊"其羊每岁得羔，可居大群，多则贩鬻，及所剪毫毛作毡，并得酥乳，皆可供用博易，其利甚多"；"鹅鸭之利，又倍于鸡，居家养生之道不可阙也"；在讲到"养鱼"之利时，引陶朱公的话"夫治生之法有五，水畜第一"；在谈到养蜜蜂的好处时指出，"春夏合蜂及蜡，每窠可得大绢一匹。有收养分息数百窠者，不必他求而可致富也"；在"蚕缫篇"中指出："南北蚕缫之事，择其精妙，笔之于书，以为必效之法，业蚕者取其要诀，岁岁必得，庶上以广府库之货资，下以备生民之纩帛，开利之源，莫此为大。"②

4. 农业地理差异与农业区划的思想

《王祯农书》一个重要特色就是对南北方的农业进行了大量的比较，从而蕴含了农业地理差异的思想。王祯对农业技术的地理差异进行了大量的观察，对农业技术的区域类型及其特点做了多方比较，不仅比较异同，而且指出优劣，分析不同农具或栽培技术的效率高下及其对各地区农业生产的影响。在《百谷谱》中对不同地区的作物品种进行了比较，例如，"旱稻"条记载："今闽中有得占城稻种，高仰处皆种之，谓之早占。……北方水

---

① 郭文韬. 王祯农学思想略论 [J]. 古今农业，1997 (3)：1-7.

② 同①。

源颇少，惟陆地沾湿处种稻，其耕锄薅拔一如前法。""荞麦"条记载："北方山后诸郡多种……中土、南方农家亦种，但晚收。"在《农桑通诀》中对不同地区的农业技术进行了比较。例如，"收获"篇载，"今北方收麦，多用钐刀麦绰，钐麦覆于腰后笼内，笼满则载而积于场。一日可收十余亩，较之南方以镰刈者，其速十倍"。《农器图谱》中对不同区域之间的农业工具进行了大量的比较，分析各地区农具使用和栽培技术的合理性。例如，"耘荡"条："江浙之间新制也。耘田之际，农人执之……既胜耙锄，又代手足，况所耘田数，日复兼倍。尝见江东等处农家，皆以两手耘田，匍匐禾间，膝行而前。"

基于对农业地理差异的认识，王祯也提出农业区划的思想。《王祯农书》中的"区域"有两个层次：一是以江淮为界的"南""北"大区域，这是中国地理最基本的两个区域类型；二是农业生产条件相类的亚区。《农桑通诀》"地利篇"指出："今国家区宇之大，人民之众，际所覆载，皆为所有，非九州所能限也。尝以大体考之，天下地土，南北高下相半。且以江淮南北论之，江淮以北，高田平旷，所种宜黍、稷等稼；江淮以南，下土涂泥，所种宜稻秫。又南北渐远，寒暖殊别，故所种早晚不同；惟东西寒暖稍平，所种杂错，然亦有南北高下之殊。"此处包含着农业区划的思想。据说王祯曾依照因地制宜的原则制作全国农业技术地理区划图，这在地图学史上也是一个创举①。

六、《农政全书》

《农政全书》是明代著名的科学家徐光启所著的一部大型综合性农学著作。《农政全书》较为全面地记述了我国劳动人民在农业生产实践中总结出的技术和经验，还收入了部分西方传入的农业技术，是我国现存的传统农书中分量最大、内容最全的一部，也是私人著作农书的最后硕果②。后世对该书评价非常高，《四库全书》记载："其书本末咸该，常变有备，盖合时令、农圃、水利、荒政数大端，条而贯之，汇归于一。虽采自诸书，而较诸书各举一偏者，特为完备。"该书问世后，对当时及后世农业和农学发展产生了重要的影响，在清代多次重刻，清代官修农书《授时通考》中也大量引用该书。此外，该书在世界其他国家也得到广泛传播，被翻译成多国文字，对世界其他国家，特别是对日本近世农书、农业技术的提高和普及产生了巨大影响③。总的来说，《农政全书》集我国古代农业科技之大成，不仅在中国农业思想史上具有崇高地位，而且在世界农学史上也占据一席之地。

《农政全书》的作者徐光启为南直隶上海（今上海市）人，万历三十二年（1604年）进士，官至文渊阁大学士、礼部尚书。他是明代晚期学贯古今、兼通中外的科学家，在数学、天文历法、军事、农学等方面都有相当高的造诣，特别是在农学方面造诣最高，贡献最大。《明史·徐光启传》评价他"雅负经济才，有志用世"。他的学生陈子龙说他"其生平所学，博究天人，而皆主于实用"④。

《农政全书》共六十卷，包括农本、田制、农事、水利、农器、树艺、蚕桑、蚕桑广

---

①　萧正洪. 王祯农书与农业技术地理 [J]. 中国历史地理论丛，1996（4）：43-53.

②　石声汉. 试论我国古代几部大型农书的整理 [J]. 中国农业科学，1963（10）：44-50.

③　刘明. 论徐光启的重农思想及其实践——兼论《农政全书》的科学地位 [J]. 苏州大学学报，2005（1）：97-100. DOI：10. 19563/j. cnki. sdzs. 2005. 01. 025.

④　赵凤翔. 浅议徐光启的荒政思想 [J]. 科学与管理，2014，34（3）：44-48.

类、种植、牧养、制造、荒政等十二大类，共 50 多万字。全书内容包括两大部分：一部分是引用收录的前代有关农业的文献资料，引用的文献达 225 种之多；另一部分是徐光启自己在农业和水利方面的实践体会和思想见解。该书在引用收录前人文献时，注重区分糟粕与精华，批判地继承。对引用文献中某些他认为不能苟同或有不同的看法的地方，就用"玄扈先生曰"的方式加以评论，或指出引文中错误的认识，或纠正前人叙述中的缺点或补充其叙述的不足，或指明古今时代不同或地域不同以免读者看时发生混淆，或纠正前人计算上的失误，指出古今度量衡的不同，提醒不可以今律古①。据统计，通过"玄扈先生曰"体现徐光启本人见解的文字共有 61 400 余字，约占全书的九分之一②。这些见解都是他经过广泛搜集资料，细致而精湛地分析得出来的，新颖而卓越。总之，《农政全书》规模宏大、内容丰富，其中也蕴含了丰富的农业经济思想。

1. 以农为本的思想

《农政全书》的主导思想是"富国必以本业"，把"农本"类目三卷（《经史典故》《诸家杂论》《国朝重农考》）放在全书之首，集中阐释农业在社会经济中的本业地位，突出体现了农业的重要性。《经史典故》引经据典阐明农业是立国之本；《诸家杂论》引诸子百家的言论证明农业的重要性；《国朝重农考》则借明朝历代皇帝的农业政策和措施，告诫当时的皇帝和官吏应重视农业生产和农业生产者。

徐光启认为，农业的本业地位首先是由粮食在人类生存和社会经济中的特殊作用决定的。民以食为天，离开粮食，人就不能生存，百姓如果不得饱暖，无法生存，封建政权也不能巩固（"谷不足，则食不足。食不足则民之所天不逮""君以民为重，民以食为天，食以农为本"）。农业的本业地位还与社会财富观密切联系。徐光启认为，只有粮食和各种有用物品才是财富，而货币不是财富。中国传统财富概念所包含的"食货"范畴中的"货"，是指各种有用物品，而不是指货币（"生之者众，食之者寡，此言食也。为之者疾，用之者舒，此言货也"）。把财富的内容归结为粟帛，所以很自然就把农业看作生产财富的基本行业，把务农作为富国富民的根本措施。因此，农业是封建社会最主要的生产部门，它不仅是老百姓安身立命的根本，也是封建统治的基础（"故圣人治天下，必本于农"）。

徐光启认为，当时农业衰落的一个重要原因是长期以来朝廷不重视农业（"唐宋以来，国不设农官，官不庀农政，士不言农学，民不专农业，弊也久矣"），因此提出当政者应从思想上认识农业的重要性，朝廷必须有"司农之官，教农之法，劝农之政，忧农之心"。此外，农业生产的发展，要靠两点，一是尽人力，一是尽土力（"农以力为功"）。大量劳动力不从事农业生产，是影响农业发展的一个重要原因（"物产于地，人得为食，力不致者，资生不茂矣。故世有游食之民，则民穷而财尽"）。所以要发展农业生产，就要使大量游食不农之民归于农，以增加农业劳动力。此外，要发挥人力和土力二者的生产作用，还要解决人力和土地不相适应的矛盾，改变各地人力分布不均的状况，这又涉及土地制度的调整。总体来看，《农政全书》中这些重视农业、发展农业的思想主张，对我们今天也很有启发意义③。

---

① 游修龄. 从大型农书体系的比较试论《农政全书》的特色和成就 [J]. 中国农史，1983 (3)：9–18.
② 殷子.《农政全书》数字化研究 [D]. 南京：南京农业大学，2007.
③ 张守军. 徐光启的经济思想 [J]. 财经问题研究，1997 (8)：43–47.

2. 重视水利的思想

水利是发展农业生产的命脉，重视兴修水利是《农政全书》中农业经济思想的重要内容，在《农政全书》中，徐光启用了长达九卷的篇幅讲水利建设的问题。

在《农政全书》的水利思想中，首先阐述了水利的重要性。徐光启以科学家和政治家的眼光，从战略高度看待水利问题，把水利视为治国安邦、富国利民的重要措施（"赋税之所出，与民生之所养，全在水利""国家财赋，多出于东南，而东南财赋，皆资于水利"），认为兴修水利是发展农业的根本大计（"水利者，农之本也，无水则无田矣"），把水利提到农之本的高度。基于对水利重要性的认识，提出必须搞好水利建设的政策主张（"督吏民修农田水利"）。

《农政全书》水利思想中特别值得注意的是从水资源合理利用的角度来看待水利。此前人们对水利的认识多从消极的防灾除害角度出发，而徐光启则认为水是生产粮食的宝贵资源（"水者，生谷之藉也"），首先有兴利造福的一面，应以恰当的方式"用水"（"能用水，不独救旱，亦可弭旱……不独救潦，亦可弭潦……用水而生谷多"），不要滥用和浪费水资源[①]。该书对于当时每年运东南之粟以供京师以及修水利只为漕运的做法提出批评，认为东南用水生谷，西北用水漕运，这是水资源的巨大浪费，因为东南地区要花数石粮，才能将一石粮运到北方（"如今法运东南之粟，自长淮以北诸山诸泉，滴皆为用，是东南生之，西北漕之，费水二而得谷一也。凡水皆谷也，亡漕则西北水亦谷也"）。《明史》也称："（江南）白粮输内府一石，率费四五石。"因此，徐光启主张改变灌溉服从漕运的水利方针，确立水利为农业服务的原则，建议在西北兴修水利，实行屯垦，用西北之水包括原来用于漕运的水源灌溉农田，增加粮食生产，供给京师，变天下为江南，扭转南粮北运的局面（"水利莫急于西北，以其久废也；西北莫先于京东，以其事易兴而近于郊畿也。""西北之地，凤号沃壤，皆可耕而食也。唯水利不修，则旱潦无备。旱潦无备，则田里日荒。遂使千里沃壤，莽然弥望，徒枵腹以待江南"）。

3. 救灾备荒的思想

明代自然灾害非常严重，但是由于政治腐败导致救灾不力，因灾荒而引发的农民起义屡屡发生。虽然救灾备荒本身与农业生产力并无直接关系，但它对稳定社会、最大限度地保存农业劳动力、保证农业生产继续进行有着重要作用，因此徐光启对救灾备荒非常重视。在《农政全书》中，以"荒政"为类目，共有十八卷25万多字的篇幅是论述救荒备灾问题的，占全书篇幅的三分之一左右。之前的许多传统农书，例如《氾胜之书》《齐民要术》《王祯农书》等虽然也包含了救灾备荒的思想，但并没有系统的论述，与《农政全书》的"荒政"不能相提并论。

《农政全书》中提出"预弭为上，有备为中，赈济为下"的救灾备荒方针。"预弭"就是"浚河筑堤，宽民力，祛民害"，通过兴修水利提高农业生产力水平，减轻农民的税赋负担，给农业、农民以宽松的环境，从根本上解决农民抵御灾荒能力不足的问题。"有备"就是"尚蓄积，禁奢侈，设常平，通商贾"，主要强调政府应采取积极的应对措施，通过仓储备荒、反对铺张浪费、发展商业等手段，使各地及民众能够做到有备无患，从而

---

① 宋源.《农政全书》的水利经济思想［J］.财经研究，1988（4）：53－57. DOI：10.16538/j.cnki.jfe.1988.04.012.

更好地应对灾荒。"赈济"就是"给米煮糜，计户而救"，在发生灾荒时通过开仓放粮、煮粥赈济等措施帮助灾民渡过难关。《农政全书》中还提出"饥馑之岁，凡木叶草实，皆可以济农"，并引用前人的《救荒本草》和《野菜谱》两书加上其亲自验证，帮助百姓在灾荒时扩大食物来源进行自救，一定程度上可以满足受灾饥民的直接需要①。总体来看，《农政全书》在继承我国传统减灾救荒思想的基础上，提出了层次分明的荒政思想，形成了一个减灾救荒思想的有机整体，并给出了一套科学合理的具体方案，从而为我国传统的救荒思想注入了新的血液②。

第三节　中国农业政策的发展演变

一、古代农业政策取向的演变

受重农和农本思想的影响，中国历代的农业政策都有"重农"的取向。有人认为中国自古以来一直奉行的都是"重农抑商"的政策，其实这种认识并不准确。实际上，我国古代农业政策在"重农"的同时，对其他行业的政策取向经历了数次转变。

（一）战国之前"农末俱利"的政策取向

前面讲到，"以农为本"的思想在春秋之前即已产生，农业被认为是"本业"，与农业相对应的工、商等行业被认为是"末业"。不过，在当时，"本"与"末"之间的区分可能并不意味着重本而轻末，"农本工商末"也不意味着"重农轻工商"，更不意味着"重农抑商"。从史料来看，战国以前，各诸侯国在食、货兼重思想的指导下，普遍实行农末俱利、促进农工商发展的政策。

春秋时期，齐桓公任用管仲为相，在大力发展农业的同时，采取了诸多有利于工商业发展的政策，"征于关者，勿征于市，征于市者，勿征于关，虚车勿索，徒负勿入""市赋百取二，关赋百取一"（《管子》），为齐国在春秋时期率先称霸奠定了坚实的基础（"管仲既任政相齐，以区区之齐在海滨，通货积财，富国强兵，与俗同好恶"《史记·管晏列传》）。

春秋初期，周初的重要封国卫国被狄人所破，一度衰落。卫文公即位之后不仅重视发展农业，也大力发展工商业，在短短几年内就使得国力大大增强，实现了中兴（"卫文公大布之衣，大帛之冠，务材训农，通商惠工，敬教劝学，授方任能。元年革车三十乘，季年乃三百乘"《左传·闵公二年》）。

春秋时另一个强国晋国也是在晋文公即位之后采取了既重视农业又大力发展工商业的政策，迅速实现了富国强兵，从而得以称霸（"轻关易道，通商宽农。懋穑劝分，省用足财，利器明德，以厚民性。举善援能，官方定物，正名育类"《国语·晋语四》）。

春秋末期思想家计然明确提出"农末俱利"的思想，指出既要避免"病农""伤农"，又要求避免"病末"。越王勾践采纳计然"农末俱利"的政策，最终得以复仇称霸（"昔

①　赵凤翔．浅议徐光启的荒政思想［J］．科学与管理，2014，34（3）：44-48.
②　郑二红．试析徐光启的荒政思想及其现实意义［J］．农业考古，2010（4）：285-289.

者越王勾践困于会稽之上，乃用范蠡、计然。计然曰：'知斗则修备，时用则知物，二者形则万货之情可得而观已。……上不过八十，下不减三十，则农末俱利，平粜齐物，关市不乏，治国之道也……财币欲其行如流水。'修之十年，国富，厚赂战士，士赴矢石，如渴得饮，遂报强吴，观兵中国，称号'五霸'"《史记·货殖列传》）。

可见，战国以前重农而不轻视工商业的"农末俱利"政策成为各诸侯国施政的主流策略，并且有力地促进了各行各业的发展。

（二）战国之后"重农抑商"政策的演变

1. "重本抑末"政策的推行

虽然在春秋时期已有"禁末"的思想萌芽，例如《管子》里记载"故上不好本事，则末产不禁；末产不禁，则民缓于时事而轻地利"，但是直到战国时期，各国为了富国强兵，纷纷鼓励耕战，"重本抑末"的政策才得到广泛实施。农业之外的其他行业均被认为是"末业"而受到限制。

战国初魏国的李悝提出"禁末"的思想，在与魏文侯的一段对话中指出，"雕文刻镂，害农事者也；锦绣纂组，伤女工者也……故上不禁技巧，则国贫民侈"[①]。魏文侯接受李悝的建议，对从事"技巧"和经营商贾、客店者采取了立法抑制的政策。

战国中期，商鞅明确提出"事本禁末"的思想（"治国能搏民力而壹民务者强，能事本而禁末者富""末事不禁，则技巧之人利，而游食者众之谓也。故农之用力最苦，不如商贾技巧之人。苟能令商贾技巧之人无繁，则欲国之无富，不可得也"《商君书》）。秦孝公任用商鞅变法，采取"重农抑商"的政策，提高农业生产者的身份地位，对脱离农业生产的人课以重税，不许商人经营粮食贸易，加重关市之赋，使商人感觉无利可图，使农民不愿改业从事工商业，从而形成"农逸"而"商劳"的现象[②]（"戮力本业，耕织致粟帛多者，复其身。事末利及怠而贫者，举以为收孥"《史记·商君列传》）。

2. "重农抑商"政策的发展

秦统一后，由于大兴力役、军役和征收苛重的租税，实际上农业生产受到了破坏，"重农"成为空谈，但"抑商"政策则继续推行。秦始皇把商人同罪人、身份低贱者同列，一起谪发去远征戍边（"三十三年，发诸尝逋亡人、赘婿、贾人略取陆梁地，为桂林、象郡、南海，以适遣戍"《史记·秦始皇本纪》）。在古代交通运输条件的限制下，他们只能带走自己所有的动产，其他财产都被政府没入为公田。后来，秦王朝将"抑商"发展到极致，不仅曾经经商者（"尝有市籍者"）要去谪戍，就连祖父母和父母曾经经商者（"大父母、父母尝有市籍者"）也在此列，这应该说是对抑商政策的发展[③]。

汉初承秦末战乱，土地荒芜，经济凋敝，民生困苦。为了恢复与发展生产，汉初统治者采取了"重农抑商"政策。汉高祖刘邦一方面实行轻徭薄赋、与民休息，发展农业生产的"重农"政策（"上（汉高祖）于是约法省禁，轻田租，什伍而税一，量吏禄，度官用，以赋于民"《汉书·食货志》），另一方面实施限制商人消费、征收重税、降低商人社会地位的"抑商"政策。此后，虽然一度放松对商人消费的限制，但是又禁止商人后代

---

①　《说苑·反质》中记载的魏文侯与李克的对话，这里实际上应该是李悝。

②　王兰仲. 重农抑商政策的产生及春秋战国时期私人工商业的作用 [J]. 思想战线，1980 (5)：79-83.

③　吴昭贤. 论秦汉时期"抑商"政策的嬗变 [J]. 学理论，2016 (9)：179-180.

踏入仕途，实际上对商人社会地位的打击更大（"天下已平，高祖乃令贾人不得衣丝乘车，重租税以困辱之。孝惠、高后时，为天下初定，复弛商贾之律，然市井之子孙亦不得仕宦为吏"《史记·平准书》）。

到汉武帝时期，"抑商"政策的推行更加激进。武帝元光六年（前129年）对商人所拥有的车辆征税（"初算商车"）。元狩四年（前119年），根据张汤、桑弘羊等人恢复算贾人缗钱旧制的建议，武帝下诏"初算缗钱"，对商人财产每二千钱抽取一百二十钱作为财产税（"诸贾人末作贳贷卖买，居邑稽诸物，及商以取利者，虽无市籍，各以其物自占，率缗钱二千而一算。诸作有租及铸，率缗钱四千一算"《史记·平准书》）。元鼎三年（前114年）武帝又颁布"告缗令"，鼓励告发算缗不实者，凡揭发属实即罚被告者戍边一年，没收全部财产，告发者奖给被没收财产的一半。"告缗令"的推行使得大量商人破产（"卜式相齐，而杨可告缗遍天下，中家以上大抵皆遇告。……得民财物以亿计，奴婢以千万数，田大县数百顷，小县百余顷，宅亦如之。于是商贾中家以上大率破，民偷甘食好衣，不事畜藏之产业，而县官有盐铁缗钱之故，用益饶矣"《史记·平准书》），沉重打击了商人群体，把"抑商"政策推到了一个新的高度。

在魏晋南北朝时期，由于长期的战乱，耕地大量荒芜，人口大批死亡，生产力大幅下降，市场缩小、商业停滞。同时，中央政权力量式微，难以实行如西汉武帝时那样系统而全面的抑商政策，所以这一时期虽然各朝在政策诏令上都延续之前的"重农抑商"，但统治者抑商的矛头仅仅指向一般的工商之家，而对豪强士族兼营货殖、垄断工商之利的活动则不触及①。

隋朝时期，隋文帝在开皇十五年（595年）任命令狐熙为汴州刺史，"禁游食，抑工商"；开皇十八年，又下令"江南诸州，人间有船长三丈以上悉括入官"。

3. "重农抑商"政策的转变

唐宋时期是中国封建社会发展的顶峰，在商品经济空前发展的同时，"重农抑商"政策也开始发生转变。

唐代初期，颁布商品、市场、物价管理、度量衡和外贸管理等经济立法，促进了商品经济空前发展，但依承前朝惯例，继续实行抑商政策，不许商贾入仕，也不准有官阶的人入市，以表示对商人的贬抑。唐律规定"食禄之家，不得与下人争利；工商杂类，不得预于士伍"（《旧唐书·食货志》）。

唐中期后，方镇兹乱，财赋不足，商业、商人在国家经济生活中的地位和作用不断显现，政府对商人的态度也开始发生转变。一方面，减轻了对商人的重剥苛征，一度出现了"官家不税商""关梁无自征"的情况。另一方面，放松了商人入仕禁令，一些商人及其子弟通过参加科考踏入仕途。

到了宋朝，自太祖始，几乎历朝均颁布过优恤商贾、减免商税的诏令，并在法律上严禁各级官吏勒索商贾，滞留刁难商人，以保障商品流通。宋初虽然规定商人不能应科举，但宋太宗时又规定有才学者不在此限，在科举制度中打开了一个大缺口。此后，商人科举入仕越来越多，成为宋代以来的一大变化"仕者既与小民争利，未仕者又必先有农桑之业，方得给朝夕，以专事进取。于是货殖之事益急，商贾之事益重，非兄老先营事业于

---

① 蔡泽琛，赵波. 重农抑商思想的历史演变——以唐宋时期为中心的讨论 [J]. 求索，2004（11）：235-237.

前，子弟即无由读书，以致身通显。是故古者四民分，后世四民不分；古者士之子恒为士，后世商之子方能为士，此宋元明以来变迁之大较也"（沈垚《落帆楼文集》）。

明代对商人的压制政策进一步放松。明太祖朱元璋虽然在情感上对富商大户有偏见，仿学刘邦而不让商贾穿丝绸，但与刘邦相反的是他制定了"三十而取一"的低率商税[1]。明中叶以后，商人的地位得到较大改善，明初对商人穿着的限制已不复存在，同时，朝野之中农商互利、工商"皆本"的思想不断发展。王阳明认为："工商以其尽心于利器通货者，而修治具养，尤其工与农也。故曰：四民异业而同道。"（《王文成公全集》）张居正认为："古之为国者使，商通有无，农力本穑。商不得通有无以利农，则农病；农不得力本穑以资商，则商病。故商农之势，常若权衡。然至于病，乃无以继也……余以为欲物力不屈，则莫若省征发，以厚农以资商；欲民用不困，则莫若轻关市，以厚商以利农。"（《张太岳集》）赵南星认为："士农工商，（皆）生人之本业……岂并仕进而后称贤乎？"（《味檗斋文集》）。黄宗羲提出："世儒不察，以工商为末，妄议抑之。夫工固圣王之所欲来，商又使其愿出于途者，盖皆本也。"（《明夷待访录》）。在此背景下，朝野上下反对"病商"，请求"惠商""恤商"的呼声不时出现。

清入关之后，一方面沿循汉族重农传统，采取一系列措施，鼓励农桑垦种，另一方面延续明中叶以来的恤商政策。顺治五年（1642年），下令禁止诸王府商人及旗下官员的家人到外省贸易，与民商争利，致使"商不聊生"。康熙年间，清朝统治者更直截了当地提出了"恤商"的口号，并指出"通财货之血脉者，惟有商贾"，只有"利商"，才能"便民"。康熙初年刊刻关税条例，公之于世，声明严禁各关违例征收及迟延捎勒之弊。雍正年间，曾数次减免关税。乾隆朝时，清政府一方面减免关税，另一方面则大力整顿税收[2]。在朝廷和地方官吏中要求禁革时弊以实施恤商政策的呼声也很强烈，比明朝更为鲜明地表现出反对"商末""商贱""抑商"的进步观[3]。鸦片战争后，自然经济逐渐解体，早期维新派提出了与西方进行"商战"的策略，同一时期的洋务运动，引进西方的机器生产，以求富为目的兴办了一批民用企业。甲午战后，清政府允许民间办厂，鼓励发展资本主义，传统的"重农抑商"政策，也就名存实亡了。

二、近代促进农业发展的政策措施

（一）晚清政府时期

晚清时期，伴随着国内人口的增加、天灾人祸及国外商品经济的冲击，中国经济尤其是农业生产日趋衰败，民生日蹙。在此情况下，以田赋为财政收入主要来源的清政府陷入国用匮绌的窘境。**许多"以天下为己任"的有识之士对洋务时期形成的"重商思潮"进行反思，他们在不怀疑工商业对于国家利益固有价值的前提下，重新体认到农业的经济和社会价值，形成了新形势下的"农本意识"**，强调农业是中国的立国之本、富强之道。在此背景下，清政府出台了一系列与兴农有关的法令，调整农业政策，主要包括以下几个方面：

---

① 陈东有. 明清"抑商"二分说 [J]. 南昌大学学报（社会科学版），1996（2）：65-73.
② 郭蕴静. 略论清代商业政策和商业发展 [J]. 史学月刊，1987（1）：33-38.
③ 同①.

1. 建立专门的农政机构

在戊戌变法期间，清廷即在京师设立农工商总局，后来被撤销。1901 年 9 月，两江总督刘坤一、湖广总督张之洞联名上奏朝廷，"惟农事最疲，有退无进……今日欲图本富，首在修农政"。1902 年 10 月，奉命外出欧美日本考察商务的载振归国，向朝廷提出设立商部，以官权加强对全国农工商各业的统一擘画。1903 年 9 月，清廷降旨在中央设立专门的产业行政机构——商部，地位仅次于外务部。商部内分设保惠、平均、通艺、会计四司，分别负责农、工、矿、交通、财政等事宜，其中"平均司"为专门执掌与农业相关的"开垦、农务、蚕桑、山林、水利、树艺、畜牧一切生植之事"的"农政机关"。至此，清中央政府有了以筹划发展农业为旨归的统一领导机构，从而为农业改良的制度化铺平了道路[①]。1906 年官制改革后，清廷把工部并入商部，成立农工商部，改"平均司"为"农务司"，专司农政，以前隶属于户部的农桑、屯垦、畜牧、树艺等项以及以前隶属于工部的各省水利、河工、海塘、堤防、疏浚等事都归并农务司管理。

2. 鼓励兴办中介组织——农会

1906 年，农工商部在奏定职掌事宜时，第四条即提出在各省组设农会组织。1907 年 7 月，袁世凯批饬成立直隶农务总会后，农工商部便奏请政府批准立案，同时通饬各省仿办。同年 10 月，农工商部在上奏中央的《筹办农会酌拟简明章程折》中再次指出：农会之设，实为整理农业之枢纽。而后，清政府颁布了专为整顿农务而设的《农务会试办章程》和《农会简明章程》二十三条，详细界定了农会的宗旨、组织、会员条件及任务，从而为农会组织的设立提供了制度上的保障，并要求"各省应于省城地方设立农务总会，于府厅州县酌设分会，其余乡镇村落市集等处并应次第酌设分所""总会地方应设农业学堂一所，农业试验场一区，造就人才分任地方农务以挈各分会分所之纲领"。其中特别强调农务会"应办之事，曰主办报、译书；曰延农师、开学堂；曰储集佳种；曰试种；曰制肥料及防虫药、制农具；曰赛会；曰垦荒"。这使农会组织开始在全国推行，到清末民初已遍布全国县以上的各个地区。1910 年，农工商部又颁布《全国农务联合会章程草案》，准备在上海设立全国农务联合会。

3. 创办各级农务专门学堂，提倡农学教育

早在戊戌变法时期清政府就已开始开办农业学校。1903 年，清政府颁布了《奏定实业学堂通则》，指出中国农工商各业故步自封、没有进境，是因"实业教育不讲"的缘故，现今提倡的实业学堂为"振兴农工商各项实业，为富国裕民之本计"，并规定农业学堂分为初、中、高三级，分别招收年龄不等、学历不同的学生。在随后颁布的《奏定初等农工商实业学堂章程》《奏定中等农工商实业学堂章程》《奏定高等农工商实业学堂章程》中，详细厘定了三类农业学堂的开设办法，对科目及课程的安排也做了较为全面的规划。此后新式农校以较快的速度发展起来。为推动农务学堂和农业教育的快速发展，1906 年清朝学部奏请在京师设立高等农业学堂和工商学堂各一所，"以为全国模范"；嗣后又两次下令各府州县须在两年内分设中、初等实业学堂各一所，每所招生百名。到 1909 年，全国计有高等农业学堂 5 所、中等 31 所、初等 75 所，累计达 111 所，在校人数为 6 028 人。至 1912 年，全国共有各类农业学校 263 所，在校人数达 15 379 人。各级农业学堂皆以

---

① 赵泉民. 论清末农业政策的近代化趋向 [J]. 文史哲，2003（4）：41-47.

"教授农业上所必需之知识、应有之技能，用中国之成法，参东西洋之新理，使学者实能从事农业为宗旨"。清政府还选派留学生学农。早在 1896 年，清政府派 13 名学生去日本留学，其中就有学农的。1903 年，京师大学堂选派 31 名学生去日本留学，其中有农学及农艺化学各 1 人。当时各省选派出国留学的学生以去日本的为多。1905 年，山东省农工商局选送 24 名学生，都是去日本留学，其中有 10 名是攻读农学的。学农的留学生回国后很多在农业学校中任教。农学教育的兴起、农业人才的培育和教育内容的专门化、"实业化"，为中国传统"无学之农"向近代"有学之农"的过渡准备了最初步的人力资源①。

4. 倡导设立农事试验场，推广农业科技

1903 年，商部下达通令，要求各地结合本地实际情况，兴办农事试验场。1903 年商部在《通饬各省振兴农务》中要求各地"办土宜""兴试验场"；并以此为基础详细指出："凡土质之化分，种子之剖验，肥料之制造，气候之占测，皆立试验场，逐一讲求，纵人观览，务使乡民心领其意，咸知旧法不如新法，乐于变更。"在政府的重视和支持下，农业试验机构开始在各地纷纷设立。1902—1906 年，保定、武昌、济南、福州、沈阳等地相继开办了省属的农事试验场。1906 年 4 月，农工商部为"借示农业模范"，以达"广开风气，振兴实业之基础"，成立了农工商部农事试验场，内分农林、蚕桑、动物、博物、畜牧、会计、书记、庶务八科，选购并进行谷麦、蚕桑、蔬菜、果蔬、花卉等作物品种的试验与改良，标志着全国性农事试验机构的产生。此后，福建、四川、黑龙江、吉林、新疆等地也开办了省级的农事试验场。到 1911 年，全国规模较大的农事试验场已达 20 余处，至于民间创办规模较小的试验机构，更是不胜其数，据 1911 年统计，仅川省一地的农业试验场就已有 74 处之多。

5. 鼓励垦荒，推动农业经营方式变革

1898 年，清政府颁布上谕，要求各级地方官员"劝谕绅民，兼采中西各法，切实兴办"。1902—1904 年，相继宣布过去禁止开垦的荒地开放，供百姓垦殖。放垦的范围主要有东三省、内蒙古的禁垦地以及东南沿海的盐场荡地。1902 年，东南盐场宣布放垦；1904 年前后，宣布完全开放奉天牧场、吉林围场、黑龙江荒地以及内蒙古旗地。除放垦外，清政府在 1902、1907 年先后承认了屯田、旗地买卖的合法性以及被侵蚀的屯田、旗地上私人的合法所有权。同时，还鼓励设立农垦公司及大量认购荒地，规模较大的农垦公司、农场陆续出现。比较典型的当首推南通实业家张謇在 1901 年开办的通海垦牧公司，其创办资本额为银 22 万两。1902 年，浙江富商李厚佑等在辽宁锦州创办天一垦务公司，资本额为银 60 万两。到 1912 年为止，全国范围内共有 171 家农垦公司，资本总额达 6 351 672 元②。

（二）北洋政府时期

北洋政府对农业改良也非常重视，陆续制定、颁布了一系列农业法规，试图运用法律手段推动传统农业的改造。

1. 农业机构体系的形成

北洋政府时期形成从中央到地方比较完备的农业机构体系，为农业政策的实施提供了

---

① 赵泉民 . 论清末农业政策的近代化趋向 [J]. 文史哲，2003（4）：41-47.
② 何旭艳 . 论清末新政农业政策对中国近代农业的影响 [J]. 内蒙古师范大学学报（哲学社会科学版），2002（2）：32-38.

制度上的保障①。

中央农业机构的设置经过三次大的变化，依次为农林部、农商部和农工部。北洋政府于 1912 年成立农林部，由农林总长管理农务、水利、山林、畜牧、蚕业、水产、垦殖事务，监督所辖各官署。1913 年农林部和工商部合并成立农商部，下设总务厅、矿政局、农林司、工商司、渔牧司，其中与农业有关的部门是农林司和渔牧司。1927 年奉系军阀张作霖就任陆海军大元帅，成立农工部，下设总务厅、农林司、渔牧司、工务司、水利司。

北洋政府时期地方机构包括省、道、县三级，农业机构也有一定的变化。省级农业机构也大致经历了三次主要的变化：实业司→实业科→实业厅。1917 年颁布《实业厅暂行条例》规定由实业厅负责农业。道级层面，1913 年北洋政府颁布了《划一各道地方行政官厅令》，在观察使公署下设四科：内务科、财政科、教育科和实业科，由实业科负责与农业相关的事项，负责的事项与实业司的大致相同。县级层面，1912 年国务会议曾讨论过县官制草案，规定在县知事公署下设四科：内务科、赋税科、教育科和实业科，由实业科负责农林及水产渔猎等关于农业的事项。

2. 清丈土地与垦荒政策

1914 年，北洋政府在中央颁布《清丈地亩令文》，"应先由京兆区域筹办清丈，依次推行"，并"特派丈员设局编制"。设立经界局，丈量土地，以此来清丈土地，确定土地所有权，为征税提供保障。地方上清丈土地以奉天、绥远为代表。1915 年奉天省颁布《奉天全省官地清丈局章程》，规定把所有官庄"丈放给一般人民，作为纯粹私有地"。绥远也颁布《绥远清理地亩章程》。清丈土地政策的推行，不仅使土地征税有了保障，还加速了土地私有化。辽宁、吉林、黑龙江、热河、绥远等省的大部分官田迅速变为私产。

北洋政府 1914 年颁布《国有荒地承垦条例》，把官有的土地放给私人开垦。《承垦条例》共分为总纲、承垦、保证金及竣垦年限、评价及所有权、罚则、附则六部分。1914 年 7 月农商部颁布《国有荒地承垦条例实行细则》，规定由县知事负责辖区内荒地的勘测并对承垦人编列号数，还规定了承垦权的取得先后顺序、竣垦年限的起算、承垦地价登记册及呈报承垦证书的领取、承垦权的继承或转移。1914 年 11 月颁布《修正国有荒地承垦条例》，主要是对罚金的修正和补充。此外，《吉林全省放荒规则》《奉天试办垦荒章程》等也陆续出台。1915 年 7 月，颁布《农商部奖章规则》，规定承垦大宗荒地，依限或提前竣垦者，其竣垦亩数在 3 000 亩以上，可以给予奖励。北洋政府对垦荒的完备规定大大促进了政府农业耕地的开垦。

3. 农业教育和科研政策

北洋政府重视农业教育和科研。北洋政府设立专门的教育机构对农业教育进行管理，曾先后颁布"壬子癸丑学制"和"壬戌学制"，形成了初级、中级和高级较为完备的农业教育体系，并把高等农业教育和科研相结合，研制推广优良品种，还推动了民间农业教育的发展。1912 年北洋政府成立后，在中央教育部设普通教育司管理普通实业学校，专门教育司负责管理大学校、高等专门学校和以上相等的各种学校。在地方民政长行政公署设总务处和内务、财政、教育、实业四司，教育司管理普通实业学校，私立大学、公私立专门学校。蔡元培主持教育部工作，于 1912—1913 年制定和修订新学制，史称"壬子癸丑学

---

① 王萍. 北洋政府时期的农业政策 [D]. 济南：山东大学，2005.

制"。此学制与清末学制一样是仿照日本学制，把教育分为普通教育和实业教育两个系统。五四运动之后，在职业教育思潮和实用主义教育思潮的交相影响下，各种教育团体大力推动，学制改革势在必行，在 1922 年 11 月颁布新学制，史称"壬戌学制"。这次新学制受杜威实用主义教育思想的影响，对职业教育做了较大的调整，将甲、乙两种农业学校改为高、初级农业职业学校。

北洋政府时期高等农业学校注重农业科研的发展。1914 年金陵大学美籍教授芮思娄在南京附近农田中采取小麦单穗，进行纯系选育，经过七八年试验，育成"金大 26 号"，这是我国育成的最早的一个作物良种。从 1919 年起南高师农科开始对水稻进行试验，1924年育成"改良江宁洋籼"和"改良东莞白"两个改良品种。广东农业专门学校也在 1920年开始进行水稻育种。东南大学还在 20 年代育出"小白花""青茎鸡脚棉"和第一个棉花杂交种"过氏棉"。这些品种的育成促进了当时农业的发展①。

（三）南京国民政府时期

南京国民政府时期是北洋政府混乱时期的延续，中国农村的危机在 20 世纪 30 年代达到顶点，复兴农村成为当时整个中国社会各个阶层的共识。在此背景下，国民政府制定和实施了一些挽救和复兴农村经济的政策和措施。

1. 制定土地法规

早在辛亥革命时期，孙中山先生就在同盟会的纲领中列入"平均地权"的内容。北伐后，国民党宣布其农村政策："改良农村组织，整理耕地，制定最高租额之法律，增进农人生活。"1926 年 10 月，北伐军进军湘、鄂期间，为动员农民支援北伐，国民党在广州召开有大量左派参加的中央和各省区代表联席会议，通过《最近政纲》，规定"减轻佃农田租百分之二十五"，减轻农民负担，统称"二五减租"。1927 年 5 月，国民政府颁布《佃农保护法》，规定"佃农缴纳租项不得超过所租地收获量百分之四十""佃农对于地主除缴纳租项外，所有额外苛例一概取消""佃农对于所耕土地有永佃权"。1928 年 2 月以胡汉民、林森为首的国民党中央土地改革委员会根据孙中山"平均地权，地尽其力"的原则，拟定了土地法九项原则，提交中国国民党中央执行委员会政治会议 169 次会议审议，其中关于农村土地政策的基本原则为：①都市土地一律收归公有，农地除公营外，应以最迅速有效之方法实行耕者有其田，凡非自耕之地，概出国家发行土地债券逐步征购并发行之；②发展农民组织，保障农民权益，改善农民生活，推行集促进农业之工业化。12 月九项原则由政治会议通过，交立法院起草《土地法》。1930 年 6 月，南京国民政府颁布《土地法》，"使地尽其用，并使人民有平均享受使用土地之权利"②。

2. 复兴农业政策

南京国民政府成立以后，"复兴农业"是国民政府这一时期喊得颇为响亮的口号。其目的除了发展国民经济之外，也是为了消除中国共产党进行土地改革运动带来的影响。政府设立了农村复兴委员会等一系列农业机构，任常委担任首脑。政府救济农村金融，减免部分农产品税，对进口粮食征税；设立农业实验所指导农业生产，开办农业推广区等。治理黄河、淮河、长江以及太湖等水利委员会也相继成立，以兴修水利工程。尽管国民政府

---

①　王萍. 北洋政府时期的农业政策 [D]. 济南：山东大学，2005.
②　刘椿. 中国近代农业现代化研究 [D]. 南京：南京农业大学，2000.

为农业发展做了大量工作，但由于种种原因，这些挽救农村经济的措施发挥的实际效用有限。

3. 技术改良政策

在农业技术改良方面，在 1933—1937 年，国民政府先后设立了中央农业实验所、全国稻麦改良所和中央棉产改进所，工作就是引进美国棉种，改良小麦和稻米品种以及实验杀虫剂和化学肥料。除上述的研究机构外，国民政府也成立部门来促进农业发展。譬如行政院于 1928 年 2 月设立农矿部，1933 年 4 月成立农村复兴委员会，1938 年 4 月设置农产促进委员会。至抗战爆发后，国民政府为了保证前方官兵与后方居民的钱粮供给，一方面加强了中央对于农业生产问题的统筹力度，另一方面，要求各地方政府，建立农业推广机构，大力开展农业技术推广工作。然而，面对不同省份、不同区域的具体情况，中央政府的农业推广政策在不同地域的实施却带有很强的地域色彩，在农业推广政策、推广主体、推广技术、推广办法以及推广效果等方面差异性明显。

 **思 考 题**

1. 中国古代为什么有崇尚农业的思想？
2. 中国古代农业经济思想有哪些特别之处？
3. 中国古代重农抑商的政策是如何演变的？
4. 中国近代以来有哪些促进农业发展的政策措施？

第八章　中华人民共和国成立后农业现代化的探索历程

📝 **学习目标**

1. 了解中华人民共和国成立后农业发展的历程；
2. 了解中华人民共和国成立后农业经济制度发展演变的历程；
3. 理解我国农业现代化探索过程中的启示意义。

第一节　中华人民共和国成立后农业发展历程

中华人民共和国的成立标志着我国农业发展进入一个全新的历史时期，在这个时期我国不仅成功解决了粮食问题，而且不断推进农业现代化的发展，向着农业强国的目标稳步迈进。

一、中华人民共和国成立后农业经济发展的阶段

中华人民共和国成立之后，我国农业经济发展经历了不同的阶段，每个阶段的发展特征虽然各不相同，但都为农业现代化的探索提供了宝贵的经验。

（一）经济恢复时期（1949—1952 年）

在中华人民共和国刚刚成立之际，中国农村经济面临严峻的挑战。长期的外敌入侵和内战导致农业生产遭到严重破坏，许多地区的农田荒芜，农业面临百废待兴的局面。粮食生产方面，中华人民共和国成立之初，全国粮食总产量仅为 11 320 万吨，人均占有粮食仅有 209 千克。经济作物生产方面，1949 年全国棉花产量 44 万吨，糖料产量仅有 283 万吨。畜产品供应不足的情况更加严重，肉类总产量仅有 220 万吨，禽蛋和牛奶产量更少，均不足 100 万吨。

为了恢复农业经济，政府采取了一系列鼓励农业发展的措施，进行全面的土地改革，没收地主土地分配给农民，极大地提高了农民的生产积极性，农业生产迅速恢复。1949—1952 年，全国农业总产值由 326 亿元增加到 484 亿元（旧币值），增长 48.47%，每年平均增长率达 16.16%。其中，1952 年粮食产量达到 11 639 万吨，超过 1936 年的历史最高

产量近 15 000 万吨，比 1949 年增长了 44.79%，年均增长达到 13.1%。1949—1953 年，我国人口增加 4 629 万，而我国按人口平均的粮食产量仍由 1949 年的 209 千克上升到 287 千克，增加了 37.3%[①]。棉花生产增长更加迅速，1952 年达到 130 万吨，年均增长 43.1%。此外，中华人民共和国成立后，我国采取护林造林等措施建设和发展林业产业。

（二）从土改完成到改革开放前（1953—1977 年）

中华人民共和国成立初期，中国共产党即在广大农村开展农业合作化运动，旨在将农民从分散的小农经济中解放出来，发展集体经济。1951 年 9 月，党中央制定《关于农业生产互助合作的决议（草案）》，引导农民走互助合作的道路。1953 年 12 月，党中央通过的《中国共产党中央委员会关于发展农业生产合作社的决议》标志着农业合作化运动的重心由农村互助合作转向发展和巩固初级农业生产合作社。在 1955 年 7 月后，农业合作化形成高潮。到 1956 年年底，农业合作化基本完成。合作化改变了农村生产关系，为农业提供了更大规模的生产条件，农业生产得到较快发展。在这个时期，农业平均增长率达到了 4.2%。然而，由于合作化后期推进高级社及人民公社过于激进、片面追求"一大二公"，加之自然灾害的影响，导致 1959—1961 年出现严重的农业危机，农业生产大幅下降，农村经济遭受严重冲击。后来虽然及时纠正了合作化运动及人民公社的一些做法，但总体来说，农业的发展在这一阶段较为缓慢，农产品长期处于短缺状态。

从粮食生产来看，土地改革完成后，粮食生产有了一定发展，但一直未能突破 2 000 万吨，直到 1966 年达到 20 000 万吨，从 15 000 多万吨到 20 000 万吨用了 14 年时间。到 1978 年全国粮食总产量为 30 000 多万吨，从 2 0000 多万吨到 30 000 多万吨用了 12 年时间。

（三）从改革开放到 20 世纪末（1978—1999 年）

1978 年，党的十一届三中全会的召开拉开了中国改革开放的序幕。由于家庭联产承包责任制的推行，农民生产积极性得到激发，粮食产量迅速增加。1978 年全国粮食总产量为 30 475 万吨，1984 年全国粮食总产量达到 40 700 万吨，年均增长 4.95%，仅用了 6 年时间就提升了 10 000 万吨。此后，粮食生产增速放缓，到 1993 年，全国粮食产量突破 45 000 万吨，用了 9 年时间。此后 14 年间粮食产量有所波动，分别于 1996 年、1998 年和 1999 年三次超过 50 000 万吨。1978—1999 年，全国居民人均粮食占有量由 316.61 千克提高到了 404.16 千克，年均增长超过了 1.32%，人民的粮食安全保障水平大幅提高[②]。

除了粮食生产之外，国家还实施一系列政策鼓励经济作物生产。1978—1984 年，棉花生产迅猛发展，棉花产量由 1978 年的 216.7 万吨增长到 1984 年的 625.84 万吨，年均增长 19.33%。此后棉花生产陷入波动状态，到 1999 年棉花产量降为 382.9 万吨。1978—1984 年，油料产量由 1978 年的 521.79 万吨增加到 1984 年的 1 190.95 万吨，年均增长 14.74%。此后继续保持增长，到 1999 年产量达到 2 601.2 万吨，比 1984 年增长 118.4%。

改革开放后，特别是 1985 年国家放开猪肉、蛋、禽、牛奶等畜产品价格后，大牲畜、生猪等传统养殖业发展迅猛，家禽养殖加快发展，畜产品产量快速增加。1980 年猪肉产量

① 陈明. 国民经济恢复时期（1949—1952）的城乡关系研究 [J]. 四川大学学报（哲学社会科学版），2004（S1）：117–119.

② 王钢，赵霞. 改革开放以来中国的粮食安全治理：历程、成效与启示 [J]. 农村经济，2022（3）：12–21.

1 134万吨，牛肉和羊肉产量分别为27万吨和44万吨，牛奶产量114万吨，到1999年，上述畜产品的产量分别达到4 005.6万吨、505.4万吨、251.3万吨和717.6万吨，增长幅度分别达到253.23%、1771.85%、471.14%和529.47%。

改革开放以来，随着国有林场和集体林权制度改革的全面深化，林业产业发展迅速，林产品产量快速增长。经济林产品、松香等主要林产品产量稳居世界第一，木本油料、林下经济、森林旅游等绿色富民产业蓬勃发展。

（四）新世纪以来农业的新发展（2000年以后）

1. 粮食生产

新世纪以来，粮食生产稳步增长。特别是党的十八大以来，粮食综合生产能力在前期连续多年增产、起点较高的情况下，再上新台阶，国家粮食安全保障能力进一步增强。2012年我国粮食产量首次突破60 000万吨大关，2015年我国粮食产量再上新台阶，突破65 000万吨，之后的几年一直保持这个水平。2024年全国粮食总产量突破70 000万吨，达到70 650万吨，比2000年增长52.86%，2 000—2024年年均增长1.78%。全国人均粮食占有量在2024年达到502千克，较2000年增长了37.53%。

2. 经济作物生产

2000年后随着纺织业的快速发展，棉花产量迅速攀升，2007年达到760万吨的历史最高点。党的十八大以来，棉花生产在农业供给侧结构性改革中平稳发展。2024年全国棉花产量为616.4万吨，比2000年增长了39.55%，年均增长1.65%。

从油料生产来看，随着人民生活水平的提高，油料消费需求逐步增加，油料生产不断发展。党的十八大以来，油料产量在前期处于较高水平的基础上，突破并站稳3 200万吨台阶。2024年全国油料产量达到3 979万吨，比2000年的2 954.8万吨增长34.66%，年均增长1.74%。油料的人均占有量由2000年的23.4千克提高到2024年的28.25千克。此外，2024年全国糖料产量11 870万吨，比2000年的7 635.3万吨增长55.46%，年均增长1.85%。2024年水果总产量达33 500万吨，较2000年的6 225.1万吨增长4.38倍，年均增长7.26%。

3. 林业发展

新世纪以来，国家高度重视林业生态建设，广泛开展全民义务植树活动，深入推进退耕还林、三北防护林、天然林保护和湿地保护等重点生态工程建设，持续加大生态保护和修复力度，林业生态建设取得显著成效。2018年全国完成造林面积707万公顷。党的十八大将生态文明建设纳入"五位一体"总体布局。习近平总书记提出"绿水青山就是金山银山"，把绿色发展作为新发展理念的重要内容，林业生态建设进入新的历史阶段。根据第八次全国森林资源清查（2009—2013年）结果，全国林业用地面积为31 259万公顷，比1978年增长17.0%；森林面积达到20 769万公顷，增长80.2%；森林覆盖率21.6%，提高9.6个百分点；森林蓄积量151亿立方米，增长67.6%。

此外，2024年全国木材产量13 740万立方米，比2000年的4 724万立方米增长190.86%，年均增长4.55%；2024年油茶籽产量350万吨，比2000年的82.32万吨增长3.25倍，年均增长6.21%。

4. 畜产品、水产品生产

从肉类总产量来看，2024 年达到 9 663 万吨，比 2000 年的 6 013.9 万吨增长 60.68%，年均增长 2.00%。在主要肉类品种中，猪肉 2024 年产量 5 706 万吨，比 2000 年的 3 966 万吨增长 43.87%，年均增长 1.53%。

2024 年牛肉和羊肉产量分别为 779 万吨和 518 万吨，比 2000 年的 532.8 万吨和 274 万吨分别增长 46.21% 和 89.05%，年均分别增长 1.60% 和 2.69%。2024 年全国牛奶产量 4 079 万吨，比 2000 年的 827.4 万吨增长 3.93 倍，年均增长 6.87%。2024 年，我国猪牛羊肉和牛奶的人均占有量分别达到 49.73 千克和 28.96 千克，均超过世界平均水平。

2024 年全国水产品产量 7 366 万吨，比 2000 年的 3 706.2 万吨增长 98.75%，年均增长 2.90%，水产品人均占有量由 2000 年的 29.4 千克增长到 2024 年的 52.30 千克，增长了 77.91%。

二、中华人民共和国成立后农业经济结构的演变

（一）农业产业结构的演变

中华人民共和国成立后的前 30 年，我国农业结构一直处于单一的粮食型低级阶段，结构虽稳定，但内部各生产部门构成比例很不协调。农业产量虽有所提高，但生产效益很低。从农林牧渔业内部结构来看，1952 年农业产值占农林牧渔业总产值的比重为 85.9%，处于绝对主导地位，林业、畜牧业和渔业产值所占比重分别为 1.6%、11.2% 和 1.3%。到 1978 年改革开放之前，农业产值占比一直处于 80% 以上的高位，种植业一直占据主导地位。从种植业内部构成来看，粮食播种面积在农作物总播种面积的比重一直高达 80% 以上，经济作物和其他作物占比不足 20%，单一的粮食型农业结构特征明显[1]。

改革开放之后，针对农业发展中存在的问题，党和政府采取了一系列方针政策与措施，农业结构调整也由此拉开序幕。1999 年，中央提出要把农业结构的战略性调整作为农村工作的主线，作为促进农业增效、农民增收的重大举措，并对农业结构的战略性调整做出了重要决策：坚持以市场化为导向、坚持发挥区域比较优势、坚持依靠科技进步等原则，在保障农产品供给的基础上，优化农产品品质结构；重视区域比较优势的发挥，优化农产品的区域分布结构；优化农业产业结构，加快发展农产品加工业。林、牧、渔业开始全面发展，农、林、牧、渔四业结构日益协调合理。在粮食生产方面，改革开放以来玉米生产快速增长。2024 年，玉米播种面积占农作物总播种面积的比重达 25.86%，比 1995 年提高了 10.66 个百分点。2024 年玉米总产量达 29 491.69 万吨，占粮食总产量的比重达 41.74%。随着农业供给侧结构性改革不断深化，种植业生产加快由单一以粮食作物种植为主向粮经饲协调发展的三元种植结构转变。经济附加值较高的各类经济作物和特色作物生产发展迅速，青贮玉米、苜蓿等优质饲草料生产规模扩大，粮经饲协调发展的三元结构加快形成。同时，农、林、牧、渔业发展更加协调，2024 年农业产值占农林牧渔业总产值的比重为 55.05%，比 1952 年下降 30.85 个百分点；林业占 4.70%，提高 3.10 个百分点；畜牧业占 23.79%，提高 12.59 个百分点；渔业占 10.24%，提高 8.94 个百分点。我国农

---

[1] 叶初升，马玉婷. 新中国农业结构变迁 70 年：历史演进与经验总结 [J]. 南京社会科学，2019（12）：1-9，33.

业逐步实现了由单一以种植业为主的传统农业向农林牧渔业全面发展的现代农业转变，农业主要矛盾由总量不足转变为结构性矛盾，农业发展由增产导向转向提质导向。

（二）农业区域结构的演变

中华人民共和国成立以来，特别是改革开放以来，国家持续推进农产品流通体制向市场化方向转变，引导农民根据市场需求调整生产，开展主体功能区划分和优势农产品布局，支持优势产区发展，农业生产区域布局日趋优化，主产区优势逐渐彰显。2003年农业部发布《优势农产品区域布局规划（2003—2007年）》，开始建设优势农产品产业带，加快区域布局的优化与调整。

从粮食生产来看，粮食主产区稳产增产能力增强，确保国家粮食安全的作用增大。2024年全国13个粮食主产区[①]粮食产量合计54 894.5万吨，占全国粮食总产量的比重为77.7%，比1949年提高9.2个百分点。在主要粮食品种中，小麦主要分布在河南、山东、安徽、河北和江苏等省份，2023年5省小麦产量合计10 823.3万吨，占全国小麦总产量的79.24%，比1949年提高23.74个百分点。玉米主要分布在黑龙江、吉林、内蒙古、山东、河南、河北、辽宁等省（区），2023年7省（区）玉米产量合计20 082.28万吨，占全国总产量的69.53%。

从经济作物生产来看，棉花、糖料等也进一步向优势产区集中。随着国家在新疆实施棉花目标价格改革，新疆棉花生产不断扩大，形成了新疆棉花产业带。2024年新疆棉花产量568.61万吨，占全国总产量的比重达92.25%。糖料向广西、云南和广东3省（区）集中。2024年广西、云南和广东3省（区）糖料产量合计为9 844.12万吨，占全国糖料总产量的85.92%。另外，蔬菜、水果、中药材、花卉、苗木、烟叶、茶叶等产品生产也都形成了优势区域和地区品牌。

畜牧业生产也向区域化集中发展，2023年内蒙古、河北、黑龙江、宁夏、山东、河南、新疆等7个主产省（区）牛奶产量3 087.06万吨，占全国产量的73.56%以上；2023年四川、湖南、河南等6个生猪主产省（区）生猪出栏32 776万头，占到全国总生猪出栏量的45.1%。

三、中华人民共和国成立后农业现代化的探索

实现农业的社会主义现代化是中国共产党一贯追求和不懈的奋斗目标。中华人民共和国成立后，在继续强调工业化这一等同于国家现代化目标的同时，中国共产党也开始单独提出了"农业现代化"的概念和目标[②]，主要围绕增加农产品产量进行农业现代化的探索，主要的做法是推进农业机械化和农田水利基础设施建设。

（一）农业机械化的推进

早在1955年，毛泽东就指出农业现代化必须把农业的社会改革同技术改革结合起来，提出机械化与合作化协同演进的战略思路。1959年4月，在我国农村基本实现人民公社化以后，毛泽东进一步提出"农业的根本的出路在于机械化"，要求农业机械化"四年内小

---

① 包括黑龙江、河南、山东、四川、江苏、河北、吉林、安徽、湖南、湖北、内蒙古、江西、辽宁等省（自治区）。

② 范晓春. 试述改革开放前中共对农业现代化目标的探索［J］. 党史文苑，2005，（22）：54-56.

解决，七年内中解决，十年内大解决"。此后，农业机械化几乎成为农业现代化的同义语①。对于农业机械化，当时中央认为总的目标是农、林、牧、副、渔五业都实现机械化，农业方面的耕作、排灌、防治病虫害、田间运输和农产品初步加工等也都要逐步实行半机械化和机械化。与此同时，围绕实现机械化的问题，也对农业现代化目标的其他内容继续进行了探索，提出农业机械化必须与"农业八字宪法"的各项措施相结合，与精耕细作的优良传统相结合，从而使实行农业机械化的结果不仅能够提高农业的劳动生产率，而且能够提高单位面积产量。1962 年，党的八届十中全会指出，要在农业集体化基础上实现农业机械化和电气化。1966 年，毛泽东重申用 25 年时间基本上实现农业机械化的目标，并指出农业机械化应与"备战、备荒、为人民"联系起来，以充分调动地方自力更生发展机械化的积极性②。1971 年 12 月，为了进一步加快农业机械化进程，国务院组织召开全国农业机械化会议，并讨论和拟定了 1980 年基本实现农业机械化的目标，也就是"使我国农、林、牧、副、渔的主要作业机械化水平达到 70% 以上。全国农用拖拉机拥有量达到 80 万台左右，手扶拖拉机达到 150 万台左右，排灌动力达到 6 000 万马力③左右"。

在中央的高度重视下，1971—1974 年，我国农业机械化水平迅速提高，为农业提供的排灌机械、化肥和拖拉机等机具设备超过过去 15 年的总和。1975 年与 1957 年相比，农业总动力增加 61 倍，农业大型拖拉机增长 225 倍，联合收割机增加了 6 倍，机耕面积增加 12 倍，手扶拖拉机发展到 59.9 万台，农用电量增加 130 倍④。

改革开放之后，我国农业装备和农业机械化水平进一步实现了跨越式发展。截至 2023 年年底，大中型拖拉机和小型拖拉机数量分别为 551.09 万台和 1 562.4 万台，较 1978 年分别增长 8.89 倍和 10.38 倍；农业机械总动力达到 113 742.6 万千瓦，比 1978 年增长 8.68 倍。2024 年，全国农作物耕种收综合机械化率超过 75%，比 1978 年提高了 55.34 个百分点，小麦生产基本实现全程机械化，玉米、水稻耕种收综合机械化率分别超过 90% 和 86%。农业生产方式实现了从主要依靠人力、畜力到主要依靠机械动力的历史性转变。

（二）农田水利基本设施的建设

中华人民共和国成立之后，我国大力开展农田水利基础设施建设，农田灌溉排水条件明显改善。1956 年 1 月最高国务会议通过的《1956 年到 1967 年全国农业发展纲要（草案）》中，提出农业增产的 10 项措施：兴修水利，保持水土；推广新式农具，逐步实行农业机械化；积极利用一切可能的条件开阔肥料来源，改进使用肥料的方法；推广优良品种；改良土壤；扩大复种面积；多种高产作物；改进耕作方法；消灭虫害和病害；开垦荒地，扩大耕地面积。1958 年毛泽东把这些措施概括为"水、肥、土、种、密、保、管、工"的"农业八字宪法"。王任重在《红旗》杂志 1961 年第 1 期上亦撰文指出，"积极地进行技术改革，为实现农业的水利化、机械化、电气化、化学化，为建立现代农业而斗争，这是我们坚定不移的目标"⑤。可见，当时对于农业现代化的建设，除了机械化之外，

---

① 范晓春. 试述改革开放前中共对农业现代化目标的探索［J］. 党史文苑，2005（22）：54-56.
② 陈彦君. 新中国农业现代化的早期探索——基于二十世纪五六十年代农业机械化研究［J］. 毛泽东邓小平理论研究，2024（5）：73-82，108.
③ 1 马力≈0.735 千瓦。
④ 蒋茜. 农村人民公社之兴与农业合作化［J］. 经济与社会发展，2008（5）：95-98.
⑤ 范晓春. 试述改革开放前中共对农业现代化目标的探索［J］. 党史文苑，2005（22）：54-56.

水利化和农田基本建设也是一个重点。

从1949—1952年，我国只花了3年时间，就让耕地灌溉面积达到了1 995.9万公顷，基本与清代鼎盛时期水平相当。1957年，全国可灌溉耕地面积达到了2 738.9万公顷，1978年达到了4 496.5万公顷。可灌溉耕地面积占总耕地面积的比例也逐年提高，由1952年的18.5%提高到了1957年的24.4%，1976年又提高到了45.3%[①]。

改革开放之初，农田水利基本设施建设一度放缓，甚至出现一些倒退。20世纪80年代以后，全国有效灌溉面积徘徊在7.2亿亩左右，不仅没有快速增长，不少省份的灌溉面积反而连年下降。据水利部年报统计，1981—1989年全国累计新增灌溉面积1.13亿亩，而同期累计减少1.21亿亩，增减相抵后，1989年较1980年净减了800万亩[②]。此外，由于水利工程保护措施没有及时跟上，致使一些地方出现了平渠填沟、破堤取土及拆分变卖机、泵、管、带等情况，许多农田水利设施遭到破坏，工程效益急剧衰减。

进入新世纪，中央对农田水利基本设施建设的重视程度不断提升。2011年的中央"一号文件"《中共中央、国务院关于加快水利改革发展的决定》以水利改革发展为主题，提出加快水利改革发展、加强农田水利等薄弱环节建设、全面加快水利基础设施建设等意见，成为中华人民共和国成立以来中央首个关于水利的综合性政策文件。此后，农田水利基本设施建设加快推进。2017年全国有效灌溉面积在耕地总面积中占比超过50%，到2024年全国有效灌溉面积达到10.86亿亩，比2000年增长了34.58%。同时，我国采取水利、农业和科技等综合配套措施，集中对中低产田进行改造，截至2023年年底，全国累计建成高标准农田面积已突破10亿亩，超过全国耕地面积的50%。此外，设施农业面积迅速扩大，对农业生产的季节性及时空分布的改变起到重要作用。2021年，全国设施种植面积达到4 000万亩左右，其中设施蔬菜面积占80%以上，位居世界首位[③]。

第二节　中华人民共和国成立后农业经济制度的演变

一、中华人民共和国农业基本经济制度的演变

（一）土地改革

土地改革是中国新民主主义革命时期，中国共产党领导广大农民废除封建半封建性的土地所有制，实行农民的土地所有制的革命运动。土地改革运动不仅仅是一场深刻的经济变革，而且是一场深刻的政治革命和社会革命，是建立与建设新中国的前奏。这个伟大任务的完成，连根掘除了延续2 000多年的封建统治的经济基础，成为我国向现代化转化的契机[④]。

1947年9月，中共中央召开的全国土地会议即制定了以没收地主土地、废除封建土地

---

① 谭同学. 长时段历史视野下的"大集体"农田水利建设 [J]. 开放时代，2019（5）：152-164，9-10.

② 王瑞芳. 从重建到重效益：改革开放初期我国水利工作重心的转变 [J]. 江苏师范大学学报（哲学社会科学版），2013，39（1）：74-80.

③ 见《全国现代设施农业建设规划（2023—2030年）》.

④ 杜润生. 关于中国的土地改革运动 [J]. 中共党史研究，1996（6）：17-19，24.

所有制为主要内容的《中国土地法大纲》，在解放区大规模展开土改运动。1949 年 7 月，中国人民政治协商会议通过的《共同纲领》规定：中华人民共和国必须有步骤地将封建半封建的土地所有制改变为农民的土地所有制。到中华人民共和国成立前，占全国面积约三分之一的东北、华北等老解放区已基本完成土地改革，消灭了封建剥削制度。

中华人民共和国成立后，1950 年中共七届三中全会确立了土地改革的总路线，1950 年 6 月颁布实施了《中华人民共和国土地改革法》，明确土地改革的基本目的是"废除地主阶级封建剥削的土地所有制，实行农民的土地所有制，借以解放农村生产力，发展农业生产，为新中国的工业化开辟道路"。

到 1952 年年底，土改基本完成，除部分民族地区外，我国大陆普遍实行了土地改革，3 亿无地少地农民分到 7 亿亩土地和大量的耕畜农具等生产资料，摆脱了每年向地主缴纳 350 亿千克粮食地租的负担。

经过土地改革，农民土地所有制代替了封建地主土地所有制，实现了耕者有其田，因此土改形成的土地制度可以说是农民私有、农民经营使用的土地制度，农民享有买卖和租赁自由、雇工自由、借贷自由、贸易自由等"四大自由"。不过，这种土地制度下我国的农业经济仍然处于高度分散的状态，生产力水平依然极其低下。为实现农业的社会主义现代化，有必要对农业基本经济制度进行进一步的变革。

（二）农业合作化运动

早在中华人民共和国成立之前，中国共产党就把合作化作为农业现代化的重要途径。《中国共产党第七届中央委员会第二次全体会议决议》（以下简称《决议》）和《共同纲领》均对新中国的基本农业经济制度的非私有化发展方向做了明确规定。《决议》指出，占国民经济 90% 的分散的个体的农业经济和手工业经济，是可能和必须谨慎地、逐步地而又积极地引导它们向着现代化和集体化的方向发展的，必须组织生产的、消费的和信用的合作社及其各级领导机关。《共同纲领》指出，合作经济是半社会主义性质的经济，为整个国民经济的一个重要组成部分，人民政府应当扶助其发展。这些政策文件为合作化提供了理论基础。

中华人民共和国成立后，我国农业合作化运动经历了互助组、初级社和高级社三个阶段，以土地为主的生产资料所有权的变化，以及对土地经营收益分配的变化，成为划分合作化程度和发展阶段的显著特征和标志①。

合作化最初是以农业生产互助组为主要形式的。互助组一般由几户或十几户组成，主要表现为通过农具、牲畜、劳力等方面进行交换和调剂来完成农业生产，但土地、牲畜、农具等生产资料和收获的农产品仍归私人所有。1951 年 9 月，全国第一次互助合作会议在北京召开，形成《中共中央关于农业生产互助合作的决议（草案）》，成为农业合作化运动的第一个指导性文件。此后，农村生产互助组迅速发展。一直到 1953 年年底，农业生产互助组都是合作化的主要形式。截至 1953 年，全国互助组数量达到 745 万个，比 1950 年增加 173.49%。参加互助组的农户占比也从 1950 年的 10.71% 提高到 1953 年的 43%。

互助组一方面提高了劳动效率，但另一方面，生产资料的所有权和生产经营的自主权仍牢牢地掌握在农民自己手中，当农民个体无力独立生产时就互帮互助，而可以独立生产

---

① 王雅馨．新中国成立初期农业合作化运动的影响 [J]．社会科学家，2013（7）：138-141.

时便涣散解体，互助组内部常因田间作业顺序的先后而发生争执，因而要求采取更高形式的合作。

1953 年下半年，中央正式提出过渡时期总路线，使得农业互助合作运动有了更加明确的指导思想。1953 年 10 月，全国第三次互助合作会议在北京召开，通过了《中共中央关于发展农业生产合作社的决议（草案）》，强调为了进一步提高农业生产力，党在农村工作的根本任务是要逐步实现农业的社会主义改造，使农业从落后的小规模生产的个体经济变为先进的大规模生产的合作经济。会议提出到"一五"末期，全国农业生产合作社的发展目标是达到 80 万个，参加农户占比达 20%。这次会议使得合作化运动从以发展生产互助组为中心迅速转向以发展农业合作社为主。到 1954 年春，全国初级农业生产合作社发展到 9.5 万个，参加农户 170 万户，大大超过会议设定的目标。1955 年 10 月，七届六中全会通过《关于农业合作和问题的决议》，要求到 1958 年春在全国大部分地方基本普及初级农业合作社，实现半社会主义合作化。

初级社下农业经营从土地由农民所有、农民经营转变为农民所有、集体经营，是在不改变土地私有制基础上的土地使用制度变革。初级社阶段，每个农户把自己的土地交给初级社，耕畜和农具也作价入股，由社里统一分配和使用，土地按股分红，劳力按工分分红，土地和劳力有一定的比例，但这个比例孰重孰轻成为新的问题，土地分红比例太大则劳动力吃亏，劳动力分红太多则有马户吃亏[1]。解决这个问题的思路是发展高级社，进一步实现农业的集体化经营。

1956 年 1 月，中共中央办公厅编辑出版《中国农村的社会主义高潮》一书，成为加速推动农业合作化进程的主要政策文件。此后，高级社在全国进入大发展阶段，许多地方出现整村、整乡农民加入高级社的情况。有的是新建初级社随即转入高级社，有的是互助组越过初级社直接转入高级社，还有没经过互助组和初级社就直接建立高级社。到 1956 年 2 月中旬，全国加入合作社的农户占总数的 85%，其中加入高级社的农户占全国农户总数的 48%。到 1956 年年底，高级社发展到 54 万个，入社农户占总农户的 87.8%。

在高级社阶段，由于取消了土地分红，土地一律无偿地归合作社所有，社员集体劳动，完全实行按劳分配，这意味着土地关系发生了完全的改变，由土地的农民私有转变为社会主义集体所有，因此高级社的普遍建立是中国农村集体化农业基本经营制度形成的标志。

（三）人民公社体制的建立

1957 年 9 月 24 日，中共中央、国务院联合发布《关于今冬明春大规模地开展兴修农田水利和积肥运动的决定》。在这一决定的号召和推动下各地纷纷制定农田水利建设规划，利用冬闲开展农田水利建设。但进行大规模水利建设需要动员和组织整个区域的力量，单靠一个合作社很难完成，因此基层在统筹水利设计、劳动力和资金的投入与使用等问题时，突破高级社局部利益的限制成为迫切的需要。为回应各地农村联合办社的呼声，1958 年 4 月 8 日政治局会议批准了《中共中央关于把小型的农业合作社适当地合并为大社的意见》。中央指出，为适应农田水利化与耕作机械化的需要，把小型的农业合作社有计划地适当地合并为大型的合作社是必要的。自此，并社和扩社以不可阻挡之势在全国迅速发

---

① 王雅馨. 新中国成立初期农业合作化运动的影响［J］. 社会科学家，2013（7）：138-141.

展。伴随着联社运动，高级社的经济职能进一步扩充，在原来"发展农林牧副渔"的基础上扩展建设社办工业。高级社管理职能的扩充不仅体现在经济方面，在社会生活、文化教育、军事化管理等方面，亦有所扩大和增加。1957年年底至1958年上半年，在中央的直接推动下，高级社逐步被改造成一个兼顾政治、经济、社会、文化和军事的农村基层实体。高级社规模的不断扩大及其管理职能的扩张，为大公社的诞生打下了比较坚实的制度基础，做好了一定的舆论和思想准备①。

1958年7月，全国第一个人民公社——嵖岈山卫星人民公社在河南诞生。1958年8月29日，中央发布了《中共中央关于在农村建立人民公社问题的决议》，指出："大型的综合性的人民公社不仅已经出现，而且已经在若干地方普遍发展起来，有的地方发展得很快，很可能不久就会在全国范围内出现一个发展人民公社的高潮，且有不可阻挡之势。……在目前形势下，建立农林牧副渔全面发展、工农商学兵互相结合的人民公社，是指导农民加速社会主义建设，提前建成社会主义并逐步过渡到共产主义所必须采取的基本方针。"同月，由中央委派代表与当地干部共同起草的《嵖岈山卫星人民公社试行简章（草稿）》《七里营人民公社章程草案》将中央的决议细化为具体的条款，在《红旗》等报刊上发布，此后各地的大公社基本上是按照这两个样板章程搭建起来的。1958年9月10日，《人民日报》发表《先把人民公社的架子搭起来》的社论。此后，只用了一个多月的时间，全国农村基本上实现公社化。9月底，共建立人民公社23 384个，加入农户1.12亿户，占总数的90.4%，每社平均4 797户。

对于如何办好人民公社，由于当时各级人民政府缺乏经验，对于某些问题的认识和处理也难免参差不齐。为统一全党全民对于人民公社的认识，加强对人民公社的领导，1958年11月28日—12月10日，中国共产党第八届中央委员会第六次全体会议在湖北武昌举行，全会通过了由毛泽东主持起草的《关于人民公社若干问题的决议》，决议对于过去几个月的人民公社运动给予很高的评价，认为这是具有伟大历史意义的事件。决议从理论上和政策上阐述了有关人民公社的一系列问题，对于人民公社的正确发展方向，对于公社的生产方针，对于实行工资制和供给制相结合的分配制度，对于组织人民的生产和生活，对于贯彻执行民主集中制的组织原则，对于加强党的领导、发扬群众路线和实事求是的作风等问题，都做了规定。决议要求各地根据《决议》所提出的各项规定，从1958年12月至1959年4月的5个月时间，紧密结合冬季和春季生产的任务，对本地区人民公社进行一次教育、整顿和巩固工作，即整社工作。1959年2月，在第二次郑州会议上，毛泽东提出整顿和建设人民公社的方针："统一领导，队为基础；分级管理，权力下放；三级核算，各计盈亏；分配计划，由社决定；适当积累，合理调剂；物资劳动，等价交换；按劳分配，承认差别。"3—4月，在上海举行的政治局会议上制定了《关于人民公社的十八个问题》，再次明确生产队（相当于原高级社）作为包产单位，也有部分的所有权和管理权限②。

人民公社的快速发展也带来了很多问题，尤其是"一平二调"、浮夸风、共产风、干部特殊风和瞎指挥风等对农业生产造成了严重破坏。1960年11月3日，中共中央发出《关于农村人民公社当前政策问题的紧急指示信》，指出：在农村人民公社化初期产生的一

---

① 吴淑丽，辛逸.上下互动：再论农村人民公社的缘起［J］.中国经济史研究，2018（4）：80-91.
② 常明明.人民公社体制下农民经济行为研究［J］.中国农史，2020，39（4）：61-71.

平二调的"共产风"，是违背人民公社现阶段政策的，是破坏生产力的，并且妨碍了人民公社优越性的更好发挥。提出：以生产队为基础的三级所有制，是现阶段人民公社的根本制度，从1961年算起，至少7年不变（在1967年我国第三个五年计划最后完成的一年以前，坚决不变）。在此期间，不再新办集体所有制和全民所有制的试点。

1961年2月25日，中央广州会议讨论和通过了《农村人民公社工作条例（草案）》（即第一个"农业六十条"），于3月29日正式向全国下发。第一个"农业六十条"最主要的是明确界定了公社、大队、生产队三级各自的责权利，确立生产大队为基本核算单位，从制度上杜绝了生产大队的上级对其财产的无偿"平调"和生产大队之间的平均主义。条例还重申，社员的私有财产"永远归社员所有，任何人不得侵犯"，从而根除了公社各级无偿剥夺社员私有财产的"共产风"，也部分地克服了社员之间的平均主义。1961年5月21日，中央北京工作会议召开，此次会议的任务是继续广州会议尚未完成的工作：收集农民和干部的意见，修改工作条例六十条。6月15日，正式发出《农村人民公社工作条例（修正草案）》（即第二个"农业六十条"）。第二个"六十条"通过取消供给制和公共食堂，有效地克服了社员之间的平均主义①。1962年2月13日，中共中央又发出《关于改变农村人民公社基本核算单位问题的指示》，提出：在我国绝大多数地区的农村人民公社，实行以生产队为基础的三级集体所有制，是一个长时期内，至少30年内实行的根本制度。1962年9月27日，中国共产党第八届中央委员会第十次全体会议通过《农村人民公社工作条例修正草案》（即第三个"农业六十条"）。与1961年6月《农村人民公社工作条例（修正草案）》相比，该条例最大的不同就是关于基本核算单位的修改，由以生产大队为基本核算单位改为以生产队为基本核算单位②，指出："人民公社的基本核算单位是生产队。根据各地方不同的情况，人民公社的组织，可以是两级，即公社和生产队，也可以是三级，即公社、生产大队和生产队。""生产队是人民公社中的基本核算单位。他实行独立核算，自负盈亏，直接组织生产，组织收益的分配。这种制度定下来以后，至少三十年不变。"由此正式确立了在我国农村持续近20年的生产队基本核算制，赋予生产队更加清晰和完整的生产资料所有权、生产经营权、收益分配权等，从而在制度上基本克服了生产队之间的平均主义③。

（四）家庭联产承包责任制的建立

家庭联产承包责任制是指农民以家庭为单位，向集体经济组织承包土地等生产资料和生产任务的农业生产责任制形式，它是改革开放新时期我国农村主要的生产经营方式。然而，确切地说，我国农村实行的家庭联产承包制，并非始于党的十一届三中全会之后，在这次会议之前，较大规模的包产到户，全国先后出现过三次。但是党的十一届三中全会以前，都是由农民群众自发搞起来的。

在中央政策明确之前，一些地方政府与基层的互动推动着包产到户的前行。早在1978年，安徽省凤阳县的小岗、肥西县的山南，就实行了包产到户，收成很好。由于包产到户收到立竿见影的效果，很快波及全县，并引发一场争论。后来省委领导人亲自去看了一

① 辛逸."农业六十条"的修订与人民公社的制度变迁［J］. 中共党史研究，2012（7）：39-52.
② 周震.20世纪60年代农村大调查与"农业六十条"的制定［J］. 郑州航空工业管理学院学报（社会科学版），2010，29（2）：24-27.
③ 辛逸."农业六十条"的修订与人民公社的制度变迁［J］. 中共党史研究，2012（7）：39-52.

下，决定不宣传、不取缔、不扩大，继续试验，然后立即到中央向邓小平同志汇报。1980年5月31日，邓小平在一次重要谈话中公开肯定了凤阳县和肥西县的做法："安徽肥西县绝大多数生产队搞了包产到户，增产幅度很大，'凤阳花鼓'中唱的那个凤阳县，绝大多数生产队搞了大包干，也是一年翻身，改变面貌。有的同志担心，这样搞会不会影响集体经济。我看这种担心是不必要的。我们总的方向是发展集体经济……这些地方将来会怎么样呢？可以肯定，只要生产发展了，农村的社会分工和商品经济发展了，低水平的集体化就会发展到高水平的集体化，集体经济不巩固的也会巩固起来。关键是发展生产力，要在这方面为集体化的进一步发展创造条件。"①

1980年9月，中共中央印发《关于进一步加强和完善农业生产责任制的几个问题》的通知，指出："在那些边远山区和贫困落后的地区，长期'吃粮靠返销，生产靠贷款，生活靠救济'的生产队，群众对集体丧失信心，因而要求包产到户的，应当支持群众的要求，可以包产到户，也可以包干到户，并在一个较长的时间内保持稳定。……在一般地区，集体经济比较稳定，生产有所发展，现行的生产责任制群众满意或经过改进可以使群众满意的，就不要搞包产到户。……已经实行包产到户的，如果群众不要求改变，就应允许继续实行。"这实际上给包产到户打开了政策上的缺口，此后不仅边远山区搞了包产到户，平原地区乃至城郊地区也搞了包产到户。

1982年1月1日，中国共产党历史上第一个关于农村工作的一号文件——《全国农村工作会议纪要》出台，指出："目前实行的各种责任制，包括小段包工定额计酬，专业承包联产计酬，联产到劳，包产到户、到组，包干到户、到组，等等，都是社会主义集体经济的生产责任制。不论采取什么形式，只要群众不要求改变，就不要变动。"

1983年的中共中央一号文件——《当前农村经济政策若干问题》，对家庭联产承包责任制给予高度的评价，指出："联产承包责任制采取了统一经营与分散经营相结合的原则，使集体优越性和个人积极性同时得到发挥。这一制度的进一步完善和发展，必将使社会主义农业合作化的具体道路更加符合我国的实际。这是在党的领导下我国农民的伟大创造，是马克思主义合作制理论在我国实践中的新发展。"1983年，我国农村实行承包到户的比例已扩大到95%以上，在这种情况下，原有的人民公社体制已经显得不合时宜，1983年10月12日，中共中央、国务院发出《关于实行政社分开，建立乡政府的通知》，此后一年左右的时间逐渐废除了"三级所有、队为基础"的人民公社体制。1984年的中央一号文件重点是稳定和完善生产责任制、帮助农民提高生产力水平与发展农村商品生产，规定土地承包期从原来的3年延长到15年，给农民吃了一颗"长效定心丸"②。

到1984年年底，全国约98%的生产队都实行了家庭联产承包责任制这种新的经营方式，标志着家庭经营作为新型农业经营体制的微观基础已经形成，后续安排是将家庭承包制法律化，将家庭承包制写入宪法、土地管理法与土地承包法，以法律形式制度化，不断将农民的承包经营权物权化，扩大承包经营权权能范围③。

1985年，国家不再向农民下达农产品统派购任务，农民成为相对独立的商品生产经营者。1986年6月通过的《中华人民共和国土地管理法》明确规定："集体所有的土地按照

---

① 见《邓小平文选》（1975—1982），第275页.
② 黄道霞. 五个"中央一号文件"诞生的经过 [J]. 农村研究，1999（1）：32-38.
③ 刘守英. 农村土地制度改革：从家庭联产承包责任制到三权分置 [J]. 经济研究，2022，57（2）：18-26.

法律规定属于村民集体所有，由村农业生产合作社等农业集体经济组织或村民委员会经营、管理。已经属于乡（镇）农民集体经济组织所有的，可以属于乡（镇）农民集体经济组织所有。村农民集体所有的土地已经分别属于村内两个以上农业集体经济组织所有的，可以属于各该农业集体经济组织的农民集体所有。"1991 年 11 月 25—29 日举行的中共十三届八中全会通过了《中共中央关于进一步加强农业和农村工作的决定》，提出把以家庭联产承包为主的责任制、统分结合的双层经营体制作为我国乡村集体经济组织的一项基本制度长期稳定下来，并不断充实完善。1993 年 3 月 29 日，八届全国人大一次会议通过《中华人民共和国宪法修正案》，肯定家庭联产承包为主的责任制是社会主义劳动群众集体所有制经济。1993 年 11 月 5 日，中共中央、国务院印发《关于当前农业和农村经济发展的若干政策措施》，提出在原定的耕地承包期到期之后，再延长 30 年不变。1998 年 10 月 12 日至 10 月 14 日举行的十五届三中全会审议通过了《中共中央关于农业和农村工作若干重大问题的决定》明确提出："长期稳定以家庭经营为基础、统分结合的双层经营体制""要坚定不移地贯彻土地承包再延长三十年的政策，同时抓紧制定确保农村土地承包关系长期稳定的法律，赋予农民长期而又有保障的土地使用权"。1999 年 3 月第九届全国人民代表大会第二次会议通过的《中华人民共和国宪法修正案》规定，"农村集体经济组织实行家庭承包经营为基础、统分结合的双层经营体制"。至此，农村基本经营制度得到确立。

（五）"三权分置"改革

改革开放以来在农村建立的家庭联产承包责任制，形成了集体土地所有权和农户土地承包经营权"两权分离"的制度框架，赋予农户长期而有保障的土地使用权，调动了广大农民生产积极性，实现了解决温饱问题的基本目标。随着工业化、城镇化深入推进，农村劳动力大量进入城镇就业，相当一部分农户将承包土地流转给他人经营，承包主体与经营主体分离。在这种情况下，"两权分离"制度安排所存在的一些内在缺陷不断显化：第一，集体所有权的权能、性质和实现形式不明带来集体组织与农户之间的土地权利关系混乱；第二，承包权和经营权分离的规则、权能安排不明确；第三，农户承包权权能不完整、保护不严格；第四，经营权权能界定和保护不清晰[1]。

为了顺应农民保留土地承包权、流转土地经营权的意愿，顺应土地要素合理流转、提升农业经营规模效益和竞争力的需要，中央不断深化农村土地制度改革，创新农村土地集体所有制的有效实现形式。2013 年 11 月 12 日党的十八届三中全会通过的《中共中央关于全面深化改革若干重大问题的决定》提出，赋予农民对承包地占有、使用、收益、流转及承包经营权抵押、担保权能，允许农民以承包经营权入股发展农业产业化经营。鼓励承包经营权在公开市场上向专业大户、家庭农场、农民合作社、农业企业流转，发展多种形式规模经营。2014 年中央一号文件《关于全面深化农村改革加快推进农业现代化的若干意见》进一步提出，赋予农民对承包地占有、使用、收益、流转及承包经营权抵押、担保权能。在落实农村土地集体所有权的基础上，稳定农户承包权、放活土地经营权，允许承包土地的经营权向金融机构抵押融资。鼓励有条件的农户流转承包土地的经营权，加快健全土地经营权流转市场，完善县乡村三级服务和管理网络。

---

[1]　刘守英. 农村土地制度改革：从家庭联产承包责任制到三权分置 [J]. 经济研究，2022，57（2）：18-26.

2014 年 11 月 20 日中共中央办公厅、国务院办公厅联合印发的《关于引导农村土地经营权有序流转发展农业适度规模经营的意见》中明确提出，坚持农村土地集体所有，实现所有权、承包权、经营权三权分置，引导土地经营权有序流转。这是首次以中央文件的形式正式提出了"三权分置"的概念，标志着"三权分置"政策在中央层面的正式确立，为后续的农村土地制度改革指明了方向。2015 年中央一号文件《关于加大改革创新力度加快农业现代化建设的若干意见》提出，抓紧修改农村土地承包方面的法律，明确现有土地承包关系保持稳定并长久不变的具体实现形式，界定农村土地集体所有权、农户承包权、土地经营权之间的权利关系。2015 年 10 月，十八届五中全会提出，要稳定农村土地承包关系，完善土地所有权、承包权、经营权分置办法，依法推进土地经营权有序流转，构建培育新型农业经营主体的政策体系。2015 年 11 月颁布的《深化农村改革综合性实施方案》提出，把握好土地集体所有制和家庭承包经营的关系，现有农村土地承包关系保持稳定并长久不变，落实集体所有权，稳定农户承包权，放活土地经营权，实行"三权分置"。2016 年中央一号文件《关于落实发展新理念加快农业现代化实现全面小康目标的若干意见》提出，稳定农村土地承包关系，落实集体所有权，稳定农户承包权，放活土地经营权，完善"三权分置"办法，明确农村土地承包关系长久不变的具体规定。2016 年 10 月中共中央办公厅、国务院办公厅印发《关于完善农村土地所有权承包权经营权分置办法的意见》，明确指出：将土地承包经营权分为承包权和经营权，实行所有权、承包权、经营权"三权"分置并行，着力推进农业现代化，是继家庭联产承包责任制后农村改革又一重大制度创新，是农村基本经营制度的自我完善，符合生产关系适应生产力发展的客观规律，展现了农村基本经营制度的持久活力，并要求各地区各有关部门正确运用"三权分置"理论指导改革实践，不断探索和丰富"三权分置"的具体实现形式。2017 年中央一号文件要求落实农村土地集体所有权、农户承包权、土地经营权"三权分置"办法。党的十九大报告提出，巩固和完善农村基本经营制度，深化农村土地制度改革，完善承包地"三权"分置制度。2018 年的中央一号文件《关于实施乡村振兴战略的意见》再次强调，完善农村承包地"三权分置"制度，在依法保护集体土地所有权和农户承包权前提下，平等保护土地经营权。2019 年中央一号文件进一步要求完善落实集体所有权、稳定农户承包权、放活土地经营权的法律法规和政策体系。2018 年 12 月修订并于 2019 年 1 月 1 日开始实施的《中华人民共和国农村土地承包法》界定了"三权"各自的权能和"三权分置"下农地流转方式、流转原则，对农地"三权分置"做出了可操作性的规定。2021 年 1 月 1 日开始实施的《中华人民共和国民法典》明确了集体土地所有权的主体是"农民集体"，强调了土地承包经营权的身份属性和用益物权属性，增设土地经营权制度。至此，集体所有权、农户承包权和土地经营权分置并行的农村土地制度基本构建。

二、中华人民共和国农业税制的演变

中华人民共和国成立后，农业税制度经历了多次演变，主要可以分为以下几个阶段：

（一）新中国农业税制度的建立（1949—1953 年）

中华人民共和国成立初期，国民经济亟待恢复，当时农业税制度建设的主要任务是：根据中央政府规定的原则和各地的具体情况，逐步建立健全农业税的各项制度，适当减轻农民负担，促进农业生产发展①。

中华人民共和国成立初期，公粮是国家掌握粮食的基本手段，也是国家财政收入的主要组成部分②，因而农业税主要以公粮的形式征收。针对新老解放区农村政治经济情况的不同，中华人民共和国成立之初全国暂时实行两种农业税收政策：占全国农业人口的三分之一老解放区已完成土改，继续沿用原征收公粮办法，实行比例税制，税率一般都在20%左右；占全国农业人口三分之二的新解放区由于还没有实行土地改革，当时对公粮的征收，是在废除旧田赋制度的基础上，各大行政区根据中央农业税收的大原则，采取临时简便方法，实行累进税率，贯彻地富重税、贫农轻税、中农合理负担的政策。

1950年2月24日，中央发布《政务院关于新解放区土地改革及征收公粮的指示》，规定中央公粮征收额不高于农业总收入的17%，地方附加公粮不超过正粮的15%，公粮负担面般不得少于农村人口的90%；按照各农户实际收入规定其公粮征收额，最高者不得超过其总收入的60%，特殊情形者，不得超过80%。1950年5月31日，政务院又发布了《关于新解放区夏征公粮的决定》，规定夏征国家公粮以大行政区为单位，征收总额平均不得超过夏收正产物总收入的13%，地方附加不得超过国家公粮的15%。贫农最高不超过其夏收的10%，中农最高不得超过其夏收的15%，富农最高不得超过其夏收的25%，地主最高不得超过其夏收的50%。

1950年9月5日，中央人民政府公布了《新解放区农业税暂行条例》（以下简称《暂行条例》），规定新解放区农业税以户为单位，按农业人口人均农业收入累进计征。农业收入以土地的常年应产量为标准，而不论因善于经营还是怠于耕作造成的收获量偏差。每年分夏秋两次征收，税率从3%至42%。《暂行条例》使全国建立了新型的农业税制度，配合了当时统一全国财政经济形势的需要，是新中国第一部统一的比较系统的农业税税法③。随着新解放区土地改革的进行，政务院于1951年和1952年又对《暂行条例》做了适当修改和补充。

1951年6月21日，政务院发布《关于一九五一年农业税收工作的指示》，规定新解放区已经完成土改地区农业税率仍采用全额累进制，最高不得超过30%，最低不得少于5%；出租地和佃耕地的农业税，按业佃双方各自收入，分别依率计征；全国各地区农业税地方附加，不得超过正税的20%，随同农业税附征之。

1951年7月5日财政部颁发了《农业税查田定产实施纲要》，要求各地尽快"查清田亩，定实产"，要求老解放区土地产量的调查订定已接近确实程度者，应于1951年内经审核后固定其产量；其确实程度较差者，应继续调查调整，于1952年年底以前固定其产量。新解放区已实行土改的地区，应结合土地改革和颁发土地证的工作，查清土地亩数，划分土地类别，评定土地等级，订定土地产量，争取在三四年内固定其产量。到1952年，全国的查田定产工作基本完成。

1952年6月16日，政务院发布《关于一九五二年农业税收工作的指示》，规定1952年农业税收的总方针是：贯彻查田定产，依率计征，依法减免，逐步实现统一累进，并取

① 刘佐．新中国农业税制度的发展［J］．中国税务，2003（6）：24-28．

② 张一平．地租·公粮·农业税——建国初期苏南地区农产品分配关系的重构［J］．中国农史，2009，28（4）：74-82．

③ 陆和健．1949—1952年的农业税收与新中国国民经济的恢复［J］．扬州大学税务学院学报，2004（2）：29-32．

消一切附加。对于新解放区已经完成土地改革的地区，1952年应施行统一全额累进税制，累进税率从7%起到30%止（一律不准再征附加税）。未完成土改的地区，仍按1950年的《暂行条例》拟订税率，由大行政区报经中央人民政府政务院批准后施行。对老解放区暂仍采取比例税制，但税率有所调整，如东北区分别执行23%、21%、15%的税率，并提出为了进一步平衡老解放区各阶层农民的负担能力，应准备在明年改行累进税制。还规定为了控制经济作物的种植面积，并适当平衡农民负担，凡经济作物负担过轻的地区均应酌情提高经济作物的税率。

1953年8月28日，政务院发布了《关于一九五三年农业税工作的指示》，指出从1953年后3年以内，农业税的征收指标应当稳定在1952年的实际征收水平上，不再增加。

（二）新中国农业税制度的统一和稳定（1953—1978年）

1953年，全国土地改革基本完成后，我国开始对农村进行社会主义改造。随着农业合作化运动的胜利完成和农业生产的恢复和发展，建立在个体经济基础上的农业税《暂行条例》已经不能适应新的农村经济情况，也不能适应国家社会主义建设的需要，制定全国性的统一的农业税法成为一种必然[①]。

1955年9月29日，中共财政部党组向中共中央报送了《关于两年来农业税工作情况和对今后工作意见向中央的报告》。该报告指出，应加强有关农业税收政策的调查研究，积极准备起草农业税法。

1958年6月3日，一届人大常委会第九十六次会议通过了《中华人民共和国农业税条例》（以下简称《条例》），这是中华人民共和国成立后第一部全国统一的农业税税法[②]。《条例》对农业税的纳税人、征税范围、农业收入的计算、农业税税率、优惠减免、征收管理、处罚等做出了明确规定。《条例》规定，农业税的征收不再实行累进税制，改行比例税制。全国平均税率规定为常年产量的15.5%，各省、自治区、直辖市的平均税率，由国务院根据全国平均税率，结合各地区的不同经济情况，分别加以规定。国务院于同日发布了《关于各省、自治区、直辖市农业税平均税率的规定》，规定各省、自治区、直辖市农业税的平均税率从13%（新疆维吾尔自治区）到19%（黑龙江省）不等，西藏地区征收农业税的办法由西藏自治区筹备委员会自行规定。

1959—1961年，我国国民经济发生了严重困难。1961年6月23日，中共中央转发《财政部关于调整农业税负担的报告》，提出农业税的实际负担率即农业税正税和地方附加的实际税额占农业实际收入的比例，全国平均不超过10%。同时确定，1961年农业税征收额调减以后，稳定3年不变，增产不增税。据此全国农业税征收额调减了44.%，后来一直稳定不变。

（三）改革开放后农业税制度的调整（1978—1998年）

改革开放后，为坚持十一届三中全会以来关于农村工作的一系列方针、政策，维护农民合法权益，中央对农业税制度进行了一系列调整，减轻农民了的负担。

1978年12月2日，国务院批转财政部报送的《关于减轻农村税收负担问题的报告》，

---

① 高其荣. 1958—1965年中国农业税政策演变及效果［J］. 湖南农业大学学报（社会科学版），2011，12（5）：68-72.

② 苏东，万其刚. 新中国农业税制的历史沿革［J］. 当代中国史研究，2007（1）：82-89，127.

规定从 1979 年起，在粮食产区，凡是低产缺粮的生产队，每人平均口粮在起征点以下的，可以免征农业税。起征点由各省、自治区、直辖市做出规定，并报国务院审批。

1979 年 11 月 9 日，财政部在《关于加强农业财务工作的意见》中指出，农业税的征收额应当继续稳定不变，增产不增税。按照实行起征点的办法，对部分经济条件差的地区和社队的农业税减免，从 1980 年开始，一定 3 年不变，各地征收农林特产税的范围和税率，毗邻地区要在负担政策上进行必要的平衡，以便更好地促进社队开展多种经营。

1985 年 2 月 28 日，财政部印发《关于贫困地区减免农业税问题的意见》，规定对于少数因自然和经营条件很差，解决温饱问题又需要一定时间的最困难农户，可以从 1985 年起给予免征农业税 3 年至 5 年的照顾。对于生产和生活水平暂时下降，困难较轻的农户，可以根据当年实际情况给予适当减征和免征农业税的照顾。

为了平衡农村各种作物的税收负担，促进农业生产的全面发展，1983 年 11 月 12 日，国务院发布了《关于对农林特产收入征收农业税的若干规定》，根据这个文件，园艺收入、林木收入、水产收入和各省、自治区、直辖市人民政府认为应当征收农业税的其他农林特产收入，均属农业税的征税范围。1989 年 3 月 13 日，国务院发出《关于进一步做好农林特产农业税征收工作的通知》，决定从 1989 年起全面征收农林特产农业税，并对征税办法做了若干改进。1993 年 2 月 20 日，国务院下发《关于调整农林特产税税率的通知》，对部分农林特产品的税率进行了调整。

1996 年 12 月 30 日，中共中央、国务院发布了《关于切实做好减轻农民负担工作的决定》，重申国家的农业税收政策不变，第九个五年计划期间（即 1996—2000 年）对农业生产不开征新税种，农业税税率不再提高。农业特产税必须据实征收，不得向农民下指标，不得按照人头、田亩平摊，农业税、农业特产税不得重复征收。

（四）农业税费改革与农业税的终结（1998—2006 年）

1998 年 9 月，中央成立农村税费改革领导小组，统筹推进全国农村税费改革试点工作。2000 年 3 月 2 日，中共中央、国务院发出《关于进行农村税费改革试点工作的通知》，就农村税费改革的主要内容进行了明确，取消乡统筹费、农村教育集资等专门面向农民征收的行政事业性收费和政府性基金、集资，取消屠宰税，取消统一规定的劳动积累工和义务工，调整农业税和农业特产税政策，改革村提留征收使用办法，这标志着农村税费改革正式进入实施阶段。同年安徽试点启动，2001 年江苏启动改革试点。2001 年 3 月 24 日，国务院下发《关于进一步做好农村税费改革试点工作的通知》，提出进一步完善农村税费改革的有关政策，包括合理确定农业税计税土地、常年产量和计税价格，采取有效措施均衡农村不同从业人员的税费负担，调整农业特产税政策等。2002 年改革步伐加快，试点省份扩大到 20 个。2003 年 1 月 16 日，中共中央、国务院发出《关于做好农业和农村工作的意见》。2023 年 3 月 27 日，国务院发布《关于全面推进农村税费改革试点工作的意见》，提出要继续推进农村税费改革，切实减轻农民负担。农村税费改革在全国范围内全面推开。

从 2004 年开始，包括取消农业特产税、农业税减免、粮食直补、良种补贴等一系列支农政策的出台，迈出了"工业反哺农业"的第一步。2004 年 3 月，第十届全国人大二次会议《政府工作报告》提出，自 2004 年起逐步降低农业税税率，平均每年降低 1 个百分点以上，5 年内取消农业税。2005 年，农业税减免进一步提速。第十届全国人大三次会议《政府工作报告》提出加快减免农业税步伐，在全国大范围、大幅度减免农业税。2006年将在全国全部免征农业税，原定5年取消农业税的目标，3年就可以实现。据统计，至2005年年底，有28个省份已经全部免征农业税，另外3个省份即河北、山东、云南也已经将农业税率降到了2%以下，并且这3个省中有210个县免征了农业税。至此，农业税已经名存实亡。

2005年12月，第十届全国人大常委会第十九次会议审议通过了废止《中华人民共和国农业税条例》的决定草案，决定自2006年1月1日起正式废止《中华人民共和国农业税条例》。自此，在我国延续了2 600年的农业税正式退出历史舞台。

第三节　新中国农业现代化探索过程的启示

一、中国共产党的领导是中国农业现代化的根本保证

中国自近代以来就开始了农业现代化的探索，然而，直到中华人民共和国成立，中国的农业现代化进程才真正开启。中华人民共和国的成立标志着中国共产党全面领导中国的农业经济发展的开始。正是有了中国共产党的领导，我国才能在中华人民共和国成立之后短短几年时间完成土地改革，废除了几千年的封建地主土地所有制，实现了农民"耕者有其田"的愿望。也正是由于中国共产党对农业现代化目标的坚定追求，中国在土地改革后迅速完成了农业的社会主义改造，将农民组织起来，发展集体经济，兴修农田水利，改善农业生产条件，为农业现代化提供了有力支撑。改革开放后，中国共产党在进行家庭联产承包制改革的同时坚持农业的社会主义方向，农业综合生产能力大幅提升，同时通过农业税费改革、完善农业支持保护政策等措施，为农业现代化提供了有力保障。

二、制度变革是推动农业发展的不竭动力

中华人民共和国的成立本身就一场重大的制度变革。在中华人民共和国成立之后，也进行了多次的制度变革，推动了农业不断向前发展。

中华人民共和国成立后，通过土地改革，实现了农村土地的平均分配，解决了土地问题，使农民有了稳定的土地所有权，激发了农民的生产积极性。这一制度变革为新中国农业生产的恢复提供了坚实的基础。通过农村合作社运动，使得农民能够集中力量进行生产，共同分享生产成果，提高了农业生产效率。这一制度变革为农村经济的快速发展提供了重要支持。在十一届三中全会之后，通过农村经济体制改革，逐步建立了以家庭联产承包为基础的农村经济体制，这一改革使得农民能够自主经营土地，灵活调整农业生产结构，提高了农业生产效率。通过农业市场化改革，逐步建立了农产品市场体系，推动了农产品的流通和交易，这一改革促进了农产品的有效配置，提高了农民的收入水平，推动了农业的发展。

总之，制度变革在中华人民共和国成立后农业发展历程中起到了重要的作用，为农业现代化发展提供了良好的制度环境和机制保障。站在新的历史起点上，推动农业全面升级、农村全面进步、农民全面发展，根本还是要靠全面深化农村改革，不断为农业农村现代化释放新活力、注入新动能。

三、在推动农业现代化过程中必须重视历史经验

中华人民共和国成立后农业发展有时顺利，有时遇到挫折，制度变革有时很成功，有时不太成功，原因很复杂，其中对历史经验是否重视是重要的影响因素。

中华人民共和国成立初期，通过土地改革，农民获得了土地的所有权，激发了农民的生产积极性。土改成功的重要原因就是借鉴了历史经验，特别是新民主主义革命斗争的经验教训，避免了过去封建土地制度的弊端，确保了农民的合法权益，为农业发展提供了坚实的基础。

农村合作社运动也是一项重要的制度变革。通过合作社的成立，农民能够集中力量进行生产，共同分享生产成果，提高了农业生产效率。这一制度变革充分借鉴了中国农村合作运动的历史经验，特别是在解放战争时期和土地改革时期，农村合作社的成功实践。通过总结历史经验，新中国在农村合作社运动中注重了充分发挥农民的主体作用，推动了农业经济的发展。

此外，在农村经济体制改革和农业市场化改革过程中也充分借鉴了历史经验。在农村经济体制改革中，新中国逐步建立了以家庭联产承包为基础的农村经济体制，充分考虑了农民的实际情况和利益诉求。在农业市场化改革中，新中国通过建立农产品市场体系，推动农产品的流通和交易，充分借鉴了市场经济的发展经验。这些制度变革的成功实践都是在历史经验的基础上进行的，充分考虑了农业发展的实际情况和需要。

总之，从中华人民共和国成立后农业发展的历程可以看出重视历史经验的重要性。通过借鉴历史经验，新中国在农业发展中取得了显著成就，为我们提供了宝贵的经验教训和指导。在今后农业发展的过程中，我们应当继续注重借鉴历史经验，结合当前的实际情况，制定科学合理的制度改革方案，推动农业现代化发展和农村经济的转型升级。

思考题

1. 中华人民共和国成立后，农业现代化的探索取得了哪些成就？
2. 中华人民共和国成立之后农业经济制度经历了哪些演变过程？
3. 从中华人民共和国成立之后农业发展的历程中能够得到哪些经验教训？
4. 中国农业的现代化前景将会如何？